ক্রান্তির দূত

অন্না হাজারে

সুদর্শন ভাটিয়া

ডায়মণ্ড বুক্স

প্রকাশক ঃ ডায়মণ্ড বুক্স (প্রা.) লিমিটেড
X - 30, ওখলা ইণ্ডাস্ট্রিয়াল এরিয়া, ফেজ - II
নূতন দিল্লী - 110 020
ফোন ঃ 011 - 40712200

ই-মেল ঃ sales@dpb.in
ওয়েবসাইট ঃ www.dpb.in
সংস্করণ ঃ 2011
বঙ্গানুবাদ ঃ সমীর দে
লেজার টাইপসেটিং ঃ ল্যাঙ্গুয়েজট্রন
মুদ্রক ঃ Repro (India)

KRANTIR DOOT ANNA HAZARE

by : Sudarshan Bhatia

সমর্পিত

তাঁদের প্রতি...
যাঁরা নিজেদের দেশকে
ভ্রষ্টাচারের কবল থেকে
মুক্ত দেখার
কামনা করেন
এবং তার জন্য
অন্না হাজারেকে
নিজেদের তরফ থেকে
সকল প্রকারের সমর্থন
জানাতে তৎপর!

— সুদর্শন ভাটিয়া

ভূমিকা

নূতন দিল্লীর জন্তর মন্তরে শ্রী অন্না হাজারের আমরণ অনশন ভ্রষ্টাচারের বিরুদ্ধে সংঘর্ষের এক অত্যন্ত গুরুত্বপূর্ণ মাইলস্টোন হয়ে উঠেছে! অত্যন্ত সাধারণ পদ্ধতিতে শুরু হওয়া এই আমরণ অনশন এত দ্রুত এমন বিস্ফোটক জন-সমর্থন প্রাপ্ত করে নেবে... এমনটা কেউ-ই চিন্তা করেননি! কেন্দ্র সরকারের রাজনীতি বিগত 42 বছর ধরে যে লোকপাল বিল পাশ হওয়ার পথে বাধা হয়ে উঠেছিল... আট বার সংসদে পেশ হওয়ার পরেও যে বিলকে পাশ করানো যায়নি... কেবলমাত্র 98 ঘন্টায় সরকার নতি স্বীকার করে নিল আর এই বিল পাশ করাতে রাজী হয়ে পড়ল!

হিন্দী সাহিত্যের সুপ্রসিদ্ধ লেখক শ্রী সুদর্শন ভাটিয়া লাগাতার নতুন-নতুন রচনা হিন্দী সাহিত্য জগতকে প্রদান করে চলেছেন... কিন্তু উনি যে এত শীঘ্র শ্রী অন্না হাজারের ওপরে এক পুস্তকের রচনা করে ফেলবেন... এমনটা আমি চিন্তা করতে পারিনি!

ভারতের ঋষিরা এক সময় হিমালয়ের চূড়ার ওপরে দাঁড়িয়ে গোটা বিশ্বের উদ্দেশ্যে বলেছিলেন –

"এতদ্ দেশ প্রসূতস্য সকাশাত্ অগ্রজন্মন:
স্বং স্বং চরিতং শিক্ষেরন পৃথ্বিয়াম্ সর্ব মানব:"

বিশ্বগুরুর রূপে ভারত গোটা বিশ্বের লোকেদের শিক্ষা প্রাপ্ত করার আহ্বাণ জানিয়েছিল! আজ সেই ভারত ট্রান্সপারেন্সী ইন্টারন্যাশনালের রিপোর্ট অনুসারে বিশ্বের মহাভ্রষ্ট দেশগুলোর শ্রেণীতে শামিল হয়ে পড়েছে! গত বছরের রাষ্ট্র সংঘের এক রিপোর্ট অনুসারে বিশ্বের মধ্যে সব থেকে ক্ষুধার্ত লোক ভারতেই থাকেন! এই ভ্রষ্টাচারের কারণেই ভারত আজ মহাভ্রষ্ট আর সব থেকে ক্ষুধার্ত লোকেদের দেশ হয়ে উঠেছে! ভারতে রাজনীতির সম্পূর্ণ ভ্রষ্টীকরণ হয়ে পড়েছে এবং সমস্ত সিস্টেম ভেঙে পড়েছে! প্রতি দিন প্রকট হতে থাকা বিভিন্ন কেলেংকারী দেশের অর্থ ব্যবস্থাকে শেষ করে দিয়েছে! এমন বিস্ফোটক পরিস্থিতিতে যখন শ্রী অন্না হাজারে আমরণ অনশনে বসলেন... তখন গোটা দেশ তাঁর পাশে এসে দাঁড়াল!

গত বছর অক্টোবর মাসে ভারতীয় সংসদীয় দলের এক সদস্যের রূপে আমি রাষ্ট্র সংঘ মহাসভায় অংশ গ্রহণ করার জন্য আমেরিকা গিয়েছিলাম!

সেখানে আমি ভ্রষ্টাচারের বিষয়ে বক্তব্য রাখার সুযোগ পাই! বিশ্ব জুড়ে ভ্রষ্টাচারে চিন্তিত হয়ে উঠে রাষ্ট্র সংঘ দু বছর বিচার-বিবেচনা করার পরে 2003 সালে *United Nations Convention Against Corruption* নামের এক সন্ধি পাশ করে! সেটার মুখ্য উদ্দেশ্য ছিল এই যে, যদি কোন দেশের বেইমান লোকেরা ভ্রষ্টাচার দ্বারা উপার্জিত অর্থ বিশ্বের অন্য কোন দেশের ব্যাংকে জমা করিয়ে থাকে... তাহলে সেই অর্থ যেন সেই দেশকে ফিরিয়ে দেওয়া যায়! এই সময় পর্যন্ত বিশ্বের 135 দেশ সেই সন্ধিতে হস্তাক্ষর আর পুষ্টি করেছে এবং অনেক দেশ নিজেদের অর্থ ফেরত নেওয়াও শুরু করে দিয়েছে! ভারত দু বছরের সংকোচের পরে 2005 সালে অন্তিম তিথিতে সন্ধিতে হস্তাক্ষর তো করেছে... কিন্তু তারপর 6 বছর কেটে যাওয়ার পরেও সেই সন্ধির পুষ্টি করেনি! পুষ্টি ব্যতীত ভারত বিশ্বের অন্য দেশের ব্যাংকগুলোয় জমা করে রাখা নিজের দেশের অর্থ ফিরে পাওয়ার ব্যাপারে কোন পদক্ষেপই নিতে পারে না! ভারতের প্রায় 300 লক্ষ কোটি টাকা বিভিন্ন বিদেশী ব্যাংকগুলোয় জমা করে রাখা রয়েছে! কেবলমাত্র স্যুইট্জারল্যাণ্ডের ব্যাংকগুলোতেই 70 লক্ষ কোটি টাকা জমা করে রাখা আছে!

রাষ্ট্র সংঘে 16-ই অক্টোবর এই বিষয়ে দেওয়া আমার ভাষণের আগে স্যুইট্জারল্যাণ্ডের প্রতিনিধি নিজের ভাষণ দেন! ওনার ভাষণ শুনে আমি বিস্মিত হয়ে উঠি আর আমার কিছুটা প্রসন্নতাও হয়! উনি বলেন যে, ওনার দেশ স্যুইট্জারল্যাণ্ড ভ্রষ্টাচারের বিরুদ্ধে! উনি রাষ্ট্র সংঘের সন্ধিরও পুষ্টি করেন! শুধু তাই নয়... উনি বলেন যে, ওনার দেশের সংসদ এক বিশেষ আইন তৈরী করেছে... যাতে বিশ্বের দেশগুলো ওনার দেশের ব্যাংকগুলো থেকে নিজেদের অর্থ ফেরত নিতে পারে! উনি আরও বলেন যে, এসব হচ্ছে চুরির অর্থ আর ওনার দেশ এই অর্থ ফেরত দিতে চায়!

ভ্রষ্টাচারের ওপরে প্রায় 6 ঘন্টা আলোচনা চলে! আমি ভারতে এত রচনাত্মক আলোচনা কখনো কোন সভায় শুনিনি! বিশ্বের বেশ কিছু দেশের প্রতিনিধিরা নিজেদের দেশে ভ্রষ্টাচার দূর করার প্রচেষ্টার ওপরে আলোকপাত করতে থাকেন! কিন্তু আমার কাছে বলার মত কিছুই ছিল না! ভারত 6 বছর কেটে যাওয়ার পরেও সন্ধির পুষ্টি করেনি... এজন্য নিজেদের দেশের অর্থ ফিরিয়ে আনার জন্য ভারত কোন পদক্ষেপই নিতে পারে না! সি.বি.আই. সরকারের হাতের পুতুল হয়ে উঠেছে! সি.বি.আই.-য়ের পুরোন গরিমা আজ ধূলোয় মিশে গেছে! ভ্রষ্টাচার দূর করার জন্য কোন সার্থক প্রচেষ্টা ভারত সরকার করছে না! আমি নিজের ভাষণে সেই গুরুত্বপূর্ণ সন্ধির জন্য রাষ্ট্র সংঘকে ধন্যবাদ জানালাম! ভ্রষ্টাচারের বিরুদ্ধে কিছু সাধারণ বক্তব্য রাখলাম আর এটা বললাম যে, কেবলমাত্র সন্ধি পাশ করাটাই যথেষ্ট নয়! রাষ্ট্র সংঘ *'কর স্বর্গ'* হিসেবে পরিচিত সেই সব 60 দেশকে নিজে থেকে সমস্ত অর্থ ফেরত দিতে বাধ্য করে তুলুক!

ভারতে ফিরে আসার পরে আমি প্রধানমন্ত্রীকে এক পত্র লিখি আর স্যুইট্‌জারল্যাণ্ডের প্রতিনিধির ভাষণের একটা প্রতিলিপিও তাঁকে পাঠাই! পত্রে আমি লিখেছিলাম যে, যে দেশের ব্যাংকে আমাদের দেশের 70 লক্ষ কোটি টাকা জমা করা রয়েছে, সেই দেশ আমাদের টাকা ফেরত দিতে চায় আর সেই দেশের প্রতিনিধি স্বয়ং এমন বক্তব্য রাষ্ট্র সংঘের সভায় বলেছেন! তাহলে ভারত 6 বছর ধরে নিজের দেশের অর্থ ফেরত পাওয়ার জন্য সেই সন্ধির পুষ্টি কেন করছে না?! আমি আজ পর্যন্ত সেই পত্রের কোন উত্তর পাইনি!

ভ্রষ্টাচার তো একটা চিন্তার বিষয় বটে... কিন্তু সব থেকে বড় চিন্তার বিষয় হচেছ এটা যে, যাঁদের ওপরে ভ্রষ্টাচার দূর করার দায়িত্ব রয়েছে... তাঁরাই ভ্রষ্টাচার করছেন আর ভ্রষ্টাচারীদের সংরক্ষণ প্রদান করছেন! আজ বন্যার জলই চাযের ক্ষেতকে গিলে খাচেছ! জন লোকপাল বিল ভ্রষ্টাচারকে হয়তো সম্পূর্ণ রূপে শেষ করতে পারবে না... কিন্তু সেই ব্যাপারে অনেক কিছুই করতে পারে!

কিছু-কিছু লোকেদের মনে এমন সন্দেহ রয়েছে যে, জন লোকপাল বিল ভ্রষ্টাচার আটকাতে পারবে না... তাঁদের এমন আশংকা অমূলক! দ্বিতীয় বিশ্বযুদ্ধের পরে হংকং-য়ে যখন আর্থিক বিকাশ শুরু হয়েছিল... তখন সেখানেও ভ্রষ্টাচার অত্যন্ত দ্রুত বেড়ে উঠেছিল! মাত্র কয়েক বছরের মধ্যে হংকং বিশ্বের মহাভ্রষ্ট দেশগুলোর শ্রেণীতে গন্য হতে লেগেছিল! সেই দেশের নেতারা এতে অত্যন্ত চিন্তিত হয়ে উঠলেন! 1974 সালে সেখানে এক সংস্থা *(Independent Commission Against Corruption)* স্থাপিত করা হয়! সেই সংস্থা দেশের সরকারের থেকে সম্পূর্ণ রূপে স্বাধীন এক শক্তিশালী আর সৎ লোকেদের সংস্থা ছিল! এই সংস্থার দ্বারা করা কাজের কারণে আজ হংকং-কে গোটা বিশ্বে সৎ দেশগুলোর মধ্যে অন্যতম হিসেবে গন্য করা হয়! এই প্রকারের লোকপাল বিল দেশ থেকে ভ্রষ্টাচার মেটাতে পারে! কিন্তু দেশের বর্তমান ভ্রস্ট রাজনীতি কি এই বিল পাশ হতে দেবে? আমার এই ব্যাপারে সন্দেহও হয়, আবার ভয়ও লাগে! বাস্তবিকতা হচেছ এটা যে, যদি দেশে এই প্রকারের আইন তৈরী হয়ে পড়ে... তাহলে আজকের অনেক নেতা নিজেদের পদে না থেকে জেলে থাকবেন বা বিদেশে পালিয়ে যাবেন!

মুখ্যমন্ত্রীর রূপে আমি 1990 সালে ভ্রষ্টাচারের এক মামলায় দুজন আই.এ.এস. অফিসারকে সাস্‌পেণ্ড করি... যাঁরা সেই সময় কমিশনার পদে নিযুক্ত ছিলেন! সেই মামলায় মুখ্য সচিবকে শো কজ নোটিশও জারী করা হয়! সেই সময় পুরো দেশের আমলাতন্ত্রের মধ্যে হৈ-চৈ পড়ে গিয়েছিল! তাঁদের রাষ্ট্রীয় এ্যাসোসিয়েশন মাননীয় শ্রী লালকৃষ্ণ আদবাণীর কাছে আমার নামে অভিযোগ জানায়! পরের দিনই চণ্ডীগড় থেকে প্রকাশিত প্রমুখ ইংরাজী দৈনিক সংবাদপত্র *'ট্রিব্যুন'*-য়ের তৎকালীন সম্পাদক শ্রী প্রেম ভাটিয়ার ফোন আমার কাছে আসে! উনি আমাকে অভিনন্দন জানান আর আমার প্রচেষ্টার প্রশংসাও

করেন! 20-শে ডিসেম্বরের *'ট্রিব্যুন'*-য়ের সম্পাদকীয়তে উনি লেখেন –

"If there is a gallantry medal for political act of courages, the name of Himachal Pradesh Chief Minister Shanta Kumar should figure in the New Year's list of honour. To even attempt to touch the bureaucracy is almost like stirring a hornest nest of the persons who represent the "heaven born" service live by the unwritten code that while politician come and go they are permanently in power. By ordering the suspension of two senior IAS Officers of the rank of Commission-cum Secretary and seeking explanation of Chief Secretary. Mr. Shanta Kumar has not only attempted to call the bureaucracy's bluff but may have also inadvertently started the process which should leave no scope for doubt that the head of the government is the leal cock of the walk. Any chief minister worth his salt should take the kind of bold action Mr. Shanta Kumar has taken in similar circumstances."

এই একটি মামলা রাজ্যের পুরো প্রশাসন ব্যবস্হায় একটা বার্তা পৌঁছে দিয়েছিল! অনেকে আমাকে এমনটা বলেছেন যে, ভ্রষ্টাচার একটা সীমা পর্যন্ত বন্ধ হয়ে পড়েছে! যদি এই একটি মাত্র ঘটনা এতটা প্রভাব বিস্তার করতে পারে... তাহলে শক্তিশালী স্বতন্ত্র জন লোকপাল বিল নিশ্চিত রূপে ভ্রষ্টাচারকে একটা সীমা পর্যন্ত আটকাতে পারবে!

শ্রী অন্না হাজারে আর ওনার সাথীরা এবং ওনাকে সমর্থন জানাতে থাকা দেশের কোটি-কোটি জনতা এক ঐতিহাসিক কাজ করেছেন! এই ক্ষেত্রে পূজনীয় স্বামী রামদেব জী-ও এক প্রবল জনমত গড়ে তুলেছেন! সকল রাজনৈতিক দলগুলিতে আজও কিছু-কিছু সৎ নেতা রয়েছেন! এবার আমাদের... সকল রাজনৈতিক দলগুলোর সাংসদদের এটা কর্তব্য হয়ে ওঠে যে, আমরা সংসদের বাদল অধিবেশনে এই বিলকে অবশ্যই পাশ করাব!

শ্রী সুদর্শন ভাটিয়া শ্রী অন্না হাজারের এই মহা প্রচেস্টার ওপরে এই পুস্তক লিখে এক অত্যন্ত প্রশংসনীয় কাজ করেছেন! উনি এখনও পর্যন্ত অসংখ্য পুস্তক লিখেছেন... কিন্তু আমি ওনার এই পুস্তককেই সব থেকে গুরুত্বপূর্ণ মনে করি!

(শান্তা কুমার)
প্রাক্তণ মুখ্যমন্ত্রী
হিমাচল প্রদেশ

দুটি শব্দ

মহারাষ্ট্র সরকার এবং তার অধীনস্থ বিভাগগুলোয় চলতে থাকা ভ্রষ্টাচারের বিরুদ্ধে যে ব্যক্তি এক দীর্ঘ সময় ধরে সংঘর্ষ চালিয়ে এসেছেন... তিনি হঠাৎ করে গোটা দেশের চোখের মণি হয়ে উঠেছেন! রাতারাতি সেই ব্যক্তির গুরুত্ব যে এতটা বেড়ে উঠবে... সেটা কেউ চিন্তাও করে উঠতে পারেননি! যে ব্যক্তিকে আজ পর্যন্ত মহারাষ্ট্রের বাইরে কেউ চিনত না... আজ বিশ্বের সব থেকে বড় গণতান্ত্রিক দেশের প্রধানমন্ত্রী তাঁর প্রশংসায় পঞ্চমুখ হয়ে উঠেছেন! নিজের বিদেশ সফর থেকে ফেরার পথে প্রধানমন্ত্রী এমনটা বলেছেন – *"আমি শ্রী অন্না হাজারেকে অত্যন্ত বেশী সম্মান করি! গ্রামীণ বিকাশের জন্য ওনার দ্বারা করা কাজের আমি প্রশংসা করি!"* শুধু এই টুকুই নয়... প্রধানমন্ত্রী 09-ই আর 10-ই এপ্রিল, 2011 তারিখেও শ্রী অন্না হাজারের প্রশংসা এজন্য করেছেন... কারণ শ্রী হাজারে ভ্রষ্টাচারের বিরুদ্ধে আওয়াজ তুলে, গণতন্ত্রকে জীবিত রাখার কাজ করেছেন! প্রধানমন্ত্রী বলেছেন – *"শ্রী অন্না হাজারে ভ্রষ্টাচারকে সমাপ্ত করার উদ্দেশ্যে যে আন্দোলন শুরু করেছেন... আমরা ওনার সেই পদক্ষেপের সাথে একমত! আমরাও ভ্রষ্টাচারকে সমূলে উপড়ে ফেলতে চাই এবং আমরা ওনার এই আন্দোলনকে অবশ্যই এগিয়ে নিয়ে যাব!"*

শ্রী অন্না হাজারে সরকারের বিরুদ্ধে নিজের আন্দোলন শুরু করেছেন আর ভারত সরকার জনতার চাপে পড়ে ওনার 5-টি দাবীই মেনে নিয়েছে! শ্রী হাজারের জিত আর নিজেদের হার হওয়া সত্ত্বেও সরকার কোন কটুতার প্রদর্শন করেনি! এর জন্য সরকারও প্রশংসার আধিকারী! পরিস্থিতি যাতে আরও বেশী খারাপ না হয়ে ওঠে... তার জন্য সরকার বুদ্ধিমত্তার সাথে কাজ করে মাত্র 5 দিনের ভেতরেই শ্রী অন্না হাজারের আন্দোলনকে সফল হয়ে ওঠার সুযোগ প্রদান করেছে!

আমরা সকলেই এটা জানি যে, 15-ই আগস্ট, 1947 ভারত স্বাধীন হওয়ার পর থেকে এই দেশের মাটিতে বেশ কয়েক বার অনশন হয়েছে! কিন্তু এবার শ্রী অন্না হাজারে যে প্রকার অনশন করেছেন... তেমনটা এর আগে কখনো হয়নি! ইতিহাস সাক্ষী রয়েছে যে, এত শীঘ্র এবং জবরদস্ত প্রতিক্রিয়া এর আগে কখনো দেখতে পাওয়া যায়নি! শ্রী রামুলু-র অনশনের কারণে অন্ধ্র প্রদেশ অস্তিত্বে এসেছিল... শ্রী তারা সিং-য়ের অনশনের

পরিণাম স্বরূপ পাঞ্জাব গঠিত হয়েছিল! ঠিক সেই প্রকার শ্রী অন্না হাজারে আমরণ অনশনে বসার পরেই জন লোকপাল বিলের জন্য সংযুক্ত সমিতির গঠন করা হয়েছে... তাও মাত্র 5 দিনের মধ্যে! এটা এমন এক উপলব্ধি ছিল... যেটা স্বয়ং শ্রী অন্না হাজারে এবং ওনার সাথীদেরও চকিত করে তুলেছিল! এটা বলতেই হবে যে, অন্না জী এমন একটা কাজ করে ইতিহাসের রচনা করেছেন এবং সকল সীমা ভেঙে দিয়েছেন!

অন্না জী-র এই আমরণ অনশনের সময় রাজ্য, ধর্ম, জাতি, ভাষা, ক্ষেত্র – কোন প্রাচীরই বাধা হয়ে উঠতে পারেনি! আমরা এটা দেখেছি যে, হঠাৎ করে পুরো দেশ জুড়ে যেন তীব্র গতির এক তুফানের সৃষ্টি হয়ে পড়েছিল! দেশের প্রতিটি ব্যক্তি... তা তিনি যে কোন বর্গেরই হোন্ না কেন... নিজের থেকে এই আন্দোলনের সাথে যুক্ত হয়ে পড়েছেন আর এই আন্দোলনকে আরও বেশী শক্তিশালী করে তুলেছেন! এমন আশা মোটেই করা হয়নি যে, সরকার এত শীঘ্র হার মেনে নেবে এবং মহারাষ্ট্র থেকে আসা সমাজ সেবক শ্রী অন্না হাজারে এত শীঘ্র সরকারকে নিজের দাবী মেনে নিতে বাধ্য করে তুলবেন! এটা বলতেই হবে যে, অন্না হাজারের দাবী মেনে নিয়ে ডাঃ মনমোহন সিং-য়ের সরকার কোন ভুল করেনি... বরং বুদ্ধিমত্তার পরিচয়ই দিয়েছে! শ্রী অন্না হাজারের মত বিনম্র রাষ্ট্র সেবক রাতারাতি রাষ্ট্রীয় মহানায়ক হয়ে ওঠার সুযোগ পেয়ে গেছেন! ওনার দ্বারা প্রাপ্ত জন সমর্থন দেখে কেউ মহাত্মা গান্ধীর কথা মনে করতে লেগেছেন... কারো বা রাম মনোহর লোহিয়ার কথা মনে পড়ে গেছে... তো কেউ-কেউ জয়প্রকাশ নারায়ণের ক্রান্তির কথা স্মরণ করতে লেগেছেন!

এত বড় জন সমর্থন... যেটা প্রাপ্ত করার জন্য তেমন বিশেষ কোন প্রস্তুতিও নেওয়া হয়নি, কি করে প্রাপ্ত হল? এর উত্তর হচ্ছে এটাই যে, পুরো দেশ আজ ভ্রষ্টাচারে দুঃখী হয়ে উঠেছে! প্রতিটি জনতার ভেতরে আক্রোশ রয়েছে! মূল্যবৃদ্ধি সবার কোমর ভেঙে দিচ্ছে! কেবলমাত্র মধ্যবিত্ত শ্রেণীই নয়... সবারই এমনটা মনে হতে লেগেছে যে, শ্রী অন্না হাজারে সততার প্রতিমূর্তি হয়ে এসেছেন আর উনি তাদের দুঃখ-কষ্ট বোঝেন! উনি দেশের জনতার জন্যই আমরণ অনশনে বসেছেন! কেউ-ই এই সুযোগ হাতছাড়া করতে চায়নি আর প্রত্যেকে আমন্ত্রণ ছাড়াই এই লড়াইতে ঝাঁপিয়ে পড়েছে! অন্না জী এবং ওনার সাথীরা অভূতপূর্ব সমর্থন প্রাপ্ত করেছেন আর সরকারও বুদ্ধিমত্তার পরিচয় দিয়ে অন্না জী-র দাবী মেনে নিয়েছে!

04-ই এপ্রিল, 2011 নূতন দিল্লীর জন্তর মন্তরে শ্রী অন্না হাজারে যে ছোট্ট প্রদীপ জ্বালাতে পৌঁছেছিলেন... সেই ছোট্ট প্রদীপ 2 - 3 দিনে সূর্য হয়ে উঠল! সেই দেশভক্তের বিভিন্ন প্রচেষ্টার বিবরণ এখানে তুলে ধরা হল!

– সুদর্শন ভাটিয়া

বিষয় সূচী

জন্ম থেকে ড্রাইভার হওয়া পর্যন্ত

অন্না হাজারেকে প্রথম দৃষ্টিতে ঠিক পাকিস্তানকে নাস্তানাবুদ করে তোলা আমাদের দেশের প্রাক্তণ প্রধানমন্ত্রী স্বর্গীয় লাল বাহাদুর শাস্ত্রীর মতই দেখতে লাগে! এটা ঠিক যে, দুজন ব্যক্তির মধ্যে কাজ আর আদর্শের সমানতা এবং অসমানতা দেখার কোন আবশ্যকতা নেই... কারণ প্রতিটি ব্যক্তির আভ্যন্তরীণ ব্যক্তিত্ব তাঁর নিজস্ব প্রকারের হয়! তবুও যে কাজ, অত্যন্ত সাধারণ দর্শন, সাদা ধুতি-পাঞ্জাবী আর গান্ধী টুপী পরা শ্রী অন্না হাজারে করে দেখিয়েছেন... সেই কাজকে ওনার নিজস্ব প্রকৃতিরই মানা হচ্ছে! ওনার পরিস্কার ইমেজ, সরল ব্যক্তিত্ব দেশের প্রতিটি ব্যক্তিকে আপনা থেকেই ওনার প্রতি আকৃস্ট করে তোলে!

মহারাস্ট্রে প্রতিটি ব্যক্তির মধ্যে নিজের এক আলাদা পরিচিতি গড়ে তোলা অন্না নিজের রাজ্যের বাহিরে... বিশেষ করে রাষ্ট্রীয় স্তরে কোন পদক্ষেপ নেওয়ার ব্যাপারে কখনো চিন্তা করেননি! উনি যখন 2 - 3 বার মহারাস্ট্রের মুখ্যমন্ত্রীর সাথে মিলিত হয়ে রাজ্যের মন্ত্রীদের মধ্যে ছড়িয়ে থাকা ভ্রষ্টাচারের বিরুদ্ধে আওয়াজ ওঠান... তখন মুখ্যমন্ত্রী অন্নার বক্তব্যকে তেমন কোন গুরুত্বই দেননি! উনি মুখ্যমন্ত্রীর সাথে এই সাক্ষাৎকারের পরে নিজেকে নিজেরই বাড়ীতে অপমানিত মানতে থাকেন! অত্যন্ত ক্ষুব্ধ হয়ে উঠে উনি সমাজ সেবী শ্রী অরবিন্দ কেজরীওয়াল, প্রাক্তণ আই.পি.এস. অফিসার শ্রীমতি কিরণ বেদী এবং প্রখ্যাত সমাজ সংশোধক আর সমাজ সেবী স্বামী অগ্নিবেশ ইত্যাদিদের সাথে আলোচনা করেন! তাঁদের মধ্যে মন্ত্রণা হয়... বিচার বিমর্শ চলতে থাকে! বেশ কিছু পক্ষের ওপরে ভাবনা-চিন্তা করা হয়! বেশ কিছু বিষয় সামনে আসে আর সেগুলোর ওপরে গভীর আলোচনা হয়! শেষে ওনারা সকলে জন লোকপাল বিল পাশ করানোর জন্য এক মজবুত রণনীতি প্রস্তুত করেন! তারই পরিণাম ছিল শ্রী অন্না হাজারের নূতন দিল্লীর জন্তর মন্তরে আমরণ অনশনে বসা! এর জন্য যেসব ফর্মালিটি পূরণ করার আবশ্যকতা ছিল... ওনারা সেগুলো সারার কাজে লেগে পড়েন! প্রধানমন্ত্রী এবং অন্যান্য উচ্চস্তরীয় পদে আসীন লোকেদের কাছে পত্র পৌঁছে দেওয়া হল! যখন তাঁরা কেউ ওনাদের এই বক্তব্যকে গুরুত্ব সহকারে গ্রহণ করলেন না... তখন আমরণ অনশন শুরু করে দেওয়া হল! তার পরের বিবরণ তো আপনারা এই পুস্তকে পড়বেনই! আসুন... তার আগে অন্না হাজারের সংক্ষিপ্ত জীবন যাত্রার ব্যাপারে জেনে নেওয়া যাক!

জীবন পরিচয়

মহারাষ্ট্রের এক অত্যন্ত সাধারণ পরিবারে অন্না হাজারের জন্ম হয়! ওনার পিতা পেশায় এক মজদুর ছিলেন! এমন এক পরিবারে জন্ম গ্রহণ করা অন্না হাজারের বাস্তবিক নাম এটা ছিল না! মাতা-পিতা ওনার জন্মের পরে ওনার নাম রেখেছিলেন – *'কিশন বাবু'*! পুরো নাম রাখা হয়েছিল – *'কিশন বাবুরাও হাজারে'*! এমনিতে পুরো পরিবারের কাছে উনি কেবল *'কিশন'*-ই ছিলেন! এই নামেই গ্রামের অন্যান্য বাচ্চারা ওনাকে চিনত! মা ওনাকে কখনো *'নানু'*... তো কখনো *'কিশনু'* বলে ওনার ওপরে নিজের সম্পূর্ণ প্রেম বর্ষণ করতেন! নিজের সৌম্য স্বভাবের কারণে বালক কিশন নিজের সমবয়সী বন্ধুদের মধ্যে অত্যন্ত প্রিয় হয়ে উঠেছিলেন!

মহারাষ্ট্রের এক বিকশিত জেলা হচ্ছে আহমদনগর! এখানেই বালক কিশনের পিতামহের পোস্টিং ছিল! উনি সেনা বাহিনীতে চাকরী করতেন এবং নিজের পরিবারের সাথে আহমদনগরের ভিঙ্গরে বাস করতেন! ভিঙ্গর এক বিকশিত লোকালয় ছিল... যেখানে ওনার পিতামহ থাকতেন! ওনার ডিউটী এখানেই ছিল! পিতা মজদুরী করে পরিবারে কিছুটা আর্থিক সহায়তা প্রদান করতেন! এখানেই বালক কিশনের জন্ম হয়েছিল আর উনি ছিলেন নিজের মজদুর পিতার প্রথম সন্তান! পরিবারের প্রথম সন্তান... তাও পুত্র সন্তান... গোটা পরিবার খুশীতে মেতে উঠেছিল! প্রতিটি ভারতীয় পরিবারের মতই পিতামহ, পিতা, মা এবং অন্যান্য আত্মীয়রা আনন্দোৎসব পালন করলেন!

অন্না হাজারে – আশার নতুন কিরণ!

বালক কিশনের জন্ম আজ থেকে প্রায় 73 বছর আগে ভিঙ্গরে 15-ই জুন, 1938 হয়েছিল! লোকেরা এমনটা বলে থাকেন যে, ভিঙ্গরে বালক কিশনের জন্ম হয়েছিল... কিন্তু ওনার পিতামহের পোস্টিং ছিল কাছের এক স্টেশনে... যেটাকে *'ভিঙ্গনগর'* বলা হত! এই ভিঙ্গর আর ভিঙ্গনগর – দুটোর মধ্যে কোনটাই বালক কিশনের পৈত্রিক গ্রাম ছিল না! ওনার পৈত্রিক গ্রাম ছিল এই আহমদনগরেরই অন্য এক গ্রাম *'রালেগন সিদ্ধি'*! এই গ্রামটাকে কেউ-কেউ আবার *'রালেগাঁও সিদ্ধি'*-ও বলেন!

পিতামহের মৃত্যুর পরে বালক কিশনের পিতা ভিঙ্গরেই থাকতে লাগেন আর সেখানেই মজদুরী করে পরিবারের পালন-পোষণ করতে থাকেন! পরিবারের পালন-পোষণ অত্যন্ত মুশ্কিলেই হচ্ছিল! পরিবারে একের-পর-এক বাচ্চার জন্ম হতে থাকে... যাদের মধ্যে সবার বড় ছিলেন বালক কিশন – আজকের অন্না হাজারে! পিতামহের মৃত্যুর পরে ওনাদের পরিবারের গাড়ী 7 বছর পর্যন্ত যেমন-তেমন করে চলতে লাগল... তারপর পরিবারের খরচ-খরচা ঠিক মত না হতে থাকায় আর পরিবারে বাচ্চাদের সংখ্যা লাগাতার বেড়ে চলায় কিশনের পিতা সপরিবারে নিজেদের পৈত্রিক বাড়ীতে চলে আসেন... যেটা রালেগাঁও সিদ্ধি গ্রামে ছিল!

কোথায় কতজন বাচ্চার জন্ম হয়েছিল... সেটার বিবরণ তো কোথাও পাওয়া যায়নি... কিন্তু এই তথ্য পাওয়া গেছে যে, এই পরিবারে মোট 7-জন পুত্রের জন্ম হয়েছিল! অন্না *(কিশন)* সবার বড় ছিলেন! ভাইদের মধ্যে সব থেকে বড় হওয়ার কারণে উনি সবার থেকে বুদ্ধিমান ছিলেন এবং পরিবারের প্রতি নিজের দায়িত্বও উনি বেশ ভালোমতন বুঝতেন!

অন্না *(কিশন)*-য়ের এক পিসী মুম্বাইতে থাকতেন! উনি প্রায়ই নিজের দাদা-বৌদির কাছে আসতেন! একবার দাদার পরিবারের দারিদ্রতা অনুভব করে উনি কিশনকে নিজের সঙ্গে করে মুম্বাই নিয়ে যাওয়ার প্রস্তাব রাখেন! কিশন তখন খুবই ছোট ছিলেন! ততদিনে ওনার আর কত জন ভাইয়ের জন্ম হয়ে পড়েছিল... সেটা জানা যায় না! কিশনের মা একবারের জন্যও আপত্তি জানাননি... মুম্বাই থেকে আসা ননদের প্রস্তাব উনি হাসি মুখে মেনে নেন আর বালক কিশন পিসীর সাথে মুম্বাই চলে যান! পিসী দাদা-বৌদিকে এই আশ্বাস দিয়ে যান যে, উনি কিশনকে নিজের পুত্রের মতই মানুষ করবেন এবং স্কুলে ভর্তি করিয়ে তার পড়াশোনা করার ব্যবস্থাও করে দেবেন!

বালক কিশন মুম্বাইতে নিজের পিসীর কাছে থাকতে লাগেন! উনি সেখানেই স্কুলে ভর্তি হন! অন্য বাচ্চাদের মত উনিও স্কুলে যেতে লাগলেন! সকাল-সন্ধ্যায় যখনই সময় পেতেন, উনি পড়াশোনা করে নিতেন! বাকী সময় উনি নিজের পিসীকে বিভিন্ন কাজে সহায়তা করতেন! বালক কিশন একের-পর-এক ক্লাস পাশ করে চললেন! মুম্বাইতে থেকে কিশন সপ্তম শ্রেণী পর্যন্ত পড়লেন... যেটা সেই সময়ের গরীব পরিবারের হিসেবে যথেষ্ট ছিল!

ফুলের দোকানের চাকরী

রালেগাঁও সিদ্ধিতে মজদুর পিতাকে তখনও অন্য 6 বাচ্চার পালন-পোষণ করতে হত! সব সময় আর্থিক অনটন লেগেই থাকত! পরিবারের গাড়ী ঠিক মত চলছিল না! পিতা নিজের বড় পুত্র কিশনের থেকে কিছুটা আর্থিক সহায়তার আশা করছিলেন! পরিবারের আর্থিক অবস্হা মোটেই ভালো ছিল না! হয়তো এজন্যই কিশন স্কুলে যাওয়া ছেড়ে দিয়েছিলেন! পিতাকে সহায়তা করার জন্য বালক কিশন *(অন্না)* এবার কাজের সন্ধান করতে লাগলেন! বেশ কিছুদিন চেস্টা করার পরে কিশন দাদর স্টেশনের বাইরে কাজ পেয়ে গেলেন! এখানে এক ফুলের দোকানের মালিকের নিজের দোকানে কাজ করার জন্য একজন কর্মচারীর প্রয়োজন ছিল! উনি কিশনকে মাসিক 40 টাকা বেতনে কাজে রেখে নিলেন! বালক কিশন মন লাগিয়ে কাজ করতে লাগলেন! ধীরে-ধীরে ফুল কেনা-বেচার সমস্ত গুণ উনি রপ্ত করে নিলেন!

প্রতি মাসে 40 টাকা হাতে আসত! সেটার থেকে যতটা সম্ভব হত, উনি বাড়ী পাঠিয়ে দিতেন! বাড়ীতেও ওনার ছোট ভাইয়েরা এবার কাজের সন্ধানে লেগে পড়েছিলেন!

নিজের দোকান খুললেন

ফুল কেনা-বেচার ব্যাপারে অভিজ্ঞতা প্রাপ্ত করার পরে এবং নিজের দুই ছোট ভাইকেও কাজ প্রদান করার ইচ্ছায় কিশন এবার নিজেরই এক ফুল বিক্রী করার দোকান খুলে বসলেন! শীঘ্রই উনি গ্রাম থেকে নিজের 6 ভাইদের মধ্যে থেকে দুজনকে নিজের কাছে ডেকে নিলেন আর তিন ভাই মিলে ফুলের দোকান চালাতে লাগলেন! এতে ওনাদের পরিবারের আর্থিক অবস্হা আগের থেকে কিছুটা উন্নত হয়ে উঠতে লাগল! গ্রামে পিতার কাছে প্রায়ই কিছু-কিছু টাকা পাঠানো হতে লাগল... যার দ্বারা ওনাদের পরিবার এবার মোটামুটি ঠিক ভাবেই চলতে লেগেছিল!

সেনাবাহিনীতে ড্রাইভারের চাকরী

কিশন *(অন্না)* যখন এটা দেখলেন যে, ওনার ভাইয়েরা দোকানের কাজ ভালোমতন চালিয়ে নিতে পারবেন... তখন উনি চাকরীর সন্ধান করতে লাগলেন! অন্না একটু ছুটোছুটি করে সেনাবাহিনীতে ড্রাইভারের চাকরী জুটিয়ে নিলেন! সেটা ছিল 60-য়ের দশকের কথা! পাঞ্জাবে ওনার পোস্টিং হল! উনি সেনাবাহিনীর ট্রাক চালাতেন! এর ফলে মাতা-পিতা আর ছোট ভাইদের সহায়তা করাটা আরও সহজ হয়ে উঠল! সেনাবাহিনীতে উনি ভালো অনুশাসন শিখলেন এবং দেশভক্তির ভাবনাও ওনার মধ্যে ভরে উঠতে লাগল!

■■■

নিজের গ্রাম থেকে জন্তর মন্তর পর্যন্ত

পাঞ্জাবে সেনাবাহিনীর ড্রাইভার হিসেবে কাজ করার সময় কিশন *(অন্না)* এক অনুশাসিত সৈনিকের রূপে নিজের ডিউটী বড়ই ভালো ভাবে পালন করতেন ! যখনই ডিউটী থেকে ছুটী পেতেন... উনি নিজের গ্রামে চলে যেতেন ! ওনার প্রথম পোস্টিং পাঞ্জাবে ছিল আর সেই সময় আমাদের প্রতিবেশী রাষ্ট্র পাকিস্তান আমাদের দেশের ওপরে হামলা চালিয়েছিল ! সেই সময় অন্না জী-কে বেশ কয়েক বার বর্ডার পর্যন্ত যেতে হত ! এমনটা বলা হয়ে থাকে যে, সেই সময় ফৌজী ড্রাইভার অন্না বেশ কয়েক বার মৃত্যুকে অনেক কাছ থেকে দেখেছেন ! নিজের জাগরুকতা, সাহস আর বীরত্বের জোরে অন্না বেশ কয়েক বার মৃত্যুকে পরাজিত করে নিজের প্রাণ রক্ষা করেছেন !

সেনাবাহিনীতে চাকরী করার সময় অন্না দিল্লী রেলওয়ে স্টেশন থেকে স্বামী বিবেকানন্দের এক পুস্তক কেনেন !

পুস্তকে আগ্রহ এবং শিক্ষা

দিল্লী রেলওয়ে স্টেশন থেকে অন্না যে প্রথম পুস্তক কিনেছিলেন, সেটা ইংরাজী ভাষায় ছিল ! লেখক ছিলেন স্বামী বিবেকানন্দ এবং পুস্তকের নাম ছিল – *"কল টু দ্য ইউথ ফর নেশন !"* পুস্তকের নামটা বড়ই আকর্ষক ছিল ! আন্না ধীরে-ধীরে পুস্তক পড়তে লাগলেন আর বুঝতে লাগলেন ! পুস্তক পড়ে উনি নিজের রাস্তাও তৈরী করতে লাগলেন ! পুস্তকে উনি যেসব ব্যাপার পড়লেন... সেগুলো উনি নিজের জীবনে ভালো ভাবে গ্রহণও করতে লাগলেন ! সেই পুস্তক পড়ে অন্না জী অত্যন্ত প্রভাবিত হয়ে উঠেছিলেন আর উনি সমাজের জন্য কিছু একটা বিশেষ করার ব্যাপারে ভাবনা-চিন্তা করতে লাগলেন ! সেই সময় অন্না আরও যে দুজন মহাপুরুষের লেখা পুস্তক পড়েন... তাঁদের নাম ছিল মোহনদাস করমচদ গান্ধী এবং সন্ত বিনোবা ভাবে ! তাঁদের জীবন কাহিনী এবং কাজের গভীর প্রভাব অন্নার ওপরে পড়তে শুরু করে দিয়েছিল ! সব মিলিয়ে ফৌজী ড্রাইভার অন্নার চিন্তা-ভাবনাই অনেকটা বদলে গিয়েছিল ! উনি এবার এটা স্হির করে নিয়েছিলেন যে, উনি নিজের বাকী জীবনটা সমাজের প্রতি সমর্পিত করে দেবেন !

অবিবাহিত থাকার নির্ণয়

সমাজে ছড়িয়ে পড়া কু-রীতি, দারিদ্রতা, ক্ষুধা, সমাজের প্রতি দেশের যুবাদের দায়িত্ব, তিন মহাপুরুষের জীবন থেকে প্রাপ্ত শিক্ষাকে নিজের জীবনে ধারণ করে অন্না কখনো বিবাহ না করার নির্ণয় গ্রহণ করেন ! সারাটা জীবন অবিবাহিত থাকার দৃঢ় সিদ্ধান্ত উনি নিয়ে নেন ! এমনিতে এর আগে থেকেই অন্না বিবাহ না করার ব্যাপারে মনস্হির

করে রেখেছিলেন... কিন্তু 1970 সালে উনি সারাটা জীবন অবিবাহিত থাকার নিজের নির্ণয়ের ব্যাপারে নিজের বন্ধু-বান্ধব, আত্মীয়-স্বজন আর পরিবারের লোকেদের জানিয়ে দেন ! সেই সময় অন্নার বয়স ছিল 32 বছরের আশপাশে ! উনি *'ক্রণিক ব্যাচেলর'* থাকার নির্ণয় নেন আর উনি নিজের এই নির্ণয় থেকে কখনোই বিচলিত হননি !

মুম্বাইতে পোস্টিং

সেনাবাহিনীতে কাজ করার সময় যখন ওনার পোস্টিং মুম্বাইতে হল... তখন উনি নিজের গ্রামে যাওয়ার সুযোগ আগের থেকে এবার বেশী করে পেতে লাগলেন ! উনি রালেগন সিদ্ধি বেশ কয়েক বার যেতে লাগলেন এবং গ্রামের সমস্যা, গ্রামের লোকেদের জীবন যাত্রার কঠিনতা অনেক কাছ থেকে দেখতে আর বুঝতে লাগলেন ! এই প্রকার উনি গ্রামের লোকেদের সাথে মেলামেশা করতে লাগলেন ! যাঁদের সাথে ওনার আগে কোন পরিচয় ছিল না বা যাঁদের উনি প্রায় ভুলে যেতে বসেছিলেন... তাঁদের সাথেও একটু-আধটু মেলামেশা হয়ে পড়ত... আপনত্বের সৃষ্টি হয়ে পড়ত !

সেনাবাহিনী থেকে অবসর গ্রহণ

যখন অন্নার পোস্টিং জম্মুতে হল আর ওনার সেনাবাহিনীর চাকরী জীবনের 15-টা বছর পূর্ণ হয়ে পড়ল... তখন উনি ভি.আর.এস. নিয়ে স্বেচ্ছায় অবসর নেওয়ার ব্যাপারে মনস্হির করে ফেললেন ! বাস্তবে জম্মু থেকে মুম্বাই এবং পৈত্রিক গ্রাম রালেগন সিদ্ধি অনেকটাই দূর হয়ে পড়েছিল ! আসা-যাওয়া করতে কস্ট হত আর সময়ও অনেকটাই লাগত ! তাছাড়া গ্রামের লোকেদের সাথে ওনার শুধু যে ভালো পরিচয়ই হয়ে পড়েছিল, তাই নয়... তাঁদের সাথে ওনার বেশ ভালোমতন ঘনিস্টতাও হয়ে পড়েছিল ! গ্রামের সমস্যার কথাও থেকে-থেকে ওনার মনে পড়ে যেত ! স্বামী বিবেকানন্দ, মহাত্মা গান্ধী আর বিনোবা ভাবের জীবন কাহিনী পড়ার পরে উনি নিজের সারা জীবন সমাজের প্রতি সমর্পিত করার দৃঢ় সিদ্ধান্তও নিয়ে নিয়েছিলেন ! সেনাবাহিনীতে চাকরী করে উনি সমাজ, বিশেষ করে নিজের পৈত্রিক গ্রামের জন্য বিশেষ কিছুই করে উঠতে পারছিলেন না... এজন্য 1975 সালে অন্না চাকরী থেকে স্বেচ্ছা-অবসর নেওয়ার সিদ্ধান্ত গ্রহণ করেন ! ভি.আর.এস. অর্থাৎ ভলান্টারী রিটায়ারমেন্ট স্কীমের লাভ উঠিয়ে উনি সেনাবাহিনীর চাকরী থেকে অবসর গ্রহণ করেন !

নিজের গ্রামে পৌঁছলেন

সেনাবাহিনী থেকে ভি.আর.এস.-য়ের অন্তর্গত অবসর গ্রহণ করে অন্না সোজা নিজের পৈত্রিক গ্রামে এসে পৌঁছন ! ওনার মনের মধ্যে ইচ্ছা ছিল নিজের পৈত্রিক গ্রামে পরিবর্তন নিয়ে আসার... গ্রামের উত্থান করার... গ্রামবাসীদের জীবন স্তরকে উন্নত করে তোলার ! আর... অন্না গ্রামে থেকে, গ্রামের লোকেদের নিজের প্ল্যানের ব্যাপারে জানিয়ে-বুঝিয়ে, তাঁদেরকে নিজের কথামত চলার জন্য প্রস্তুত করে তুললেন আর অল্প কিছুদিনের ভেতরেই অন্না গোটা গ্রামের ছবিটাকেই পাল্টে দিলেন ! গ্রামের উন্নতি হতে লাগল আর গ্রাম এক *'আদর্শ গ্রাম'* হয়ে উঠতে লাগল !

হোস্টেলকে জমি দান করলেন

অন্না হাজারে নিজের জমি-জায়গা... যেটা ওনার অংশে ছিল, স্কুলের হোস্টেলকে দান করে দিলেন ! গ্রামে আগে কোন হোস্টেল ছিল না ! অন্না জমি তো দিলেনই... সেই জমির ওপরে উনি হোস্টেলের নির্মাণও করিয়ে দিলেন ! হোস্টেল চালানোর খরচও ওনার সহযোগে চলতে লাগল ! বাচ্চাদের জন্য খাবারও ওনার দ্বারা দেওয়া পয়সাতেই তৈরী হত ! নিজের পেনশনের টাকার সাথে-সাথে অন্না এই ব্যাপারে লোকেদের সহযোগও গ্রহণ করতেন !

পুরো পেনশন গ্রামের বিকাশে খরচ হয়

যাঁরা অন্না জী এবং ওনার গ্রামের ব্যাপারে জানতেন আর সেই গ্রামকে দেখেছেন... তাঁরা গ্রামের প্রশংসায় পঞ্চমুখ হয়ে ওঠেন ! ওনারা এমনটা বলেন যে, অন্না জী-র পেনশন, গ্রামের কল্যাণে এবং হোস্টেলের পেছনে খরচ হয় ! উনি জল, সাফাই, রাস্তা, স্কুল ইত্যাদির যেসব কাজ গ্রামে করিয়েছেন... তার ফলে গ্রামের সর্বাঙ্গীণ বিকাশ হয়েছে ! অন্না জী লোকেদের কল্যাণ করাকেই নিজের জীবনের লক্ষ্য বানিয়ে রেখেছেন !

মন্দিরে নিবাস

অন্না হাজারে মন্দিরে থাকেন ! উনি সেখান থেকেই গ্রামের উন্নতির কাজ দেখাশোনা করেন ! ওনার ভোজন হোস্টেল থেকে আসে ! বাচ্চারা যে খাবার খায়... অন্না জী-ও সেই খাবারই খান ! উনি সেই ভোজন করেই তৃপ্ত থাকেন !

35 বছর আগে শেষ বার নিজের বাড়ী গেছেন

অন্না হাজারে শেষ বার নিজের বাড়ী গেছেন আজ থেকে 35 বছর আগে ! উনি মন্দিরেই থাকেন... সেটাই ওনার বাড়ী হয়ে উঠেছে ! গ্রামে মদ এবং অন্যান্য নেশার প্রয়োগ একেবারেই করা হয় না ! গ্রামের এতটা বিকাশ হয়ে পড়েছে যে, গ্রাম আজ কোনরকমের সুবিধা থেকে বঞ্চিত নয় ! এর কৃতিত্ব একমাত্র অন্না জী-রই প্রাপ্য !

রামরাজ্যের মত পরিবেশ

অন্না হাজারের গ্রাম এই সময় এক *'আদর্শ গ্রাম'* হয়ে উঠেছে ! রালেগন সিদ্ধির লোকেদের আচরণ অত্যন্ত ভালো ! ওনারা সকল প্রকারের খারাপ জিনিষ থেকে নিজেদের দূরে সরিয়ে রেখেছেন ! সকলেই চাষ-বাষ আর কুটীর শিল্প করে ভালো ভাবেই নিজেদের জীবন যাপন করে নিচ্ছেন... সকলেই আত্মনির্ভর ! গ্রাম থেকে আশপাশের গ্রামগুলোয় দুধ, সব্জী আর ফল বিক্রী করা হয়... এতে গ্রামবাসীদের ভালোমতন উপার্জন হয়ে পড়ে ! যেসব লোকেরা এই গ্রামে এসেছেন, তাঁদের মতানুসার এখানে রামরাজ্যের পরিবেশ রয়েছে !

দেশে রামরাজ্য নিয়ে আসার কামনা

অন্না হাজারে নিজের দল-বলের সাথে, দেশে রামরাজ্য নিয়ে আসার ইচ্ছায়

দিল্লীর জন্তর মন্তর থেকে নিজের অভিযান শুরু করেছেন ! ওনার বক্তব্য হচ্ছে – *"যখন জন লোকপাল বিল পাশ হয়ে পড়বে... তখন দেশ থেকে ভ্রষ্টাচার শেষ করাটা সম্ভব হয়ে পড়বে ! এই পথ ততটা সরল নয়... তবুও চেষ্টা করে দেখতে আপত্তি কোথায় ?"*

আন্দোলনে 32 লক্ষ টাকা খরচ

অন্না হাজারে আজ থেকে 3 - 4 মাস আগে যে আন্দোলন শুরু করার নির্ণয় গ্রহণ করে 42 বছর পুরোন জন লোকপাল বিল পাশ করানোর সিদ্ধান্ত নিয়েছিলেন, তাতে উনি বিভিন্ন ব্যক্তি / সংস্থার পক্ষ থেকে মোট 82 লক্ষ টাকা প্রাপ্ত করেছেন ! তার থেকে গত 3 - 4 মাসে মোট 32 লক্ষ টাকা খরচ হয়েছে ! এই 32 লক্ষ টাকা হচ্ছে বেশ কিছু জায়গায় করা মোট ব্যয়... যার মধ্যে জন্তর মন্তরে হওয়া খরচও শামিল রয়েছে ! এই 32 লক্ষ টাকার মধ্যে প্রায় 6 - 7 লক্ষ টাকা মুম্বাইতে খরচ হয়েছে ! এই ব্যাপারের পুষ্টি অন্না হাজারের মুখ্য সহায়ক এবং সমাজ সেবী শ্রী অরবিন্দ কেজরীওয়াল করেছেন ! ওনার কাছে প্রতিটি পয়সার হিসাব আর রসিদ মজুদ রয়েছে !

অন্না হাজারে দ্বারা সম্পত্তির ঘোষণা

অন্না হাজারে এবং ওনার চার সহযোগী নিজেদের সম্পত্তির ঘোষণা করে দিয়েছেন ! অন্না জী-র কাছে এই সময়ে 67 থেকে 70 হাজার টাকার মত জমা পুঁজি আর নগদ পুঁজি রয়েছে ! এটা স্পষ্ট যে, উনি সেটার থেকে গ্রামের প্রয়োজনে খরচ করতে থাকবেন ! উনি এই অর্থকে নিজের নয়... সমাজের অর্থ হিসেবেই মানেন !

আর.টি.আই. আনার কাজ

অন্না হাজারে নিজেকে সামাজিক কাজের প্রতি পূর্ণ রূপে সমর্পিত করে রেখেছেন ! উনি অন্যায় একেবারে সহ্য করতে পারেন না ! উনি আর.টি.আই. নিয়ে আসার কাজ তো করেছেনই... ভ্রষ্টাচারে লিপ্ত মন্ত্রী এবং সরকারী অফিসারদের সাস্পেণ্ড করানোর দুঃসাহসিক কাজ করেছেন ! ওনার আন্দোলনের কারণেই মহারাষ্ট্রে দু-দুটি সরকারের পতনও হয়েছে ! উনি কেন্দ্রীয় কৃষিমন্ত্রী শ্রী শরদ পাওয়ারের ত্যাগপত্রও দাবী করে রেখেছেন ! যদি জন লোকপাল বিল পাশ হয়ে পড়ে... তাহলে দেশ ভ্রষ্টাচার থেকে মুক্ত হতে পারে !

■■■

প্রস্তাবিত জন লোকপাল বিল... আমরা কি পাব ?

ইণ্ডিয়া এগেন্সট করাপ্‌শন : এ-119, কৌশাম্বী, গাজিয়াবাদ, উত্তর প্রদেশ *(09718500606)* যে বার্তা 05-ই এপ্রিল, 2011-য়ের আগে প্রতিটি ব্যক্তির কাছে পৌঁছে দিয়েছে, তাতে যে-যে তথ্য প্রদান করা হয়েছে... আসুন, সেগুলোর ব্যাপারে জানা যাক!

আল্টিমেটাম

বলা হয়েছে যে, অন্না হাজারে প্রধানমন্ত্রী ডাঃ মনমোহন সিং-কে এই আল্টিমেটাম দিয়েছেন যে, প্রধানমন্ত্রী যেন ভ্রষ্টাচারের বিরুদ্ধে জন লোকপাল বিলের রূপে এক কড়া আইন পাশ করান! এমন একটা আইন... যার অন্তর্গত ভ্রষ্টাচারে লিপ্ত যে কোন ব্যক্তিকে দ্রুত এবং কড়া শাস্তি দেওয়া যেতে পারে!

কে এই অন্না হাজারে ?

অন্না হাজারের বিষয়ে যে সংক্ষিপ্ত... কিন্তু জরুরী তথ্য প্রদান করা হয়েছে, আসুন... সেগুলোর ওপরে এক নজর দেখে নেওয়া যাক!

1965 সালের ভারত-পাকিস্তান যুদ্ধে ওনাকে বাদ দিয়ে ওনার ইউনিটের সকল সৈনিক মারা যান! অন্না নিজের এই নতুন জীবন সমাজের প্রতি উৎসর্গ করে দেন! উনি সারাটা জীবন বিবাহ করেননি আর ঠিক কোন সন্ন্যাসীর মত জীবন কাটান! কয়েক জোড়া পোশাক বাদ দিয়ে ওনার নিজস্ব কোন সম্পত্তি নেই আর না-ই কোন ব্যাংক ব্যালান্স আছে! উনি গ্রামের এক মন্দিরে থাকেন! সত্যিই... উনি হচ্ছেন এই যুগের মহাত্মা গান্ধী!

মহারাষ্ট্রে অন্না বেশ কিছু খরা প্রভাবিত এলাকাকে সবুজ আর খাদ্য সম্পন্ন করে তুলেছেন! ভ্রষ্টাচারের বিরুদ্ধে তো উনি বেশ কয়েকবার অনশনে বসেছেন! ওনার সংঘর্ষের কারণেই মহারাষ্ট্র সরকারের 6 মন্ত্রী এবং 400-রও বেশী অফিসারদের সাসপেণ্ড হতে হয়েছে!

অন্না হাজারের অনশনের কারণেই মহারাষ্ট্রে তথ্য প্রাপ্ত করার অধিকার

আইন *(রাইট টু ইন্‌ফোর্মেশন)* সমেত আরও বেশ কিছু আইন পাশ করানো হয়েছে!

2006 সালে যখন তৎকালীন কেন্দ্র সরকার তথ্য অধিকার আইনকে সংশোধিত করতে চলেছিল... সেই সময় অন্না হাজারে আবার একবার আমরণ অনশনে বসেন! ফলে কেন্দ্র সরকারকে বাধ্য হয়ে নিজের প্রস্তাব ফেরত নিতে হয়!

করো অথবা মরো

ভ্রষ্টাচারের বিরুদ্ধে লড়াই করার জন্য এটা হচ্ছে আমাদের পক্ষে এক নির্ণায়ক সুযোগ! স্বামী রামদেব, শ্রী শ্রী রবিশঙ্কর, স্বামী অগ্নিবেশ, দিল্লীর আর্চ বিশপ ভিসেট, মহমুদ মদনী, শ্রীমতি কিরণ বেদী, জে. এম. লিঙ্গোহ, শ্রী শান্তি ভূষণ, শ্রী প্রশান্ত ভূষণ, শ্রী অরবিন্দ কেজরীওয়াল, মুফ্‌তী শমুম কাশমী, শ্রী অরুণ ভাটিয়া, শ্রীমতি মল্লিকা সারাভাই, শ্রীমতি সুনীতা গোদরা, অল্ ইণ্ডিয়া ব্যাংক কর্মচারী ফেডারেশন, কমন কজ এবং দেশের বেশ কিছু বিশিষ্ট ব্যক্তিত্ব আর সংস্থা অন্না জী-র সাথে এই সংঘর্ষে নেমে পড়েছেন *(তখনও পর্যন্ত কেউ এটা জানতেন না যে, এত বিরাট সংখ্যক প্রবুদ্ধ ব্যক্তি, এত বেশী সংখ্যক সংস্থা, স্বয়ং সেবী সংস্থা, দেশের প্রতিটি শহর আর গ্রাম এই সংঘর্ষে ঝাঁপিয়ে পড়বে)*!

অন্নার আপীল

05-ই এপ্রিল আমরণ অনশনে বসার আগে অন্না জী-র যে আপীল দেশের প্রতিটি ব্যক্তির কাছ পর্যন্ত পৌঁছে দেওয়া হয়েছিল, তাতে উনি দেশের জনতার কাছে নিবেদন করেছিলেন –

- আপনারা এক, দুই, তিন অথবা যতদিন সম্ভব... আমার সাথে অনশনে বসুন!
- অনশন করার সময় আপনাদের যে ভগবানের প্রতি বিশ্বাস রয়েছে, সেই ভগবানের কাছে ভ্রষ্টাচার মুক্ত ভারতের জন্য প্রার্থনা করুন! দেশের প্রতিটি ব্যক্তি এক সাথে প্রার্থনা করলে সেটার প্রভাব অবশ্যই দেখতে পাওয়া যাবে!
- আপনারা প্রধানমন্ত্রী কাছে করজোড়ে আপীল জানান যে, উনি যেন জন লোকপাল বিল পাশ করান... অন্যথা আমাদের কাছে পরবর্তী নির্বাচনে ওনার পার্টিকে ভোট না দেওয়া ছাড়া আর কোন পথ খোলা থাকবে না!
- আপনারা সকলে শান্তি বজায় রাখুন আর প্রয়োজন পড়লে স্বাধীনতার এই দ্বিতীয় সংগ্রামে জেলে যাওয়ার জন্যও নিজেদের প্রস্তুত রাখুন!

মনে রাখবেন

এটা হচেছ ফয়সালা নেওয়ার মুহূর্ত! দেশ আর নিজেদের সন্তানদের উজ্জ্বল ভবিষ্যত গড়ে তোলার জন্য, ভ্রষ্টাচারের বিরুদ্ধে এই লড়াইতে আপনারাও কি শামিল হবেন? অন্না জী এটাও জানতে চান!

জন লোকপাল বিল আসলে কি?

জাস্টিস শ্রী সন্তোষ হেগড়ে, শ্রী প্রশান্ত ভূষণ এবং শ্রী অরবিন্দ কেজরীওয়াল দ্বারা এই বিল, লোকেদের দ্বারা ওয়েবসাইটে জানানো প্রতিক্রিয়া আর দেশের জনতার সাথে বিচার-বিবেচনা করার পরে তৈরী করা হয়েছে! এই বিলকে শ্রী শান্তি ভূষণ, শ্রী জে. এম. লিঙ্গোহ, শ্রীমতি কিরণ বেদী, অন্না হাজারে ইত্যাদির ভারী সমর্থন প্রাপ্ত হয়েছে! এই বিলের এক-একটি কপি প্রধানমন্ত্রী এবং সকল রাজ্যের মুখ্যমন্ত্রীদের কাছে 01-লা ডিসেম্বর, 2010 পাঠিয়ে দেওয়া হয়েছে... যেটার কোন উত্তর আজ *(05-ই এপ্রিল, 2011)* পর্যন্ত কোন জবাব পাওয়া যায়নি!

01. এই আইনের অন্তর্গত, কেন্দ্রে লোকপাল আর রাজ্যগুলোয় লোকায়ুক্তের গঠন করা হবে!

02. এই সংস্থা নির্বাচন কমিশন এবং সুপ্রীম কোর্টের মতই সরকারের থেকে সম্পূর্ণ রূপে স্বতন্ত্র হবে! কোন নেতা বা সরকারী অফিসার তদন্তের প্রক্রিয়াকে প্রভাবিত করতে পারবেন না!

03. ভ্রষ্টাচারীদের বিরুদ্ধে মামলা বেশ কয়েক বছর ধরে পেণ্ডিং হয়ে পড়ে থাকবে না! যে কোন মামলার তদন্ত এক বছরের মধ্যে শেষ করে ফেলা হবে! ট্রায়াল পরের এক বছরের মধ্যে শেষ করে ফেলা হবে আর ভ্রষ্ট নেতা, সরকারী অফিসার বা জজকে দু বছরের মধ্যে জেলে পাঠিয়ে দেওয়া হবে!

04. অপরাধ প্রমাণিত হলে ভ্রষ্টাচারীদের থেকে তাঁদের দ্বারা হওয়া সরকারের লোকসানও উসুল করে নেওয়া হবে!

05. যদি কোন নাগরিকের সরকারী কাজ নির্দিষ্ট সময়ের মধ্যে না হয়... তাহলে লোকপাল দোষী সরকারী অফিসারের ওপরে জরিমানা ধার্য্য করবেন এবং সেই জরিমানা অভিযোগকারী ক্ষতিপূরণের রূপে প্রাপ্ত করবেন!

06. যদি কোন ব্যক্তির রেশন কার্ড, ভোটার পরিচয় পত্র, পাশপোর্ট ইত্যাদি নির্দিষ্ট সময়ের ভেতরে তৈরী না হয় বা পুলিশ যদি কোন ব্যক্তির অভিযোগ না লিখে নেয়... তাহলে সেই ব্যক্তি লোকপালের কাছে এই ব্যাপারে অভিযোগ জানাতে পারবেন আর ওনাকে সেই কাজটা এক মাসের ভেতরে শেষ করতে হবে! আপনারা যে কোন প্রকারের ভ্রষ্টাচারের অভিযোগ লোকপালের কাছে জানাতে পারেন! যেমন ঃ-

- সরকারী রেশনের কালোবাজারী
- রাস্তা তৈরীর কাজে গুণবত্তার উপেক্ষা
- পঞ্চায়েত ফাণ্ডের দুরূপযোগ

লোকপালকে এই সব কিছুর তদন্ত 1 বছরের মধ্যে শেষ করতে হবে! ট্রায়াল পরবর্তী 1 বছরে শেষ হবে আর দোষী ব্যক্তিকে 2 বছরের মধ্যে জেলে পাঠানো হবে!

07. সরকার কি ভ্রষ্ট আর দুর্বল লোকেদের লোকপালের সদস্য বানাতে চাইবে না? এমনটা সম্ভব হবে না... কারণ লোকপালের সদস্যদের নির্বাচন জজ, নাগরিক আর সংবৈধানিক সংস্থান দ্বারা করা হবে... রাজনৈতিক নেতাদের দ্বারা নয়! এনাদের নিযুক্তি পারদর্শী পদ্ধতি দ্বারা এবং জনতার অংশীদারী দ্বারা হবে!

08. যদি লোকপালে কাজ করতে থাকা কোন অফিসার ভ্রষ্ট হন তো?
লোকপাল / লোকায়ুক্তদের কাজকর্ম সম্পূর্ণ রূপে পারদর্শী হবে! লোকপালে কাজ করতে থাকা যে কোন কর্মচারীর বিরুদ্ধে অভিযোগ

এলে সেটার তদন্ত অধিকতম 2 মাসের মধ্যে শেষ করে সেই কর্মচারীকে সাসপেণ্ড করে দেওয়া হবে!

09. বর্তমান ভ্রষ্টাচার নিরোধক সংস্থানগুলোর কি হবে?

সিবিসি, ভিজিলেন্স বিভাগ, সিবিআই-য়ের ভ্রষ্টাচার নিরোধক বিভাগ *(এ্যান্টী করাপ্‌শন ডিপার্টমেন্ট)*-য়ের বিলয় লোকপালের সাথে করে দেওয়া হবে! লোকপালের কাছে যে কোন জজ, রাজনৈতিক নেতা বা সরকারী অফিসারের বিরুদ্ধে তদন্ত করার বা মামলা চালানোর সম্পূর্ণ অধিকার থাকবে!

কিছু অন্যান্য গুরুত্বপূর্ণ বিষয়

- জন লোকপাল আইন তৈরী হলে ভ্রষ্টাচারীদের মনে ভয়ের সৃষ্টি হবে *(ভ্রষ্টাচার প্রথমে কমে আসবে... তারপর পুরোপুরি শেষ হয়ে পড়বে)*!
- এই আন্দোলনের কোন রাজনৈতিক দলের সাথে কোন প্রকারের কোন সম্পর্ক নেই!
- আন্দোলনের গতিবিধির ব্যাপারে তথ্য প্রাপ্ত করার জন্য 022 - 61550789 নম্বরে মিসড্ কল দিন অথবা আপনারা ই-মেলও পাঠাতে পারেন!... এই প্রকার এই আন্দোলনের সাথে সম্বন্ধিত সকল তথ্য দূর-দূরান্ত পর্যন্ত পৌঁছে যাবে!

■■■

সরকারী লোকপাল বিলের ওপরে আপত্তি কেন ?

এমন কি ব্যাপার আছে যে, সরকার দ্বারা প্রস্তুত লোকপাল বিল অন্না হাজারে এবং ওনার সহযোগীদের পছন্দ হল না ? !

সরকার দ্বারা প্রস্তাবিত লোকপাল বিলেও প্রধানমন্ত্রীর বিরুদ্ধেও তদন্ত করার উল্লেখ তো রয়েছে... কিন্তু সরকার লোকপালকে পরামর্শ প্রদানকারী সংস্থা হিসেবে গড়ে তোলার প্রচেষ্টা করেনি ! এই বিলকে এজন্যই অপছন্দ করা হচ্ছে !

সরকারী বিলে কেন্দ্রে শাসন ক্ষমতায় বসে থাকা ভ্রষ্ট ব্যক্তিদের ওপরে ব্যবস্থা গ্রহণ করার দায়িত্ব প্রধানমন্ত্রীকে দেওয়া হয়েছে ! এই প্রকার প্রধানমন্ত্রী এবং সাংসদদের বিরুদ্ধে ব্যবস্থা গ্রহণ করার দায়িত্ব লোকসভা অধ্যক্ষ বা রাজ্যসভার সভাপতির ওপরেই থাকার কথা ! এটা তো মানতেই হবে যে, কোয়ালিশনের এই যুগে যে কোন উচ্চস্তরীয় আর ভ্রষ্ট রাজনৈতিক নেতার ওপরে ছড়ি ঘোরানো সম্ভব হতে পারে না ! তাঁর ওপরে ব্যবস্থা গ্রহণ করার সাহস আসবে কোথা থেকে ? সরকারের পতন হলে হোক্... এমনটা তো কেউ-ই মানতে চাইবে না !

সরকার দ্বারা 42 বছর ধরে এড়িয়ে আসা লোকপাল বিলে লোকপালকে এফ.আই.আর. লেখানোর অধিকার দেওয়া হয়নি ! কে পুলিশে যাবে... কে উকিল ঠিক করবে... কে আদালতের শরণাপন্ন হবে – সরকারী লোকপাল বিলে এসব কোন কিছুই স্পষ্ট করে বলা ছিল না ! এমন অবস্থায় সরকারী প্রচেষ্টা দেশের জনতাকে ন্যায় প্রদান করতে পারবে কি না... সেই ব্যাপারে সকলের সন্দেহই শুধু নয়... সম্পূর্ণ অবিশ্বাসও রয়েছে !

আপনারা এটা জেনে আশ্চর্য হয়ে উঠবেন যে, বহু বছর ধরে ঝুলে থাকা লোকপাল বিলে সি.বি.আই.-য়ের ভূমিকাকে স্পষ্ট করা হয়নি ! সরকার যদি নিজের দ্বারা প্রস্তুত বিল পাশ করিয়েও নেয়... তবুও লোকেরা এটাই বলবে – *"পাহাড় খোঁড়ার পরে বার হল একটা ইঁদুর... তাও মরা ইঁদুর !"*

সরকার অত্যন্ত চালাক হয় ! গত 42 বছরে সরকার আর সরকারের সমর্থক – সবাই বদলাতে থেকেছে ! সব নেতারা সর্বসম্মতিতে বিলে এমন

ব্যবস্হা রেখেছেন, যাতে অভিযোগ মিথ্যা প্রমাণিত হলে অভিযোগকারীকে জেলে পোরা যেতে পারে... কিন্তু অভিযোগ সত্য প্রমাণিত হলেও কোন নেতার যাতে কোন ক্ষতি না হয়!

এছাড়া সরকারী অফিসারদের দ্বারা প্রস্তুত পুরোন লোকপাল বিলে রাজনৈতিক নেতাদের কিছুটা হলেও শামিল করা হয়েছে... কিন্তু সরকারী অফিসারদের এর আওতা থেকে সম্পূর্ণ রূপে বাইরে রেখে তাঁরা নিজেদের ভ্রস্ট আচরণের ওপরে আঁচ আসতে দেননি! এই ব্যাপারটাও সর্ববিদিত যে, ভ্রস্টাচারে রাজনৈতিক নেতা আর সরকারী অফিসার – এনারা দুজনে মিলেই প্ল্যান-প্রোগ্রাম আঁটেন... পয়সা কামান আর সরকারী কোষের ওপরে ডাকাতি করেন! তাহলে কেবলমাত্র রাজনৈতিক নেতাদেরই কেন লোকপাল বিলের আওতার মধ্যে রাখা হল... মোটা বেতন পেতে থাকা ভ্রস্ট সরকারী অফিসারদের কেন বাদ দেওয়া হল?

যদি সরকারী বিল পাশ হয়ে পড়ে... তাহলে সরকারী অফিসারদের ভ্রস্টাচারের তদন্ত সিবিসি-কে করতে হবে আর রাজনৈতিক নেতাদের ভ্রস্ট কার্যকলাপের তদন্তের দায়িত্ব লোকপালের আওতায় আসবে! দুজন ব্যক্তি এক সাথে মিলে কোন ভ্রস্ট কাজ করলেন – তাঁদের মধ্যে একজন সরকারী অফিসার আর অন্যজন রাজনৈতিক নেতা! দুজনের ভ্রস্ট কার্যকলাপের তদন্ত আলাদা-আলাদা ব্যক্তি করবেন! এমন পরিস্হিতিতে সেই তদন্ত কি ঠিক মত হতে পারবে? একেবারেই নয়! একটাই শক্তির হাতে দুই তথাকথিত অপরাধীকে কাঠগড়ায় দাঁড় করানোর অধিকার না থাকলে তদন্তের ব্যর্থ হওয়া নিশ্চিত! যদি এই ধরণের কোন লোকপাল বিল পাশ হয়েও পড়ে... তাহলে সেটা কোন্ কাজে আসবে?

এটা অন্না হাজারের দ্বারা নিয়ে আসা ক্রান্তিরই পরিণাম যে, আজ দেশের জনতা ভ্রস্টাচারের ওপরে সরাসরি জবাব চাইছে! দেশের জনতা মূল্যবৃদ্ধি এবং ভ্রস্টাচারে এতটাই অতিস্ট হয়ে উঠেছে যে, দেশের প্রতিটি প্রান্ত থেকে লোকেরা অন্না জী-র এই আন্দোলনে শামিল হওয়ার জন্য এগিয়ে এসেছেন... নিজের-নিজের পদ্ধতিতে আন্না জী-কে সহযোগ প্রদান করতে লেগেছেন! অন্না জী দিল্লীতে আমরণ অনশনে বসার আগে মহারাষ্ট্রের 26-টি জেলা সফর করেন! ওনার কাঁধে সেই সময় কাপড়ের তৈরী এক দেশী ঝোলা ঝুলছিল! ওনার সাথে মিলিত হতে থাকা লোকেরা সেই ঝোলায় 5 টাকা, 10 টাকা ফেলতে লেগেছিলেন! এই প্রকার এই পুণ্য কাজের জন্য দেখতে-দেখতে 2 লক্ষ টাকা একত্রিত হয়ে পড়েছিল! দেশের জনতা এটা জানত যে, এবার যে লোকপাল বিল আসবে... সেটা অত্যন্ত কাজের হবে! সেটা আগের সরকারী বিলের মত একেবারেই হবে না... যেটা সত্যকে প্রকাশ করে দোষী ব্যক্তিদের শাস্তি দিতে সক্ষম ছিল না!

যখন অন্না জী নিজের বিরোধিতা প্রকট করলেন... তখনও ওনার দ্বারা লেখা পত্রের ওপরে প্রধানমন্ত্রী ইত্যাদিরা তেমন কোন গুরুত্বই দিলেন না! এমনটা শুনতে পাওয়া যাচ্ছিল যে, সরকার 1968 সালে তৈরী, 8 বার ফেরত করা, লোকপাল বিলকে আবার একবার ঝেড়ে-মুছে পাশ করানোর চক্করে রয়েছে! কিন্তু সদা জাগ্রত আর সতর্ক অন্না হাজারে এবং ওনার সহযোগী শ্রী অরবিন্দ কেজরীওয়াল, স্বামী অগ্নিবেশ, শ্রীমতি কিরণ বেদী ইত্যাদিরা সহজে হার মেনে নেওয়ার পাত্র মোটেই ছিলেন না!

05-ই এপ্রিল, 2011 শুরু হওয়া অনশনের মাত্র 2 দিন পরেই প্রধানমন্ত্রী থেকে শুরু করে শ্রী কপিল সিব্বল পর্যন্ত, বেশ কিছু উচ্চস্তরীয় লোকেরা সত্যি-সত্যি কাজে নেমে পড়লেন! অন্না জী-র তরফ থেকে যে 5 দাবী জানানো হয়েছিল, সেগুলো মেনে নেওয়ার ব্যাপারে আলোচনা শুরু হল! লম্বা আলোচনার পরে এটা জানতে পারা গেল যে, সরকারী পক্ষ অন্না জী-র 3 দাবী মেনে নিয়েছে! দ্বিতীয় আর তৃতীয় দফার আলোচনা আগের থেকে অনেকটাই বেশী আশাব্যঞ্জক প্রমাণিত হল... যার ফলে লোকেদের মধ্যে উৎসাহ অনেকটাই বেড়ে উঠল! এমন আশা করা হতে লাগল যে, বাকী 2 দাবীও মেনে নেওয়া হবে! পরে সেই সব কিছুই পাওয়া গেল... যেগুলো অন্না জী চাইছিলেন!

এই 5 দাবীর মধ্যে যেগুলোর ওপরে সর্বসম্মতি হয়ে পড়ল... সেগুলো প্রথম তিনটি দাবী ছিল! বাকী দুটি দাবী মেনে নিতে সরকারী পক্ষ রাজী হচ্ছিল না! স্বামী অগ্নিবেশ এবং শ্রী অরবিন্দ কেজরীওয়াল ইত্যাদিদের একাধিক বার মীটিং-য়ে বসতে হল! মধ্যস্থতা করলেন কেন্দ্রীয় মন্ত্রী এবং প্রখ্যাত উকিল শ্রী কপিল সিব্বল এবং ওনার সহযোগীরা!

এই আলোচনার মুহূর্তে সরকার যে অন্-অফিশিয়াল কমিটি গঠন করার কথা বলল, সেটা অন্না জী পুরোপুরি খারিজ করে দিলে সরকার নড়েচড়ে বসল! তাদের এবার আগের থেকে অনেকটাই গুরুত্ব দিয়ে সব কিছু বিচার-বিবেচনা করতে হল! যখন প্রধানমন্ত্রী পর্যন্ত অন্না জী-র এই আল্টিমেটাম গিয়ে পৌঁছল – *"আমি নিজের অন্তিম শ্বাস পর্যন্ত ভ্রষ্টাচারের বিরুদ্ধে লড়াই চালিয়ে যাব!"*... তখন প্রধানমন্ত্রী নিজের বিশ্বস্ত মন্ত্রীদের সাথে মন্ত্রণা করলেন আর রাষ্ট্রপতি মহোদয়ার সাথেও দেখা করলেন! প্রধানমন্ত্রীকে সততা এবং সরলতার প্রতিমূর্তি হিসেবে মানা হয়ে থাকে! উনি এই বিষয়ে বার্তালাপ করার প্রস্তাব রেখে আন্দোলনকারীদের তরফ থেকেও *'ধন্যবাদ'* প্রাপ্ত করে নিলেন!

বার্তালাপে সমান অংশীদারীর মাধ্যমে সংযুক্ত সমিতি গঠন করার ওপরে সর্বসম্মতি হয়ে পড়ল! কিন্তু এই সমিতির অধ্যক্ষ হিসেবে অন্না জী-কে মেনে নিতে সরকারী পক্ষ একেবারেই প্রস্তুত ছিল না! তখনও পর্যন্ত এই মামলায়

নোটিফিকেশন জারী করার ব্যাপারেও সমঝোতা হচ্ছিল না! শ্রী কপিল সিব্বল দু বারের আলোচনার পরে, বাকী থেকে যাওয়া দুটি দাবীর ওপরে আলোচনা করার জন্য আরও কিছুটা সময় চেয়ে নিলেন!

অন্না জী পারদর্শিতা চাইতেন

লোকপাল বিলকে অনুপযোগী এবং গুরুত্বহীন মেনে অন্না হাজারে জন লোকপাল বিলকে অত্যন্ত উপযোগী, অত্যন্ত অর্থপূর্ণ এবং অত্যন্ত প্রভাবশালী করে তোলার দাবী জানিয়ে, সেটাকে পারদর্শী করে তোলার ওপরে জোর দেওয়া শুরু করে দিয়েছিলেন! সরকার দ্বারা প্রস্তুত লোকপাল বিলকে মেনে নিতে অন্না জী একেবারেই রাজী ছিলেন না! সরকার চাইছিল ঃ

01. লোকপালের নিযুক্তি উপ-রাষ্ট্রপতি, প্রধানমন্ত্রী, দুই সদনের নেতা আর বিরোধী পক্ষের নেতার সাথে-সাথে গৃহমন্ত্রী আর আইন মন্ত্রী করুন!
02. এই প্রকারে উপ-রাষ্ট্রপতিকে বাদ দিয়ে বাকী সকলে লোকপালের আওতায় চলে আসবেন... যখন কি তাঁরাই লোকপালকে নিযুক্তি পত্র দেবেন! এর বিপরীত অন্ন হাজারে চাইছিলেন যে, জন লোকপাল বিলে লোকপালকে নিজের তরফ থেকে প্রধানমন্ত্রী সমেত সকল মন্ত্রী আর সরকারী অফিসারদের বিরুদ্ধে আসা অভিযোগের তদন্ত করার অধিকার প্রদান করা হোক্!
03. জন লোকপাল জনতার থেকে আসা অভিযোগগুলোরও তদন্ত করুন!
04. জন লোকপালের ভূমিকা কেবলমাত্র সুপারিশ করা পর্যন্তই যেন সীমিত না থাকে... বরং তদন্ত শেষ করার পরে মামলাকে যেন আদালত পর্যন্ত নিয়ে যাওয়া যায়!

অন্না জী এটাও চাইছিলেন যে, জন লোকপালের সমস্ত তদন্ত রিপোর্ট যেন সম্পূর্ণ রূপে পারদর্শী হয়!

পরে এটা জানতে পারা গিয়েছিল যে, ভিডিয়োগ্রাফীর দাবী না মেনে প্রথম মীটিং-য়ে অডিয়োগ্রাফীর কথাকে মেনে নেওয়া হয়েছিল! এমনটা শুনতে পাওয়া যাচেছ যে, অন্না জী নিজের দ্বিতীয় ড্রাফ্‌ট বানানোর মীটিং-য়ে ভিডিয়োগ্রাফীর দাবী পুনরায় ওঠাতে পারেন!

■■■

গণতন্ত্রের জাদু

09-ই এপ্রিল, 2011 *(শনিবার)* দিল্লীর জন্তর মন্তরে গণতন্ত্রের এমন জাদু চলেছিল... যেটা কেন্দ্রীয় সরকারকে নাড়িয়ে ছেড়ে দিয়েছিল! প্রতিটি ভারতবাসী এখন এমন আশায় বুক বাঁধতে লেগেছেন যে, এই জাদু দেশের কালো-কুৎসিত ইমেজকে পরিস্কার ইমেজে পরিবর্তিত করতে সক্ষম!

দিল্লীর জন্তর মন্তরকে এর আগেও অনেক বার ভারতের ত্রস্ত জনতা নিজেদের বিরোধ প্রকট করার জন্য বেছে নিয়েছে! কিন্তু এবার, 2011 সালের এপ্রিল মাসের 5 দিনের ছবিটা সম্পূর্ণ অন্য প্রকারের ছিল!

প্রথম দিনকে বাদ দিয়ে, দ্বিতীয় দিন থেকেই হাজার-হাজার লোকেদের ভীড় সকাল থেকে সন্ধ্যা পর্যন্ত এই জায়গায় এসে জমায়েত হত! জনতার কোন সমূহ শ্লোগান দিচ্ছিলেন, কেউ-কেউ গান গাইছিলেন... তো কোন

অন্না হাজারের প্রতি জনতার ভরপুর সমর্থন!

সমূহ নাচতে-নাচতে গানও গাইছিলেন আর তার সাথে-সাথে শ্লোগানও দিয়ে চলেছিলেন! নানা প্রকারের পোশাক এজন্য দেখতে পাওয়া যাচ্ছিল... কারণ অন্না জী-র ভ্রষ্টাচার বিরোধী সমর্থকেরা দেশের বিভিন্ন প্রান্ত থেকে ট্রেন, বাস এবং ট্যাক্সিতে চড়ে এখানে এসে পৌঁছচ্ছিলেন! একতার মধ্যে বিবিধতা এবং বিবিধতার মধ্যে একতার যে দৃশ্য এই কয়েক দিনে দিল্লীর জন্তর মন্তরে দেখতে পাওয়া গেছে... তেমনটা সম্ভবতঃ এর আগে অন্য কোথাও দেখতে পাওয়া যায়নি!

'বন্দে মাতরম্', 'ভারত মাতার জয়', 'অন্না হাজারে জিন্দাবাদ', 'অন্না হাজারে এগিয়ে চলো – আমরা তোমার পাশে আছি' ইত্যাদি শ্লোগান লোকেদের সহজেই দেশপ্রেমের প্রতি আকৃষ্ট করে তুলছিল!

এই সব শ্লোগান লোকেদের বুকে আশার সঞ্চার করা, তাঁদেরকে উৎসাহিত করে তোলা আর ভ্রষ্টাচারীদের প্রতি ধিক্কার জানানো শ্লোগান তো ছিলই... কিছু-কিছু শ্লোগানে জনতার আক্রোশও স্পষ্ট উঁকি মারছিল! আমাদের বক্তব্যের তাৎপর্য হচ্ছে এটা যে, জন্তর মন্তরের পরিবেশ বড়ই অদ্ভূত হয়ে উঠেছিল... এমনটা এর আগে আর কখনো দেখতে পাওয়া যায়নি! সারা দেশ থেকে আর জন্তর মন্তর থেকে পৌঁছনো সি.আই.ডি.-র রিপোর্ট এবং প্রিন্ট আর ইলেকট্রোনিক মীডিয়ার দৃশ্য সরকারে বসে থাকা রাজনৈতিক নেতাদের অবস্হা খারাপ করে তুলেছিল! কেউ অত্যন্ত চিন্তিত হয়ে উঠেছিলেন... কেউ রাগে কাঁপছিলেন... কেউ এর থেকে বাইরে বেরোনোর রাস্তা খুঁজছিলেন... তো কেউ অন্না এ্যাণ্ড পার্টির সামনে হার মেনে নিয়ে সারেণ্ডার করার রাস্তা খুঁজে বেড়াচ্ছিলেন! এক বিশ্বস্ত সূত্র অনুসারে, এনাদের মধ্যে শ্রী কপিল সিব্বলের অবস্হা বেশ খারাপ হয়ে উঠেছিল! স্বয়ং কেন্দ্রীয় আইন মন্ত্রী শ্রী বীরপ্পা মোইলী কথায়-কথায় এমনটা স্বীকারও করে নিয়েছিলেন যে, সরকারের ওপরে চাপ অত্যন্ত বেড়ে উঠেছে!

এক ছোট্ট বাচ্চা মেয়ের হাতে লেবু-জল পান করে নিজের অনশন ভঙ্গ করার আগে অন্না জী সেখানে বসে থাকা অসংখ্য কর্মী আর সমর্থকদের নিজের হাত দিয়ে সংকেতাত্মক রূপে জুস পান করিয়ে তাঁদের অনশন ভঙ্গ করান!

অন্না জী নিজের আমরণ অনশন ভঙ্গ করে বলেন – *"এটা আমার কাছে সব থেকে বড় জয়... কিন্তু সঠিক স্বাধীনতা প্রাপ্ত করার জন্য এখনও আমাদের সকলকে আরও অনেকটা পথ পাড়ি দিতে হবে! এবার আমাদের দায়িত্ব আরও বেড়ে উঠেছে!"*

অভূতপূর্ব জয় প্রাপ্ত করার পরে অন্না হাজারে বলেন – *"আমাদের এই লড়াই ভ্রষ্টাচারের বিরুদ্ধে বিল নিয়ে আসা পর্যন্তই সীমিত থাকবে না... বরং নির্বাচন সংশোধনের জন্যও সংঘর্ষ চালিয়ে যাওয়া হবে!"*

অন্না হাজারেকে দেখে আমাদের দেশের প্রাক্তণ প্রধানমন্ত্রী স্বর্গীয় শ্রী লাল বাহাদুর শাস্ত্রীর মুখটা মনে পড়ে যায়! দেশভক্ত সমাজসেবী অন্না হাজারে বলেন – *"আমাদের দেশের নির্বাচন প্রণালীতে ব্যাপক সংশোধন নিয়ে আসতে হবে! জনতার জন প্রতিনিধিদের খারিজ করার অধিকার প্রাপ্ত করা উচিত! যদি কোন এম.পি., এম.এল.এ. বা কাউন্সিলার যদি জনতার মত না নিয়ে টাকা-পয়সা খরচ করেন... তাহলে জনতার হাতে তাঁকে খারিজ করার অধিকার থাকা উচিত!"*

অন্না জী আরও বলেন – *"আমরা এটা চাই যে, নির্বাচনের সময় বিভিন্ন রাজনৈতিক দলগুলোর তরফ থেকে দাঁড় করানো প্রার্থী ছাড়াও লোকেদের কাছে অন্য কোন বিকল্পও থাকা উচিত! লোকেদের এটা ব্যক্ত করার অধিকার থাকা উচিত যে, তাঁদের কোন প্রার্থীকে পছন্দ হচ্ছে না!"*

মাত্র 5 দিনের মধ্যে 42 বছরের পুরোন দাবী পূরণ করে দেখানো এই দেশভক্ত সমাজসেবী আরও বলেন – *"আন্দোলনকে আরও এগিয়ে নিয়ে যাওয়ার জন্য আমাদের এক সংগঠনের আবশ্যকতা রয়েছে! আমি ভ্রষ্টাচার আর দেশের সমস্যা নিয়ে সারা দেশ ঘুরে বেড়াব আর পুরো দেশকে এই আন্দোলনে শামিল করে তুলব!"*

সরকারী নোটিফিকেশন জারী হয়ে পড়ার পরে প্রধানমন্ত্রী ডাঃ মনমোহন সিং-য়ের এক বয়ান প্রকাশিত হয়! উনি নিজের বক্তব্যে জানান – *"আমি এটা লক্ষ্য করে অত্যন্ত আনন্দিত অনুভব করছি যে, সরকার আর নাগরিক সমাজের প্রতিনিধিরা ভ্রষ্টাচারের বিরুদ্ধে লড়াই করার জন্য পারস্পরিক সংকল্প দ্বারা এক সমঝোতায় পৌঁছে গেছেন! আমি এই ব্যাপারেও আনন্দিত যে, শ্রী অন্না হাজারে নিজের আমরণ অনশন সমাপ্ত করতে রাজী হয়ে পড়েছেন!"*

সরকারী নোটিফিকেশনে সরকারের রাজনৈতিক নেতাদের হস্তাক্ষর করার কোন অধিকার থাকে না! সুতরাং আইন মন্ত্রালয়ের বিধি বিভাগের সচিব শ্রী ভি. কে. ভসীন এই নোটিফিকেশনে হস্তাক্ষর করে সেটাকে জারী করেন! স্বামী অগ্নিবেশ এবং শ্রীমতি কিরণ বেদী নিজেরা গিয়ে নোটিফিকেশন প্রাপ্ত করেন! জন্তর মন্তরে ফিরে এসে শ্রীমতি কিরণ বেদী সকলকে সেই নোটিফিকেশন দেখালে চার পাশের পরিবেশ *'জিন্দাবাদ'* শ্লোগানে গুঞ্জরিত হয়ে ওঠে!

অন্না হাজারে বলেন – *"জন লোকপাল বিলের ড্রাফ্ট প্রায় তৈরী! কিন্তু এর সাথে-সাথে আমাদের দায়িত্বও অনেকটা বেড়ে উঠেছে!"*

বিজয়ী অন্না জী আরও বলেন – *"বিলের পুরো ড্রাফ্ট তৈরী করতে হবে! এর জন্য যখনই প্রয়োজন পড়বে... আমাদের সংঘর্ষ চালিয়ে যেতে হবে! মন্ত্রীমণ্ডলের সামনে বিলের ড্রাফ্ট পেশ করার পরে আমাদের দ্বিতীয় সংঘর্ষ শুরু হবে!"*

যখন পুরো দেশ টি.ভি.-র বিভিন্ন চ্যানেলে জন্তর মন্তরের জাদুর সরাসরি সম্প্রসারণ দেখল... তখন দেশের প্রতিটি প্রান্তে উৎসব পালন করা হতে লাগল! কে অনশন ভঙ্গ করলেন, কে র‍্যালী বার করলেন, কে শ্লোগান দিলেন, কে মিষ্টি বিলি করলেন আর কোথায় দীর্ঘক্ষন ধরে বাজী ফাটানো হতে লাগল – সেসব আলাদা ব্যাপার!

যখন শ্রী কৃষ্ণ গোপাল বিদ্যার্থী এই খবর শুনলেন... তখন তাঁর আত্ম-চিন্তন হতে লাগল! ওনার লেখনী থেকে *'টেনশন খল্লাস'*-য়ের যে লাইনগুলো বেরিয়ে এসেছিল, সেগুলোকে যদি প্রতিটি ভারতবাসী নিজেদের জীবনে গ্রহণ করেন... তাহলে ভ্রস্টাচার আপনা থেকেই শেষ হয়ে পড়তে পারে! উনি লিখেছেন –

'কারণ চাহে জো রহা, ইয়েহ সচ হ্যায় শ্রীমান
হোতে-হোতে হো গয়ে, হম ভী বেইমান!
হম ভী বেইমান হ্যাঁয়, থোড়ে কম ইয়া জ্যাদা,
বেশক বদল রহা হ্যায়, কুছ ইন দিনোঁ ইরাদা!
সোচ রহা হুঁ পহলে, অপনা হৃদয় বুহারেঁ,
বাদ মেঁ চাহেঁ, সারী দুনিয়া কো ললকারে!'

কেন্দ্রীয় অর্থমন্ত্রী শ্রী প্রণব মুখার্জী... যিনি সংযুক্ত সমিতির অধ্যক্ষ হবেন, বলেন – *"আমরা এক সাথে বসে জন লোকপাল বিলের ড্রাফ্‌ট তৈরী করব!"*

উনি নিজের বক্তব্য এই প্রকারে স্পষ্ট করেন – *"ভ্রস্টাচারের ওপরে নিয়ন্ত্রণ প্রাপ্ত করার জন্য প্রভাবশালী জন লোকপাল বিলের ড্রাফ্‌ট মন্ত্রীরা আর সমাজের বিভিন্ন স্তরের প্রবুদ্ধ ব্যক্তিরা এক সাথে বসে তৈরী করবেন! ড্রাফ্‌ট তৈরী হয়ে পড়ার পরে সেটাকে সংসদে পেশ করা হবে! সংসদ সেটার ওপরে বিচার-বিবেচনা করবে! সংখ্যা গরিষ্ঠতা প্রাপ্ত হওয়ার পরে সেটাকে আইনে রূপান্তরিত করে তোলা হবে!"*

কেন্দ্রীয় অর্থমন্ত্রী শ্রী প্রণব মুখার্জী স্পষ্ট বলেছেন – *"জন লোকপাল বিলের অন্তর্গত প্রধানমন্ত্রী কার্যালয় এবং ন্যায় পালিকার সাথে যুক্ত লোকেদের জিজ্ঞাসাবাদ করা সমেত আরও বেশ কিছু পরামর্শ রয়েছে!"*

ঢোলের আওয়াজের মাঝে হাতে তেরঙ্গা পতাকা নিয়ে আর মুখে ভারত মাতার জয়ধ্বনি দিতে-দিতে নাচতে থাকা বিরাট সংখ্যায় লোকেরা গণতন্ত্রের এই উৎসবে সম্মিলিত হওয়ার কোন সুযোগই হাতছাড়া করতে চাইছিলেন না! স্বাধীনতার 64 বছর পরে ছোট-ছোট বাচ্চারা মহাত্মা গান্ধীর সত্যিকারের সেপাই অন্না হাজারে আর অহিংস আন্দোলনের শক্তি প্রত্যক্ষ করছিল!

অন্না হাজারের অনশন সমাপ্ত হতেই মহারাষ্ট্রের আদিবাসী লোকনৃত্য দল এই উৎসবে এসে শামিল হয় আর আন্দোলন স্থলে *'যজ্ঞ অনুষ্ঠান'*-য়েরও

আয়োজন করা হয়! যখন লোকেরা একে-অপরকে জড়িয়ে ধরে গণতন্ত্রের এই জয়ের অভিনন্দন জানাচ্ছিলেন... তখন সেটা দেখে উপস্থিত সকলের মনই হর্ষিত হয়ে উঠছিল!

রাষ্ট্রপিতা মহাত্মা গান্ধীর *'রঘুপতি রাঘব রাজা রাম... !'* ভজন অত্যন্ত প্রিয় ছিল... সেই ভজনও গাওয়া হয়! অন্না হাজারে অনশনে বসা মহিলাদের লেবু-জল পান করিয়ে তাঁদের অনশন ভঙ্গ করান! এই সব মহিলা এবং অন্যান্য সত্যাগ্রহীরা 10 সদস্যীয় সমিতিতে শ্রীমতি কিরণ বেদীকে শামিল করার দাবী পেশ করেন! এমনটা শোনা গেছে যে, শ্রীমতি কিরণ বেদী স্বয়ংই সংযুক্ত সমিতির সদস্য হতে অস্বীকার করেছিলেন!

ভিডিয়োগ্রাফী হবে না

অন্না হাজারে এমনটা চাইছিলেন যে, সংযুক্ত সমিতির মীটিং-য়ের ভিডিয়োগ্রাফী করা হোক... যাতে মীটিং-য়ের সম্পূর্ণ রেকর্ড থাকে! কংগ্রেস দল ওনার এই দাবী মানেনি! এমনটা মনে হচ্ছে যে, এই ব্যাপারটাও ভবিষ্যতে এক ইশ্যু হয়ে উঠে সমস্যার সৃষ্টি করতে পারে! কংগ্রেস পার্টির মুখপাত্র শ্রী অভিষেক মনু সিংভী অত্যন্ত বিনয় পূর্বক জানান – *"আপনারা দয়া করে আগে থেকে এমন কোন শর্ত রাখবেন না! আপনাদের এই দাবী মূল উদ্দেশ্যের পথে বাধার সৃষ্টি করতে পারে! এই মুহূর্তে দু পক্ষের তরফ থেকেই পরিপক্কতা প্রদর্শন করার আবশ্যকতা রয়েছে!"*

এটা হচ্ছে এই সম্মতির ওপরেও প্রশ্নচিহ্ন লাগানোর মত সংবাদ!

■■■

অন্না নিজের জয়কে আন্দোলনের সূত্রপাত হিসেবে মানেন

অন্না হাজারে জন লোকপাল বিলের আন্দোলনে সফলতা প্রাপ্ত করার সাথে-সাথে নিজের মনের আশংকা ব্যক্ত করে বলেছেন – *"শাসন ক্ষমতার ক্ষুধার্ত রাজনৈতিক নেতারা এই বিল পাশ হতে দেবে না!"* উনি এর সাথে নিজের সমর্থকদেরও সতর্ক করে দিয়ে বলেছেন – *"এইটুকু সফলতাই যথেষ্ট নয়! আপনাদের সকলকে এর পরে আরও বড় এক লড়াইয়ের জন্য প্রস্তুত হয়ে থাকতে হবে... কারণ এই বিল পাশ হয়ে পড়লে রাজনৈতিক নেতাদের শক্তি অনেকটাই কমে আসবে... যেটা সম্ভবতঃ তাঁরা ঠিক মেনে নিতে পারবেন না!"*

জাগরুক বয়োবৃদ্ধ প্রখ্যাত সমাজসেবী অন্না হাজারে এমনটা মনে করেন যে, যেসব লোক ভ্রষ্টাচারে সংলিপ্ত হয়ে রয়েছেন... তাঁদের মনে কোন প্রকারের কোন ভয় নেই! তাঁদের কোন প্রকারের শাস্তিই হয় না! এটা অত্যন্ত স্পষ্ট হয়ে উঠেছে যে, প্রস্তাবিত জন লোকপাল বিল ভ্রষ্ট ব্যক্তিদের ওপরে ডাণ্ডা ঘুরিয়ে, তাঁদেরকে নিজেদের সংশোধন করার জন্য বাধ্য করে তুলবে! মূল্যবৃদ্ধি আর ভ্রষ্টাচারে ত্রস্ত ভারতের প্রতিটি নাগরিকও আজ এমনটাই চান!

অন্না হাজারের বিচারধারা বড়ই স্পষ্ট! মাত্র 5 দিনের মধ্যে অত্যন্ত দ্রুত গতিতে গোটা দেশ জুড়ে যে জাগৃতি এসেছে... তার দ্বারা উনি প্রতিটি মানুষের প্রিয় হয়ে উঠেছেন আর প্রতিটি ব্যক্তির হৃদয়ে স্থান করে নিয়েছেন! উনি বলেন – *"এম.পি. বা এম.এল.এ. ইত্যাদিদের নির্বাচন, এলাকার জনতার সেবা করার জন্য করা হয়... নিজেদের সেবা করার জন্য নয়!"* অন্না এটা জানেন যে, সি.বি.আই., সি.বি.সি. এবং অন্যান্য তদন্ত এজেন্সীগুলো শাসক পক্ষের নিয়ন্ত্রণেই থাকে এবং তাদের নির্দেশানুসারেই এই সব এজেন্সীগুলো কাজ করে! অন্না জী এমনটা মনে করেন যে, দেশবাসী একা-একা ভ্রষ্টাচারের বিরুদ্ধে লড়াই করতে পারে না!

অন্না হাজারে এতটা তো বলেই দিয়েছেন যে, উনি মহাত্মা গান্ধীর পায়ের তলায় বসার অধিকারও রাখেন না! অন্য আরও একটি উপলক্ষে উনি এমনটাও বলেছেন যে, এবার মহাত্মা গান্ধীর দ্বারা দেখানো পথে চলার থেকে ছত্রপতি শিবাজী-র দ্বারা দেখানো পথে চলাটা অনেক ভালো হবে! এটা তো আমাদের মেনে নিতেই হবে যে, অন্না হাজারে আজকের যুগের যুবাদের কাছে

মহাত্মা গান্ধীর মতই রাষ্ট্রীয় নায়ক হয়ে উঠেছেন! দেশের যুবা শক্তি মন-মস্তিষ্ক দ্বারা অন্না জী-র সাথে যুক্ত হয়ে পড়েছে এবং তারা এখন বড় থেকে বড় বলিদান দিতেও প্রস্তুত হয়ে উঠেছে!

যুবাশক্তির প্রশংসা এবং মীডিয়ার প্রশংসা করতেও অন্না জী ভোলেননি! উনি বলেছেন – *"গণতন্ত্রের চতুর্থ স্তম্ভ আজ গোটা দুনিয়ার সামনে নিজের শক্তি দেখিয়ে দিয়েছে! আমরা আমাদের দেশের যুবাশক্তির সমর্থনে আশার আলো দেখতে পাচ্ছি! কভারেজ করার জন্য মীডিয়া এবং সমর্থন প্রকট করার জন্য অন্য সবার সাথে দেশের যুবাশক্তিও ধন্যবাদের পাত্র!"*

সমর্থকদের পুরো প্রক্রিয়ার ব্যাপারে তথ্য প্রদান করতে গিয়ে অন্না হাজারে বলেছেন – *"জন লোকপাল বিলের ড্রাফ্‌ট তৈরী হলে সেটাকে মন্ত্রীমণ্ডলের কাছে মঞ্জুরীর জন্য পাঠানো হবে! তারপর সেটাকে সংসদে পাশ করাতে হবে!"* কেন্দ্র সরকারকে সতর্ক করে দিয়ে অন্না জী বলেছেন – *"যদি কোন স্তরে বাধা প্রদান করার চেষ্টা করা হয়... তাহলে জোরদার আন্দোলন গড়ে তোলা হবে!"*

নিজের ডান হাতে মাইক ধরে, মুখে খুশীর ভাব ফুটিয়ে তুলে অন্না হাজারে বলেছেন – *"এটা তো সবেমাত্র আন্দোলনের সূত্রপাত! আমাদের এখনও অনেক কিছু করতে হবে! আমি এই আন্দোলনকে সফল করে তোলার জন্য দেশের প্রতিটি রাজ্যের লোকেদের সাথে যোগাযোগ বজায় রাখব!"*

অন্না হাজারের ইলেকট্রোনিক ভোটিং মেশিন *(ই.ভি.এম.)*-তে আপত্তি রয়েছে! উনি এই প্রক্রিয়াকে ভুল বলে মনে করেন! উনি বলেছেন যে, ভোটিং-য়ের জন্য এমন মেশিনের উপযোগ ঠিক নয়!

অন্না এক তুফানের নাম

দেশে এমন কোন রাজ্য, শহর বা গ্রাম নেই... যেখান থেকে অন্না জী-র প্রতি সম্পূর্ণ সমর্থন জানানো হয়নি! অন্না জী এর জন্য বার-বার দেশের লোকেদের প্রতি নিজের কৃতজ্ঞতাও প্রকট করেছেন! হিমাচল প্রদেশের মুখ্যমন্ত্রী শ্রী ধূমল, প্রাক্তণ মুখ্যমন্ত্রী শ্রী শান্তা কুমার, বেশ কিছু বে-সরকারী সংস্থা এবং সমাজসেবীরা আগেই অন্না জী-র প্রতি নিজেদের সমর্থন ব্যক্ত করেছেন! এছাড়া অন্না জী অনশন ভঙ্গ করার পরে গোটা দেশ জুড়ে আনন্দ প্রকাশ করা হয়েছে... মিষ্টি বিলি করা হয়েছে... র‍্যালী বার করা হয়েছে!

পালমপুরে প্রসিদ্ধ সমাজসেবী এবং ভারতভূষণ ক্ষমা মৈত্রী পরিবেশবিদ শ্রী কুলভূষণ উপমন্যু, শ্রী কে. এল. রল্‌হন, শ্রী রবীন্দ্র সুদ, শ্রী সুদর্শন ভাটিয়া, শ্রী এস. এস. নারং, শ্রী ওয়াই. আর. বক্সী, শ্রী ওয়াই. পি. নাগপাল, ডাঃ মমতা শর্মা, শ্রী সুরেন্দ্র সুদ, শ্রী গীতেশ, শ্রী কুলদীপ গৌতম, শ্রী কমবীর রাণা, শ্রী মান সিং, শ্রী সুখদেব, শ্রী চন্দন ভারদ্বাজ, শ্রী বিপিন, শ্রী কমল সুদ, শ্রী জতিন্দর কটা, শ্রী মনোজ রতন, হিমাচল লোকহিত জন

কল্যাণ সংস্থা, শ্রী সি. পি. বর্মা, শ্রী সন্তোষ সুদ, ভারত বিকাশ পরিষদ, জ্ঞান-বিজ্ঞান এন.জি.ও., হিমাচল বিদ্যুত প্যাশনরজ কল্যাণ সঙ্ঘ, পালমপুর ওয়েলফেয়ার এন্‌ভায়রনমেন্ট ফোরাম এবং আরও অনেক সংস্থা অন্না হাজারের আন্দোলনে সমর্থন প্রদান করার ক্ষেত্রে সবার আগে ছিল!

যুবাদের ভূমিকার প্রশংসা করলেন

অন্না বলেছেন – *"সকল জাতি, ধর্ম আর রাজ্যের লোকেরা এই আন্দোলনে এক জোট হয়ে গোটা বিশ্বকে নিজেদের একতার প্রদর্শন করেছেন আর সব থেকে গুরুত্বপূর্ণ বিষয় হচ্ছে এটা যে, যুবারা সামনে এগিয়ে এসে এক নতুন আশার সঞ্চার করেছেন! এই পুরো আন্দোলনে গণতন্ত্রের চতুর্থ স্তম্ভ মীডিয়ার এক অত্যন্ত প্রশংসনীয় ভূমিকা ছিল!"*

আন্না হাজারে আরও বলেছেন – *"দেশের যুবাশক্তিই হচ্ছে রাষ্ট্রশক্তি আর লোকপাল বিল পাশ করানোর জন্য তাঁদের এখনও লম্বা লড়াই লড়তে হবে! এর জন্য যুবাদের সংঘর্ষের প্রতিটি পর্যায়ে এগিয়ে আসতে হবে!"*

হস্তাক্ষরকে মাধ্যম করে তুললেন

হস্তাক্ষরের মাধ্যমে অন্নার অভিযানকে সমর্থন জানানোর ক্ষেত্রে যুবারা পেছিয়ে নেই! কাঙ্গড়ার শ্রী বীরেন্দ্র ডোগরা, ডাঃ উপেন্দ্র মহাজন, শ্রী সুনীল মহাজন, শ্রী সতীশ কুমার, শ্রী অশোক কুমার, শ্রী রবীন্দ্র গুলেরিয়া, শ্রী সুরেন্দ্র পরিহার, শ্রী পবন ধীমান, শ্রী রাকেশ গুপ্তা, শ্রী জগজিত সিং, শ্রী সুরেশ কুমার, শ্রী অভিনব, শ্রী চন্দ্রমোহন মৈন, দীপাবলী, সুরভি, শ্রী অনিল মেহতা, শ্রী অনিল ধাওয়ান, শ্রী বলবন্ত, শ্রী কে. সি. কন্নৌজিয়া, শ্রী মোহিত বহল, শ্রী রাহুল সুদ, শ্রী নীরজ আনন্দ ইত্যাদিরা *'দিব্য হিমাচল'* অভিযানের অন্তর্গত অন্না জী-র সমর্থনে নিজেদের হস্তাক্ষর পাঠিয়েছেন!

এখানে এটা উল্লেখ করা অত্যন্ত জরুরী যে, *'দিব্য হিমাচল'* ওয়েবসাইট, আন্না জী-র আন্দোলনের সমর্থনের এক বিরাটা বড় মাধ্যম হয়ে উঠেছে! একই দিনে যে 310 লোক ভোট দিয়েছেন, তাঁদের মধ্যে 93 শতাংশ অন্নার সমর্থনে ছিল! এটা হচেছ 09-ই এপ্রিল, 2011-র কথা! এমনটা প্রতি দিনই হচেছ! অন্না জী-র দ্বারা প্রাপ্ত বিরাট সমর্থন এটা প্রদর্শন করছে যে, লোকেরা মূল্যবৃদ্ধি আর ভ্রষ্টাচারে এতটাই ত্রস্ত হয়ে উঠেছেন যে, তাঁরা অন্না জী-র এক ডাকে বড় থেকে বড় বলিদান দিতেও প্রস্তুত!

আমরণ অনশনের সময় অনুপমার ভূমিকা

অন্না হাজারের সাথে অনশনে বসা *'অনুপমা হমীর'* পালমপুরের নিকটবর্তী গ্রাম কণ্ডবাড়ীর বাসিন্দা! ওনার পতির নাম হচেছ রবীন্দ্র পাল সিং!

অন্না হাজারের সাথে মাত্র দুজন মহিলা অনশনে বসেছিলেন! তাঁদের মধ্যে একজন অনুপমা হমীর ছিলেন! উনি যেমন দিল্লীর জন্তর মন্তরে অনশনে বসে ভ্রষ্টাচারের বিরুদ্ধে আন্দোলন চালাচ্ছিলেন... অন্য দিকে ওনার পতি আর পুত্র পালমপুরে এই আন্দোলনে যত বেশী সম্ভব সমর্থকদের যুক্ত করে চলেছিলেন!

অনুপমা হমীর অন্না হাজারের জয়ে আনন্দ প্রকাশ করে বলেছেন – *"ভ্রষ্টাচারকে সমূলে উৎপাটিত করার জন্য আমাদের দেশ সম্পূর্ণ রূপে প্রস্তুত! এই লড়াইতে প্রতিটি ভারতবাসী অন্না জী-র জয় দেখতে চায়!"*

নেতারা উদাহরণ পেশ করুন

নিজের এই সফলতাকে কেবলমাত্র সূত্রপাত মনে করে অন্না এটা স্পষ্ট করে দিয়েছেন যে, ওনার দায়িত্ব এবার অনেকটাই বেড়ে উঠেছে এবং লক্ষ্য প্রাপ্ত করার জন্য ওনাকে এখনও লম্বা পথ পাড়ি দিতে হবে!

অত্যন্ত দ্রুত বেড়ে ওঠা ভ্রষ্টাচারের ওপরে গভীর চিন্তা ব্যক্ত করে কম্পট্রোলর এ্যাণ্ড অডিটর জেনারেল (CAG) শ্রী বিনোদ রায় 08-ই এপ্রিল, 2011 বলেছেন – *"ভ্রষ্টাচারের মোকাবিলা করার সৎ প্রচেষ্টা করে দেশের বিভিন্ন রাজনৈতিক দলগুলোর নেতাদের এক উদাহরণ পেশ করা উচিত! যদি সকল পার্টির নেতারা এক জোট হয়ে এই বিল সংসদে পাশ করিয়ে দেয়... তাহলে অন্না জী-র লক্ষ্য পূরণ হতে পারে!"*

অন্না জী-র এই দারুণ প্রচেষ্টায় নেতাদের সামনে এক বিরাট বড় চ্যালেঞ্জ এসে দাঁড়িয়েছে! এখন ভারতের নেতাদের নিজেদের ব্যবহার আর সিদ্ধান্ত দ্বারা এক উদাহরণ পেশ করার আবশ্যকতা এসে পড়েছে! নির্বাচিত প্রতিনিধি / রাজনৈতিক নেতারা যেন এটা ভুলে না যান যে, তাঁদের মাথার ওপরে সর্বদা তলোয়ার ঝুলছে! এবার তাঁরা যেন আরও বেশী সতর্ক হয়ে দেশকে সততার পথে নিয়ে আসেন!

অন্না জী এটা চান না যে, দেশে আবার একবার 2-জি স্পেকট্রাম আর কমনওয়েলথ গেমসের মত কেলেংকারী হোক্! দেশের প্রতিটি ব্যক্তিকে সৎ হতে হবে আর নেতাদের সব থেকে বেশী সৎ!

ভ্রষ্টাচারের ওপরে ভারতীয় জনতা পার্টি ভুল স্বীকার করল

নূতন দিল্লী থেকে 08-ই এপ্রিল, 2011 যে তথ্য বিভিন্ন প্রিন্ট মীডিয়া পেশ করেছে, সেটা এই প্রকার ছিল ঃ-

ভ্রষ্টাচারের বিরুদ্ধে অন্না হাজারের নির্ণায়ক অভিযানকে সমর্থন জানানো ভারতীয় জনতা পার্টি এটা স্বীকার করে নিয়েছে যে, এন.ডি.এ.-য়ের শাসন কালেও ভ্রষ্টাচারের ওপরে নিয়ন্ত্রণ প্রাপ্ত করার জন্য প্রভাবশালী পদক্ষেপ নেওয়া হয়নি! পার্টি উপাধ্যক্ষ শ্রী শান্তা কুমার জন লোকপাল বিলকে পাশ করানোর জন্য সংসদের বিশেষ অধিবেশনের দাবী জানিয়ে এমনটা স্বীকার

করেছেন! শ্রী শান্তা কুমার বলেছেন – *"দেশ থেকে ভ্রষ্টাচার শেষ করার জন্য এটাই হচেছ সব থেকে উপযুক্ত সময়! গত 42 বছরের মধ্যে এই প্রথম বার দেশের জনতা ভ্রষ্টাচারের বিরুদ্ধে নির্ণায়ক লড়াইতে নেমেছে! ইউ.পি.এ. সরকারের কাছে এটা হচেছ দেশের জনতার আদেশ মেনে নিয়ে জন লোকপাল বিল পাশ করানোর এক সুবর্ণ সুযোগ! এমনটা যদি না হয়... তাহলে দেশের জনতা রাজনৈতিক দলগুলোকে কখনো ক্ষমা করবে না!"*

103 বছরের স্বাধীনতা সংগ্রামীও পাশে এসে দাঁড়ালেন

আপনারা এটা জেনে আশ্চর্য হয়ে উঠবেন যে, 05-ই এপ্রিল, 2011 যখন অন্না হাজারে এবং ওনার কিছু সহযোগী অনশন শুরু করেন... তখন ওনাদের কাজ আর ব্যক্তিত্বে প্রভাবিত হয়ে উঠে 103 বছর বয়স্ক এক স্বাধীনতা সংগ্রামীও অনশন শুরু করেন! পি. মুদগিল স্বামী শরীর খারাপ থাকা সত্ত্বেও, নিজের পরিবারের লোকেদের অনিচছাতেও অনশন শুরু করেন! সেই বয়োবৃদ্ধ স্বাধীনতা সংগ্রামী বলেন – *"আমি যে কোন সময় মারা যেতে পারি... কিন্তু মরার আগে আমি দেশের জন্য বিশেষ কিছু একটা করে যেতে চাই!"*

এমনই অনেক শ্রদ্ধালু, কর্মী আর নিজের অনুগামীদের অনশন ভঙ্গ করানোর পরে অন্না হাজারে বলেছিলেন – *"আমাদের এই জয় আমাদের অভিযানের সূত্রপাত মাত্র! আমাদের এখনও অনেক কাজ করতে হবে... একমাত্র তাহলেই আমরা ভ্রষ্টাচার মুক্ত ভারত গড়ে তুলতে পারব!"*

ড্রাফ্‌ট কমিটিতে অন্না জী-র সদস্য

সংযুক্ত ড্রাফ্‌ট কমিটির ব্যাপারে সরকারের সম্মতি নেওয়ার জন্য যে সংঘর্ষ চালানো হয়... সেটাই দেশকে জাগিয়ে তোলে আর তারপর শুরু হয়ে পড়ে অন্না জী-র জয়!

সংযুক্ত ড্রাফ্‌ট কমিটির জন্য সরকারের পক্ষ থেকে 5 সদস্য ছিলেন শ্রী প্রণব মুখার্জী *(অধ্যক্ষ)*, শ্রী পি. চিদাম্বরম, শ্রী বীরপ্পা মৈলী *(সংযোজক)*, শ্রী কপিল সিব্বল এবং শ্রী সলমান খুর্শীদ! অন্না হাজারের পক্ষ থেকে ওনার সঙ্গে জাস্টিস শ্রী এন. সন্তোষ হেগড়ে, সিনীয়র উকিল এবং প্রাক্তণ মন্ত্রী শ্রী শান্তি ভূষণ *(সহ অধ্যক্ষ)*, শ্রী প্রশান্ত ভূষণ এবং শ্রী অরবিন্দ কেজরীওয়াল শামিল ছিলেন!

ড্রাফ্‌ট কমিটির তৎক্ষনাত কাজ শুরু করে দেবে এবং 30-শে জুন, 2011-য়ের আগে কাজ শেষ করবে! এই ব্যাপারে সংসদের বাদল অধিবেশনে বিল পেশ করা হবে! এর পরে অন্না বিলের নোটিফিকেশনের কপি হাতে পাওয়ার পরে 09-ই এপ্রিল, 2011 *(শনিবার)* সকাল 10:30-টায় অনশন ভঙ্গ করেন!

যে 5-জন বিশিষ্ট ব্যক্তিত্বকে অন্না হাজারের পক্ষ থেকে কমিটিতে নেওয়া হয়েছে... তাঁদের বিষয়ে কিছু তথ্য এই প্রকার প্রদান করা হয়েছে!

শ্রী শান্তি ভূষণ *(সহ অধ্যক্ষ)*

- উনি 1977 সালে গঠিত জনতা পার্টির সরকারে আইন মন্ত্রী ছিলেন! সেই সরকারের প্রধানমন্ত্রী ছিলেন শ্রী মোরারজী দেশাই!
- শান্তি ভূষণের জন্ম 11-ই অক্টোবর, 1925 হয়েছিল! বর্তমানে ওনার বয়স প্রায় 85 বছর!
- শান্তি ভূষণের রাজনৈতিক সফর লাগাতার বদলাতে থেকেছে! এক সময় উনি কংগ্রেস (ও)-তে ছিলেন! জনতা পার্টি গঠিত হওয়ার পরে উনি সেই দলে যোগ দেন... মন্ত্রীও হন! 1980 সালে ভারতীয় জনতা পার্টি গঠিত হলে উনি তাতে চলে যান! 1986 সাল পর্যন্ত উনি সেই দলেই ছিলেন... তারপর উনি ভারতীয় জনতা পার্টি থেকেও বিদায় গ্রহণ করেন!

- উনি গোটা বিশ্বে ভালোই পরিচিতি প্রাপ্ত করেন! এজন্য 2009 সালে যখন বিশ্বের সব থেকে শক্তিশালী ব্যক্তিত্বদের সূচী জারী করা হয়... তখন ওনার নামও সেই সূচীতে ছিল! সূচীতে ওনার নাম 47-তম স্থানে ছিল!
- যখনই দেশে ভ্রস্টাচারের বিরুদ্ধে আওয়াজ ওঠানোর আবশ্যকতা মনে করা হয়েছে... উনি পেছিয়ে থাকেননি!

শান্তি ভূষণ এক অত্যন্ত নির্ভীক ব্যক্তিত্ব! সুপ্রীম কোর্টের শীর্ষস্হানীয় উকিল শান্তি ভূষণের নির্ভীকতার এক উদাহরণ দেখুন! উনি এফিডেবিট দিয়ে 16-জন প্রাক্তণ মুখ্য ন্যায়াধীশের সততার ওপরে শুধু প্রশ্নচিহ্নই লাগাননি... তাঁদের বিরুদ্ধে নিজের স্পষ্ট মতামতও প্রকট করেছেন! উনি নিজের এফিডেবিটে দাবী করেন যে, এই 16-জন মুখ্য ন্যায়াধীশের মধ্যে 8-জন সম্পূর্ণ ভাবে ভ্রস্ট! 6-জন সৎ আর বাকী 2-জনের বিষয়ে নিশ্চিত করে কিছু বলা যাচেছ না! এই প্রকার প্রাক্তণ কেন্দ্রীয় মন্ত্রী শ্রী শান্তি ভূষণ এক অসাধারণ ব্যক্তিত্বের অধিকারী!

অন্না হাজারে – সমাজ সেবী

ভ্রষ্টাচারের বিরুদ্ধে বিল নিয়ে আসার লড়াই জিতে নেওয়া অন্না হাজারে-ও পাঁচ সদস্যের অন্যতম! জনতার এমন দাবী ছিল যে, উনিই কমিটির অধ্যক্ষতা করুন... কিন্তু উনি নিজে থেকে সেই ব্যাপারে অস্বীকার করেছেন!

- ওনার জন্ম 15-ই জুন, 1938 হয়েছিল!
- মহারাষ্ট্রের আহমদনগরের অন্তর্গত ভিঙ্গরে ওনার জন্ম হয়েছিল!
- অন্না হাজারে নামে উনি পরে প্রসিদ্ধ হন! ওনার বাস্তবিক নাম কিশন বাবুরাও হাজারে ছিল!
- উনি এক অত্যন্ত দরিদ্র পরিবারের সন্তান ছিলেন!
- উনি হচ্ছে সাত ভাই-বোনের মধ্যে সবার বড়!
- উনি দারিদ্রতার কারণে কেবলমাত্র সপ্তম শ্রেণী পর্যন্তই পড়াশোনা করতে পেরেছিলেন... তাও এক আত্মীয়ের বাড়ীতে থেকে!
- উনি দাদর স্টেশন, মুম্বাইয়ের বাইরে এক ফুলের দোকানে কাজ করতেন!
- পরে উনি স্বাধীন রূপে ফুল বেচার কাজও করেন!
- উনি 1960 সালে 22 বছর বয়সে সেনাবাহিনীতে যোগ দেন!
- অন্না হাজারে 1965 সালের ভারত-পাক যুদ্ধে অংশ নেন... সেই সময় উনি সেনাবাহিনীর ট্রাক চালাতেন!
- উনি 15 বছর পরে *(কোথাও-কোথাও 12 বছরের উল্লেখ পাওয়া যায়)* সেনাবাহিনীর চাকরী ছেড়ে দেন!
- উনি স্বেচ্ছায় চাকরী থেকে অবসর নিয়েছিলেন!
- অন্না হাজারে 2002 সালে মহারাষ্ট্রে আর.টি.আই. বিল পাশ করানোয় বিশেষ ভূমিকা পালন করেছিলেন!
- 2006 সালে কেন্দ্র সরকার তথ্যের অধিকার আইন *(আর.টি.আই. – রাইট টু ইন্‌ফোর্মেশন)*-তে সংশোধন করে সেটাকে পঙ্গু করে তোলার প্রস্তুতি নিচ্ছিল... সেই সময় অন্না হাজারেই প্রতিবাদ জানিয়ে সরকারের সেই প্রচেস্টা বিফল করে দেন!

জাষ্টিস এন. সন্তোষ হেগড়ে

- ওনার জন্ম 16-ই জুন, 1940 হয়েছিল!
- ওনার পিতার নাম হচেছ শ্রী কে. এস. হেগড়ে!

- ওনার পিতা শ্রী কে. এস. হেগড়ে লোকসভার অধ্যক্ষ ছিলেন!
- উনি কর্ণাটকের এ্যাডভোকেট জেনারেল ছিলেন *(ডিসেম্বর, 1989 থেকে নভেম্বর, 1990)*!
- উনি দেশের সলিসিটর জেনারেলও ছিলেন! এই নিযুক্তি এপ্রিল, 1998 হয়!
- উনি সুপ্রীম কোর্টের ন্যায়াধীশও ছিলেন *(জানুয়ারী, 1999 থেকে জুন, 2005)*!
- উনি বর্তমানে কর্ণাটকের লোকায়ুক্তের পদে কার্যরত হয়ে রয়েছেন!
- ওনাকে কমিটির অধ্যক্ষ বানানোর ব্যাপারে কথা চললে উনি নিজের থেকে অস্বীকার করেন! উনি বলেন যে, সুপ্রীম কোর্টের প্রাক্তণ মুখ্য ন্যায়াধীশ জাষ্টিস শ্রী জি. এস. বর্মা এই পদের জন্য আরও বেশী উপযুক্ত হতে পারেন!
- জাষ্টিস এন. সন্তোষ হেগড়ে এমনটাও বলেছেন যে, লোকপালের কাছে পুলিশের সমান অধিকারও থাকা উচিত!

শ্রী অরবিন্দ কেজরীওয়াল

- উনি এক প্রসিদ্ধ সমাজসেবী!
- ওনার জন্ম 1968 সালে হয়েছিল!
- উনি হিসার *(হরিয়াণা)*-তে জন্ম গ্রহণ করেন!
- উনি পেশায় এক মেকানিক্যাল ইঞ্জিনিয়ার! উনি আই.আই.টি., খড়গপুর থেকে শিক্ষা প্রাপ্ত করেন! উনি বি. টেক্-ও করেছেন!
- উনি *'পরিবর্তন'* নামক এক এন.জি.ও.-র প্রমুখ!
- উনি তথ্যের অধিকার *(ভ্রষ্টাচারের বিরুদ্ধে আর.টি.আই.)*-তে অত্যন্ত দক্ষ!
- ওনাকে 2006 সালে *'ম্যাগসেসে পুরস্কার'* প্রদান করা হয়!

দিল্লীর জন্তর মন্তরে শ্রী অরবিন্দ কেজরীওয়াল, অন্না হাজারে, শ্রীমতি কিরণ বেদী এবং স্বামী অগ্নিবেশ জয়োৎসবের আনন্দ পালন করছেন!

- 1992 সালে 24 বছর বয়সে, উনি সিভিল সার্ভিসেস-তেও নির্বাচিত হন!
- ওনার প্রথম পোস্টিং দিল্লীতে হয়েছিল!
- দিল্লীতে উনি সহকারী আয়কর কমিশনারের পদে নিযুক্ত ছিলেন!
- উনি রাজস্থান ক্যাডারের আই.এ.এস. অফিসার অরুণা রায়ের সাথে মিলে জনসূচনা অধিকার অভিযান শুরু করেন!
- 2001 সালে দিল্লী সরকার হার মেনে নেয় এবং তথ্যের অধিকার বিল পাশ করানো হয়!
- 2005 সালে চাকরী থেকে ত্যাগপত্র দিয়ে উনি সিভিল সার্ভিসেস থেকে নিজেকে আলাদা করে নেন!

শ্রী প্রশান্ত ভূষণ

- উনি এক প্রসিদ্ধ উকিল এবং বর্তমানে সুপ্রীম কোর্টে কার্যরত!
- ওনার জন্ম 1956 সালে হয়েছিল!
- ওনার পিতা হচেছন শ্রী শান্তি ভূষণ... যিনি এই কমিটির সহ অধ্যক্ষ!
- ওনার দ্বারা লিখিত কিছু পুস্তক ঃ

01. দ্য কেস দ্যাট শুক ইণ্ডিয়া
02. ফোফোর্স – দ্য সেলিং অফ্ এ নেশন

- উনি এক সাক্ষাৎকারে ভারতের প্রাক্তণ প্রধান ন্যায়াধীশ এবং সুপ্রীম কোর্টের এক ন্যায়াধীশ সমেত আরও বেশ কিছু ন্যায়াধীশের কথিত রূপে নিন্দা করেন! ওনার বিরুদ্ধে আরোপ লাগানো হয় এবং বর্তমানে আদালতে ওনার বিরুদ্ধে মানহানির মামলা চলছে! উনি নিজের পিতা শ্রী শান্তি ভূষণের মতই উৎসাহী এবং নির্ভীক!
- এখনও যখনই সুযোগ পাওয়া যায়... উনি ভ্রষ্টাচারের বিরুদ্ধে আওয়াজ ওঠান!

সরকারী পক্ষের পাঁচ সদস্য

শ্রী প্রণব মুখার্জী *(অধ্যক্ষ)* এবং অন্য চার সিনীয়র সদস্যদের নাম এই অধ্যায়ে আগেই জানানো হয়েছে! ওনারা কেন্দ্রীয় সরকারের তরফ থেকে কমিটিতে থাকবেন!

অন্নার কমিটিতেও বংশবাদ রয়েছে ঃ স্বামী রামদেব

পরে যখন বিভিন্ন টি.ভি. চ্যানেলে ওনার বক্তব্যের ব্যাপারে প্রশ্ন করা হয়... তখন উনি অস্বীকার করে বলেন যে, এখন সব ভুল বোঝাবুঝি দূর হয়ে পড়েছে! উনি অন্না হাজারের সাথে ফোনে কথা বলে জানান যে, এই কমিটিতে পিতা-পুত্রকে এক সাথে নেওয়ার ব্যাপারে ওনার কোন আপত্তি নেই! এর পরে মামলা অত্যন্ত দ্রুত শান্ত হয়ে আসে!

এখানে আমরা পাঠকদের তথ্যের জন্য হরিদ্বার থেকে 10-ই এপ্রিল

দিল্লীর জন্তর মন্তরে অন্না হাজারের সাথে বাবা রামদেব এবং স্বামী অগ্নিবেশ!

অমর উজালা সংবাদপত্রে প্রকাশিত লেখা দিচ্ছি! এটা হচ্ছে সেই লেখা... যাতে বাবা রামদেব দ্বারা কমিটির সদস্যদের ওপরে প্রশ্নচিহ্ন তোলা হয়েছিল!

হরিদ্বার ঃ যোগগুরু স্বামী রামদেব বলেছেন যে, কেন্দ্র সরকার দ্বারা জন লোকপাল বিলের জন্য গঠিত কমিটি অথবা আইন দ্বারা ভ্রষ্টাচার দূর হবে না! ভ্রষ্টাচার দূর করার জন্য কঠোর সংঘর্ষ চালাতে হবে! কেন্দ্র সরকার দ্বারা গঠিত কমিটিতে শ্রী শান্তি ভূষণ এবং ওনার পুত্র শ্রী প্রশান্ত ভূষণ – দুজনকেই রাখায় স্বামী রামদেব কটাক্ষ করেছেন! উনি বলেছেন যে, কমিটিতে বংশবাদ থাকাটা উচিত নয়!

পতঞ্জলি হার্বোবেদের লোকার্পণ করার পরে শনিবার (09.04.2011) যোগগুরু সাংবাদিকদের সাথে কথা বলছিলেন! উনি বলেন যে, পতঞ্জলি যোগপীঠে অন্না হাজারেকে ডেকে এনে উনি ওনাকে এক বিরাট বড় মঞ্চ প্রদান করেছিলেন! অন্না ওনাকে গুরু হিসেবে মানেন... কিন্তু কমিটিতে নাম দেওয়ার সময় ওনার সাথে কোন প্রকারের আলাপ-আলোচনা করা হয়নি!

অন্নার উদ্দেশ্যে হচ্ছে দেশ থেকে ভ্রষ্টাচার দূর করা! কিন্তু কমিটিতে পিতা-পুত্রকে এক সাথে শামিল করাটা কোন সুখকর সংকেত নয়! বাবা রামদেব এমনটা চাইতেন যে, অন্না হাজারে ওনার সাথে মিলে ভ্রষ্টাচারের বিরুদ্ধে লড়াই করুন... কিন্তু দুর্ভাগ্যবশতঃ তেমনটা হয়নি! স্বামী রামদেব আরও বলেন – *"ভ্রষ্টাচারীদের কঠোর শাস্তি পাওয়া উচিত! আমরা তো ভ্রষ্টাচারীদের ফাঁসীর শাস্তি দেওয়ার আইন বানাতে চাই! অন্না হাজারে এক সূত্রপাত করেছেন... কিন্তু কেবলমাত্র আইন তৈরী করেই দেশ থেকে ভ্রষ্টাচার দূর করা সম্ভব নয়!"*

■■■

42 বছর পর্যন্ত বিল আটকে ছিল

"সরকারের দেশের জনতার প্রতি এই প্রতিশ্রুতি 42 বছর পুরোন আর প্রতিটি রাজনৈতিক দল এই মামলায় বেইমান প্রমাণিত হয়েছে! দেশের কোন রাজনৈতিক দলই এটাকে এক কার্যকরী হাতিয়ারের রূপ প্রদান করতে ইচ্ছুক নয়! শুধুমাত্র লোক দেখানোর জন্য লোকায়ুক্ত নিযুক্ত করা হয়েছে... কিন্তু কারোরই সেটাকে নখ-দন্ত সম্পন্ন করে তোলার কোন ইচ্ছা নেই... বরং বেশী জোর এই জিনিষটার ওপরে দেওয়া হচ্ছে যে, কি ভাবে সিনীয়র সরকারী অফিসার, ন্যায়াধীশ আর রাজনৈতিক নেতাদের এর আওতা থেকে বাইরে রাখা যেতে পারে!" এমন বক্তব্য হচ্ছে বিদ্বান শ্রী পুষ্পেশ পন্তের!

নিজের *'সাঁচ কো আঁচ'* রচনায় উনি আর কি-কি বলেছেন, সেটা জানা যাক! *(সৌজন্য ঃ 'সাভার')*

অন্না হাজারে জন লোকপাল বিলের অজুহাতে ভ্রষ্টাচারের বিরুদ্ধে লড়াইকে আবার একবার কেন্দ্রবিন্দুতে নিয়ে এসেছেন! এটা সত্যিই অত্যন্ত চিন্তার বিষয় যে, আজকের হিন্দুস্তানে... যেখানে রাষ্ট্রীয় মন্ত্র হচ্ছে *'সত্যমেব জয়তে'* – সেখানে সত্য কি ভাবে মিথ্যায় পরিবর্তিত হয়ে পড়েছে আর চার দিকে ছড়িয়ে পড়া মিথ্যার আঁচে ঝলসে যাওয়ার আশংকা কতটা বাস্তবিক হয়ে উঠেছে! এখন মীডিয়ায় মুখর হয়ে ওঠা আর অন্নার পাশে এসে দাঁড়ানো... কিন্তু কিছুদিন আগে পর্যন্তও হাজারের কট্টর সমালোচকদের ওপরে একবার দৃষ্টি দিলে সেই বহু চর্চিত হিন্দী ফিল্মের গানটার কথা মনে পড়ে যায় – *"দেখী দুনিয়া কী য়ারী... বিছড়ে সভী বারী-বারী!"*

প্রথমে শ্রী হরিশ সালভের মত উকিলের এমনটা মনে হল যে, যে ভাবে জন লোকপাল বিল পেশ হতে চলেছে... সেটা আইনের রাজত্বকে চ্যালেঞ্জ ছুঁড়ে দিতে পারে! এর পরে রাষ্ট্রীয় পরামর্শকার পরিষদের সদস্য অরুণা রায়েরও এমনটা মনে হতে লাগল যে, পুরোন গান্ধীবাদীরা হয়তো আবশ্যকতার থেকে একটু বেশীই উচ্চাকাংখী হয়ে উঠছেন!

বুদ্ধিমত্তাকে সর্বদা দুনিয়াদারীর পর্যায় মনে করা উচিত নয় আর না-ই সমস্ত ফয়সালা কেবলমাত্র মস্তিস্ক আর বুদ্ধিমত্তার ওপরে ছেড়ে দেওয়া যেতে পারে!

এর থেকেও বিড়ম্বনার পরিস্থিতি এক বহু চর্চিত ইংরাজী সংবাদপত্রে এক সিনীয়র চিন্তকের মন্তব্য সৃষ্টি করে দিল! উনি নিজের লেখায় এই প্রশ্ন

ওঠালেন যে, গণতান্ত্রিক ব্যবস্থায় কি এই প্রকারের সত্যাগ্রহের কোন স্থান আছে ? উনি এই প্রশ্ন ওঠালেন যে, গণতান্ত্রিক প্রণালীতে জনতা দ্বারা নির্বাচিত প্রতিনিধিদের সংবৈধানিক অধিকার অন্য কেউ কি ভাবে হাতিয়ে নিতে পারেন... তা তিনি গান্ধীবাদী হলেও ? আরও কিছু লোকেরা এমন সংশয় প্রকাশ করলেন যে, এটা কি করে নেমে নেওয়া যেতে পারে যে, সমাজসেবী, বে-সরকারী লোকেরাই সৎ হতে পারেন আর সমস্ত সরকারী অফিসার, রাজনৈতিক নেতা বা জজেরা ভ্রষ্ট ?

এখানে এটা স্পষ্ট করে বলার আবশ্যকতা রয়েছে যে, না তো অন্না হাজারে আর না অন্য কেউ এই ধরণের সরলীকরণ করছেন ! সোজা কথা হচ্ছে এটা যে, অতীতের অভিজ্ঞতা এটাই প্রমাণ করে যে, দেশে নির্বাচনী রাজনীতির পুরোপুরি অপরাধীকরণ হয়ে পড়েছে আর অর্থের শক্তিই এখন এই দেশে শেষ কথা বলছে ! শক্ত ঘুঁষি আর রূপোর জুতোই এখন সব কিছুর ওপরে প্রভাব বিস্তার করে নিয়েছে ! এটা সত্য যে, সিভিল সোসাইটি আর বে-সরকারী সংগঠনগুলোও এখন আর ভ্রষ্টাচারের থেকে মুক্ত নয় ! কিন্তু সেটার অর্থ এই নয় যে, আমাদের বর্তমান সরকার আর শাসক শ্রেণী নিজেদের বর্মের রূপে এই যুক্তি পেশ করবে যে, যে কোন সত্যাগ্রহীর অসন্তোষ, আক্রোশ বা অসম্মতি প্রকট করাটা দেশদ্রোহী অরাজকতা ডেকে নিয়ে আসার সমান !

এই জিনিষটাকে ভোলা অত সহজ নয় যে, যখন লোকনায়ক জয়প্রকাশ নারায়ণ সৈনিকদের বে-সরকারী আদেশ না মানার পরামর্শ দিয়েছিলেন... তখনই শ্রীমতি ইন্দিরা গান্ধীর পক্ষে দেশে জরুরী অবস্থা ঘোষণা করা সম্ভবপর হয়েছিল ! আজও আমাদের ওপরে রাজত্ব করতে থাকা লোকেরা ঔপনিবেশিক যুগের নিয়ম-কানুনেরই আশ্রয় গ্রহণ করে ! স্বাধীনতার পরে প্রায় সাড়ে ছ' দশক কেটে যাওয়ার পরেও নিজেদের দুনিয়ার সব থেকে বড় গণতন্ত্র মনে করতে থাকা দেশ এই জিনিষটাকে লজ্জাজনক হিসেবে মনে করে না !

ঠাণ্ডা মাথায় চিন্তা করলে যে কোন মন্দবুদ্ধির ব্যক্তিরও এটা বুঝতে দেরী লাগবে না যে, মোট 300 - 350 পরিবারই লোকসভা আর রাজ্যসভার 750 সীটের হিসাব-কিতাব পুরো করে নেয় ! গণতন্ত্রের আত্মার চিন্তা ভারতীয় গণতন্ত্রের কোন ঠেকেদারেরই নেই ! বিশেষ করে সমাজের ওপরে ফতোয়া জারী করা লোকেদের তো একেবারেই নেই !

পাঠকদের তথ্যের জন্য জানাই যে, এক সময় 1966 সালের প্রশাসনিক সংশোধন কমিশন লোকপাল গঠন করার সুপারিশ করেছিল ! সেই থেকে আজ পর্যন্ত লোকসভায় মোট 8 বার এই বিল পেশ করা হয়েছে ! প্রতি বারই বিলের ওপরে না তো কোন আলোচনা হয়েছে আর না-ই এর পক্ষে কোন রাজনৈতিক পার্টি এসে দাঁড়িয়েছে ! এক বার লোকসভা তো বিল পাশ করেছিল... কিন্তু রাজ্যসভা বিল ফেরত পাঠিয়ে দিয়েছিল !

অন্না জী এক আশার আলো জ্বালিয়ে তুলেছেন

ড্রাফ্‌ট কমিটি তৈরী করার দাবী পূরণ হয়ে পড়লে অন্না জী দেশবাসীদের পথ্যে এই আশাও জাগিয়ে তোলেন যে, উনি এবার নির্বাচিত নেতাদের ফিরিয়ে আনার অধিকারের দাবীও জানাবেন!

অন্না হাজারে 10-ই এপ্রিল, 2011 নিজের আমরণ অনশন ভঙ্গ করার পরে যে কয়েকটা জিনিষের ব্যাপারে তথ্য দিয়েছিলেন... তাতে উনি বলেছিলেন যে, উনি নিজের রাইট টু রি-কল দাবী জানিয়ে সেটাও পূরণ করানোর চেষ্টা করবেন!

এখনও পর্যন্তের ইতিহাস

রাইট টু রি-কল

- গান্ধীবাদী সমাজসেবী অন্না হাজারে বলেছেন যে, উনি রাইট টু রি-কলের জন্য সংঘর্ষ চালাবেন! এর আগে জয়প্রকাশ নারায়ণ এবং প্রাক্তণ লোকসভা অধ্যক্ষ শ্রী সোমনাথ চ্যাটার্জী এই জিনিষটার পক্ষে ওকালতী করেছিলেন!
- রাইট টু রি-কল পৃথিবীর বেশ কিছু দেশে প্রযোজ্য হয়ে রয়েছে!
- এটা হচেছ এমন এক গণতান্ত্রিক হাতিয়ার... যেটার দ্বারা জনতা নিজেদের দ্বারা নির্বাচিত প্রতিনিধিদের কাজে সন্তুস্ট না হলে, তাঁরা ভ্রস্টাচারে লিপ্ত হয়ে পড়লে বা সংবৈধানিক পদের দুরূপযোগ করলে তাঁদেরকে পদ থেকে সরিয়ে দিতে পারে!
- এই আইনের অন্তর্গত আমেরিকায় এখনও পর্যন্ত 9-টি মামলায় মেয়র আর গভর্নরদের তাঁদের পদ থেকে সরিয়ে দেওয়া হয়েছে!
- কানাডা, স্যুইটজারল্যাণ্ড এবং ভেনেজুয়েলাতেও এই ব্যবস্হা প্রযোজ্য হয়ে রয়েছে!
- ভারতে ছত্তিশগঢ় আর মধ্য প্রদেশের স্হানীয় কর্পোরেশনগুলোয় 2001 সাল থেকে এই ব্যবস্হা শুরু করা হয়েছে!
- 2011 সালের মার্চ মাসে বিহারেও স্হানীয় কর্পোরেশনগুলোর প্রশাসনে রাইট টু রি-কল এ্যাক্ট চালু করা হয়েছে!
- এই আইন লোকেদের নিজেদের প্রধান, সরপঞ্চ, জেলা বোর্ডের অধ্যক্ষ এবং পঞ্চায়েতী রাজের বিভিন্ন সদস্যদের কাজ সন্তুষ্টিজনক না হলে তাঁদেরকে পদ থেকে সরিয়ে দেওয়ার অধিকার প্রদান করে! এর অন্তর্গত যে কোন জন প্রতিনিধিকে পদ থেকে সরানোর জন্য

এলাকার দুই-তৃতীয়াংশ লোকেদের দ্বারা হস্তাক্ষর অভিযান চালিয়ে আবেদন জানাতে হবে... যেটা পরীক্ষা করে দেখার পরে জন প্রতিনিধির বিরুদ্ধে ব্যবস্থা গ্রহণ করা হবে!

- ভারতে যখন জরুরী অবস্থা তুলে নেওয়ার পরে নির্বাচন হয়েছিল... তখন জনতা পার্টির ঘোষণা পত্রে রাইট টু রি-কলের উল্লেখ করা হয়েছিল! কিন্তু সেই সময়ের সরকার সেটা অস্বীকার করে দেয়!
- 1989 সালে রাষ্ট্রীয় মোর্চা সরকারের শাসনকালেও এই ব্যাপারে আলোচনা হয়... কিন্তু রাজনৈতিক দলগুলো খুব একটা গুরুত্ব না দেওয়ার কারণে এই আইন অস্তিত্বে আসতে পারেনি!
- এর 3 বছর পরে 1992 সালে যখন সংসদে পঞ্চায়েতী রাজ আইনকে নিয়ে বিতর্ক চলছিল... তখন সাংসদেরা স্থানীয় কর্পোরেশনগুলোতেও রাইট টু রি-কলের বিরোধিতা করেছিলেন!
- যদি এই আইন সমগ্র রূপে লাগু করা যায়... তাহলে আমাদের জন প্রতিনিধিরা আরও বেশী দায়িত্বশীল হয়ে উঠতে বাধ্য হবেন!
- ক্রান্তির দূত প্রমুখ সমাজসেবী অন্না হাজারে যে ভাবে অভূতপূর্ব সফলতা প্রাপ্ত করেছেন... যদি সেই প্রকার চলতে থাকে আর ভবিষ্যতেও জনতার সমর্থন উনি প্রাপ্ত করে চলেন... তাহলে উনি *'রাইট টু রি-কল'*-য়ের দাবীও পূরণ করে নেবেন! ওনার দৃঢ় ইচ্ছাশক্তি দ্বারা সব কিছুই সম্ভব হতে পারে!

42 বছর ধরে ঝুলে থাকা বিলকে কে জীবিত করে তুললেন?

এখন আর এই জিনিষটা কারো কাছেই গোপন নেই যে, আজ থেকে সাড়ে চার দশক আগে 1966 সালে লোকপালের গঠন করার সুপারিশকে সঠিক দিশা প্রদান অন্না হাজারেই করেছিলেন!

অন্না হাজারের নিজের গ্রাম হচ্ছে *'রালেগন সিদ্ধি'*... যেটা আহমদ নগরের অন্তর্গত আসে! যবে থেকে অন্না অনশনে বসেছিলেন... সেখানকার এক মন্দিরে গ্রামবাসীরা ভজন-কীর্তন আর প্রার্থনায় রত হয়ে ছিলেন! ওনার সফলতা আর দীর্ঘায়ুর কামনায় গ্রামবাসীরা প্রার্থনা করে মানতও করছিলেন! তাঁদের কাছে অন্না জী ভগবানের থেকে কোন অংশে কম ছিলেন না! উনি নিজের পেনশনের পুরো টাকাটাই গ্রামের স্কুলের বাচ্চাদের জন্য খরচ করেন এবং নিজে গ্রামের মন্দিরে থাকেন! বাচ্চাদের জন্য হোস্টেলে তৈরী খাবার খেয়ে উনি নিজের পেট ভরান!

যখন রালেগন সিদ্ধি গ্রামের লোকেরা এটা জানতে পারলেন যে, অন্না হাজারের অনশন সমাপ্ত হয়ে পড়েছে... তখন তাঁদের মধ্যে আনন্দের যে স্রোত বয়ে গিয়েছিল... সেই দৃশ্যের ব্যাখ্যা করা অত্যন্ত কঠিন! গ্রামের লোকেরা ঢোল-নগাড়া আর রং-আবিরের সাথে নিজেদের ঘর থেকে বাইরে

বেরিয়ে এসেছিলেন... একে-অপরকে অভিনন্দন জানাতে লেগেছিলেন... একে-অপরের ওপরে রং আর আবির ছুঁড়ে দিতে লেগেছিলেন! নেচে-নেচে গ্রামবাসীরা নিজেদের ভেতরের আনন্দ প্রকাশ করতে লেগেছিলেন! তাঁদের গ্রামেরই একজন ব্যক্তি এত বড় একটা কাজ করায় তাঁদের মাথাটাও যেন গর্বে উঁচু হয়ে উঠেছিল! এক গ্রামীণ বলেন – *"আমাদের দৃঢ় বিশ্বাস ছিল যে, শ্রী হাজারে জয়লাভ করবেন আর অবশ্যই জয়লাভ করবেন! ওনার সামনে দিল্লীর সরকার যে মাথা নত করে নেবে... এটা আমরা অনেক আগে থেকেই জানতাম!"*

অন্য আরও একজন গ্রামীণ বলেন – *"অন্না হাজারে হচ্ছেন এক কঠোর ইচ্ছাশক্তির ব্যক্তি! উনি একবার যেটা করবেন বলে ঠিক করেন... সেটাকে উনি করে তবে ছাড়েন!"*

■■■

সফলতার ভিত্তি হচ্ছে সত্য – এমনটাই মানেন অন্না

অনশন অথবা আমরণ অনশনকে অন্না হাজারে বিরোধিতা প্রকট করার গণতান্ত্রিক পদ্ধতি হিসেবে মানেন! এটা হচ্ছে সেই পদ্ধতি, যেটার প্রয়োগ মহাত্মা গান্ধী মোট 17-বার করেছিলেন! গান্ধী জী এমনটা মানতেন – *"আমি অনশন ব্রতের সহায়তায় গোরা সরকারকে ভারত থেকে তাড়াতে সফল হতে পারি!"*

এম. জে. আকবরের মতানুসার – *"অনশন এজন্য সফল হয় না যে, এটা সরকারের মাথা ঝুঁকিয়ে দেয়... বরং এটা এজন্য সফল হয়, কারণ এটা জনতাকে জাগরুক আর আন্দোলিত করে তোলে! অন্না হাজারের অনশন সরকারকে নতি স্বীকার করানোর জন্য নয়... বরং এটার একমাত্র উদ্দেশ্য হচ্ছে সেই ভারতকে আবার একবার উত্থানের অবস্থায় নিয়ে আসা... যে ভারত নিষ্ক্রিয়তার গভীর নিদ্রায় লীন হয়ে রয়েছে... যখন কি মুষ্টিমেয় কিছু রাজনীতিজ্ঞ আর তাঁদের চেলারা দেশের দৌলত লুট করে নিচ্ছে!"*

উনি আরও লিখেছেন – *"হাজারে এই জিনিষটার জন্য অপেক্ষা করে ছিলেন না যে, কতজন ভ্রষ্ট আর পাখণ্ডী মন্ত্রী ওনার সামনে মাথা নত করতে এগিয়ে আসেন... বরং উনি এই জিনিষটা দেখার জন্য লালায়িত হয়েছিলেন যে, দেশের প্রতিটি রাস্তা / প্রতিটি মোড়ে কতজন লোক ওনাকে অনুসরণ করার জন্য এগিয়ে আসেন!"*

অন্না তো কেবল আমাদের আত্মায় চিমটি কেটেছেন! আপনাদের ভেতরে যদি আত্মা বলে কোন জিনিষ থাকে... তাহলে এই দেশকে ভ্রষ্টাচারের রক্তাক্ত চঙ্গুল থেকে মুক্তি প্রদান করার জন্য উঠে দাঁড়ান! ওনার এই অনশন দেশকে নতুন জীবন প্রদান করার জন্য – অন্না জী এমনটাই মনে করেন!

বিদ্বান সম্পাদক শ্রী বিজয় চোপড়া নিজের বক্তব্যে লিখেছেন – *"অন্না হাজারের দাবী মেনে নিয়ে সরকার অত্যন্ত বুদ্ধিমত্তার পরিচয় দিয়েছে আর এই বিলকে এবার দ্রুত পাশ করানোটাই সরকারের পক্ষে কল্যাণের পরিচয় হবে! আজ তো আন্দোলন দ্রুত থেমে গেছে... কিন্তু ভবিষ্যতে এই আন্দোলন অন্য রূপও ধারণ করতে পারে!"*

অন্না হাজারে নিজের আন্দোলন তো ফিরিয়ে নিয়েছেন... কিন্তু ওনার সংঘর্ষ শেষ হয়নি আর উনি সরকারকে নতি স্বীকার করানোর পরে দেশের জনতাকে তাঁদের দ্বারা নির্বাচিত জন প্রতিনিধিদের ফিরিয়ে নেওয়ার অধিকার প্রদান করার ব্যাপারেও আলোচনা শুরু করে দিয়েছেন! অন্না বলেছেন যে, কোন নির্বাচিত জন

প্রতিনিধি যদি জনতার মত না নিয়ে টাকা-পয়সা খরচ করেন... তাহলে দেশের জনতার কাছে তাঁকে ফিরিয়ে নেওয়ার অধিকার থাকা উচিত!

ভারত সরকার যে লোকপাল বিল তৈরী করে ফেলেছিল... তাতে আর অন্না জী দ্বারা প্রস্তুত জন লোকপাল বিলের মধ্যে প্রচুর পার্থক্য রয়েছে! যদি এই জন লোকপাল বিল সংসদে পাশ হয়ে পড়ে... তাহলে দেশের জনতা সরাসরি এই সব অধিকার প্রাপ্ত করবে ঃ-

01. জন লোকপালের হাতে জনতার থেকে প্রাপ্ত ভ্রষ্টাচারের অভিযোগের ওপরে নিজের তরফ থেকে সরাসরি ব্যবস্থা নেওয়ার নির্দেশ দেওয়ার অধিকার থাকবে!
02. বিলে জন লোকপালকে পুলিশী ব্যবস্থা গ্রহণ করার নির্দেশ দেওয়ার অর্থাৎ এফ.আই.আর. লেখার নির্দেশ দেওয়ার অধিকার প্রদান করা হবে!
03. জন লোকপাল বিলে ন্যুনতম শাস্তি 5 বছর এবং অধিকতম যাবজ্জীবন কারাদণ্ডের ব্যবস্থা রয়েছে!
04. জন লোকপাল আর সি.বি.আই.-য়ের ভ্রষ্টাচার বিরোধী ইউনিট এক সাথে মিলে পৃথক স্বতন্ত্র ইউনিটের রূপে ভ্রষ্টাচারের মামলায় ব্যবস্থা গ্রহণ করবে!

যখন কি যোগগুরু বাবা রামদেব দিল্লী পৌঁছে আমরণ অনশনের মঞ্চ থেকে জোর গলায় বলেছিলেন যে, প্রথমে কালো টাকা উসুল করা হোক্... তারপর সেই ভ্রষ্টাচারীকে ফাঁসীতে ঝুলিয়ে দেওয়া উচিত!

সব থেকে বড় কথা তো অন্না হাজারে বলেছেন... সেটা হচ্ছে এই যে, আজ কোন রাজনৈতিক দলই ভ্রষ্টাচার থেকে মুক্ত নয়! কোথাও ভ্রষ্টাচার বেশী, তো কোথাও একটু কম! এজন্য যেসব রাজনৈতিক নেতা ওনাকে সমর্থন জানাতে জন্তর মন্তরে এসে পৌঁছেছিলেন... অন্না হাজারের অনুগামী আর সহযোগীরা তাঁদেরকে অন্না জী পর্যন্ত পৌঁছতে দেননি! ওনারা রাজনীতিজ্ঞদের নিজেদের এই সংঘর্ষ থেকে দূরে রেখেছিলেন... তা সেই সব নেতারা নিজেদের তরফ থেকে এই অভিযানকে সমর্থন জানানোর ঘোষণা করা সত্ত্বেও! বাস্তবিক অর্থে অন্না হাজারে ভ্রষ্টাচারকে সমূলে উৎপাটিত করতে চান এবং ওনার এই মহা সংগ্রাম হচ্ছে এক অহিংস জন-সংগ্রাম এবং দেশবাসী ওনার থেকে এবার অনেক বড় আশা করতে লেগেছেন!

অন্না জী-র অনশনের চতুর্থ দিন সরকার নড়ে-চড়ে বসল! অন্নার প্রতিনিধি আর সরকার পক্ষের প্রতিনিধিদের মধ্যে আলাপ-আলোচনা শুরু হল! শেষে ভ্রষ্টাচারের হার হল আর সরকার অন্নার দাবী মেনে নিয়ে সংযুক্ত ড্রাফ্ট কমিটি গঠন করার ঘোষণা করে দিল আর গোটা দেশ জুড়ে আনন্দের ঢেউ বয়ে গেল!

অন্না হাজারের চিন্তাধারা এবং প্রতিটি পদক্ষেপই অত্যন্ত উঁচু! নৈতিকতা ওনার অত্যন্ত প্রিয়! ওনার সাথে অসংখ্য স্বেচ্ছাসেবক এবং সমর্থক অনশনে বসেছিলেন! যখন বিলের নোটিফিকেশন জন্তর মন্তরে এসে পৌঁছল আর অনশন সমাপ্ত করার নির্ণয় গ্রহণ করা হল... তখনও অন্না জী সবার আগে

নিজে লেবু-জল পান করে অনশন ভঙ্গ করলেন না! আগে উনি নিজের হাতে নিজের সমর্থকদের জুস পান করালেন! জন্তর মন্তরে এসে পৌঁছনো প্রতিটি ব্যক্তিই এমনটা চাইছিলেন যে, প্রথমে অন্না জী নিজের অনশন ভঙ্গ করুন... কিন্তু অন্না জী রাজী হননি! উনি প্রথমে নিজের অসংখ্য সাথীদের অনশন ভঙ্গ করান... তারপর নিজের অনশন ভঙ্গ করেন!

অন্না জী বলেন যে, ওনাকে মারার জন্য গুণ্ডাদের দ্বারা চালানো প্রচেষ্টাও সফল হয়নি! ওনার সত্যের কারণে স্বয়ং ঈশ্বর ওনার রক্ষা করেন! ভ্রষ্টাচারের মামলায় উনি আর দেশের প্রতিটি জনতা এক সাথে রয়েছেন! উনি যে সত্যের ওপরে স্থির হয়ে রয়েছেন... এটা আমরা সবাই জানি!

উনি বলেছেন যে, দিল্লী আসার আগে উনি দেশের 26-টি জেলায় ঘুরে বেড়িয়েছেন! সেই সময় ওনার কাঁধে একটা ঝোলা থাকত! লোকেরা 5 বা 10 টাকা করে সেই ঝোলায় দিতে থেকেছে! এই ভাবে 2 লক্ষ টাকা একত্রিত হয়ে পড়েছে! উনি আরও বলেছেন – *"আমি যদি কোন মন্ত্রীকে একবার বলি, তাহলে এর থেকেও অনেক বড় সহায়তা অর্থ আমি পেয়ে যেতে পারি... কিন্তু আমার এমন সহায়তার কোন প্রয়োজন নেই! এমন অর্থ আমার চাই না! আমি সততাকে সবার ওপরে মানি... আমাকে সত্য আর সততার পথে থাকতে হবে! এগুলোই হচ্ছে আমার অস্ত্র-শস্ত্র!"*

উনি এক কেন্দ্রীয় মন্ত্রীর ওপরে আরোপ এনে তাঁর ইস্তফা দাবী করেছেন! উনি স্বর্গীয় প্রধানমন্ত্রী শ্রী লাল বাহাদুর শাস্ত্রীর উদাহরণ পেশ করে বলেছেন – *"এক উনি ছিলেন... যিনি রেল দুর্ঘটনার নৈতিক দায়িত্ব নিজের কাঁধে তুলে নিয়ে কেন্দ্রীয় মন্ত্রী পরিষদ থেকে ইস্তফা দিয়ে দিয়েছিলেন! আর এক ইনি রয়েছেন... যিনি নৈতিকতার কোন পরোয়াই করেন না! দেশের জনতা ওনার ইস্তফা দাবী করছে... কিন্তু উনি ইস্তফা দিচ্ছেন না!"* অন্না যদি সত্যের আশ্রয় না নেন... তাহলে উনি এক সিনীয়র কেন্দ্রীয় মন্ত্রীর ইস্তফা কখনোই দাবী করতে পারতেন না! যখন অন্না হাজারেকে এমনটা বলা হল যে, ওনার শরীর-স্বাস্থ্য ভালো নেই... ওনার রক্তচাপের অভিযোগ রয়েছে! এমন অবস্থায় উনি কাজ করার ক্ষমতা কোথা থেকে পান? তখন উনি এর জন্য লোকেদের ভালবাসা, সমর্থন আর ঈশ্বরের অদ্ভূত কৃপার উল্লেখ করেন!

উনি বলেন যে, উনি ঈশ্বর আর সত্যের থেকে ক্ষমতা প্রাপ্ত করেন! অন্না বলেন – *"সত্য আর ঈশ্বরের ওপরে আমার অটুট বিশ্বাস রয়েছে!"*

নিজের সত্যের ওপরে বার-বার বলাটা আমাকে অস্থির করে তোলে

অন্না হাজারে বলেছেন – *"আমি গুজরাট আর বিহারের প্রশংসা গ্রামীণ বিকাশের জন্য করেছিলাম! সেটা এক অকাট্য সত্য ছিল... কিন্তু আমার বক্তব্যের ভুল ব্যাখ্যা করা হয়েছে! এজন্য আমাকে সাফাই দিতে হচ্ছে! কোন কথাকে, সত্য হওয়া সত্ত্বেও মানা না হলে আমার কষ্ট হয়!"*

গুজরাট আর বিহারের প্রশংসা

গ্রামীণ বিকাশের ক্ষেত্রে গুজরাটের ভালো প্রদর্শনের প্রশংসা করার কারণে ওঠা বিবাদে আহত সমাজসেবী শ্রী অন্না হাজারে 13-ই এপ্রিল, 2011 বলেছেন যে, নিজের পক্ষ সমর্থন করার জন্য একই কথার বার-বার পুনরাবৃত্তি করতে উনি দুঃখ পান... ওনার বড় কষ্ট হয়!

উনি বলেছেন – *"রাজনীতির সাথে আমার কোন সম্পর্ক নেই! আমি 2002 সালে গুজরাটে হওয়া দাঙ্গার সমালোচনাও করি!"* উনি গুজরাটের মুখ্যমন্ত্রী শ্রী নরেন্দ্র মোদীর প্রশংসা করার জন্য নৃত্যাঙ্গনা এবং সামাজিক কর্মী মল্লিকা সারাভাই দ্বারা ওঠানো আপত্তির ওপরে অন্না ওনাকে লেখা এক পত্রে জানিয়েছেন যে, উনি সম্পূর্ণ রূপে এক অ-রাজনৈতিক ব্যক্তি!

অন্না হাজারে নিজের পক্ষ সমর্থন করে বলেছেন – *"আমি তো কেবলমাত্র গ্রামীণ বিকাশের ক্ষেত্রে করা কাজের জন্য গুজরাটের মুখ্যমন্ত্রী শ্রী নরেন্দ্র মোদী আর বিহারের মুখ্যমন্ত্রী শ্রী নীতিশ কুমারের প্রশংসা করেছিলাম!"* উনি আরও লিখেছেন – *"আমি সেই সাংবাদিক সম্মেলনে এটাও বলেছিলাম যে. আমি যে কোন প্রকারের সাম্প্রদায়িক অসহিষ্ণুতার বিরোধী!"*

অন্না জী পত্রে এটাও লিখেছেন – *"এই বিষয়ে নিজের পক্ষ সমর্থন করতে হওয়ায় আমার অত্যন্ত কষ্ট হচ্ছে!"*

লোকপাল বিলকে কেন্দ্র করে দেশ জুড়ে ভ্রষ্টাচারের বিরুদ্ধে চালানো অভিযানকে এক নতুন দিশা প্রদানকারী অন্না হাজারে বলেছেন – *"আমি কোন রাজনৈতিক দলের সাথে নেই! না-ই আমি কোন রাজনৈতিক দলকে সমর্থন করি! ভ্রষ্টাচার দূর করাই আমার জীবনের একমাত্র উদ্দেশ্য!"*

নিজের প্রশংসা শুনে শ্রী নরেন্দ্র মোদী শ্রী হাজারেকে পত্র লেখেন আর সেই পত্রে উনি *'ক্রান্তির দূত'* অন্না জী-র প্রতি নিজের কৃতজ্ঞতাও প্রকট করেন!

গুজরাটের দাঙ্গা বন্ধ করায় শ্রী মোদীর তথাকথিত ব্যর্থতার কারণে ওনার সমালোচনা করতে থাকা সামাজিক কর্মীদের অন্না জী দ্বারা নরেন্দ্র মোদীর প্রশংসা ঠিক পছন্দ হয়নি! কংগ্রেস তো এমনটাও বলে দিয়েছিল যে, নরেন্দ্র মোদীর হাত রক্তে লাল হয়ে রয়েছে! মল্লিকা সারাভাই শ্রী হাজারেকে পত্র লিখে গুজরাটের ওপরে দেওয়া অন্না জী-র বক্তব্য ফিরিয়ে নেওয়ার দাবী জানান... যে দাবী পূরণ হয়েও পড়েছে! এর সাথে-সাথে অন্য আরেক প্রখ্যাত ব্যক্তিত্ব মেধা পাটেকরও অন্না দ্বারা মোদীর প্রশংসায় ঘোর আপত্তি প্রকাশ করেন!

■■■

নেতা-অভিনেতারা কি বলছেন ?

আমরা এখানে কিছু প্রখ্যাত রাজনৈতিক নেতা আর বলিউড অভিনেতা-অভিনেত্রীদের চিন্তাধারা তুলে ধরছি !

শান্তা কুমার

ভারতীয় জনতা পার্টির রাষ্ট্রীয় উপাধ্যক্ষ এবং প্রাক্তণ মুখ্যমন্ত্রী শ্রী শান্তা কুমার ভ্রষ্টাচারের বিরুদ্ধে অন্না হাজারের আমরণ অনশনকে অত্যন্ত গুরুত্বপূর্ণ আখ্যা দিয়েছেন ! উনি বলেছেন – *"চরম সীমা পর্যন্ত ছড়িয়ে পড়া ভ্রষ্টাচারের ওপরে অঙ্কুশ লাগানোর এটা হচেছ এক সুবর্ণ সুযোগ! ভ্রষ্টাচারের মত মহামারীর প্রদূষণ আজ দেশের প্রতিটি নাগরিককে প্রভাবিত করে তুলেছে ! আমাদের এবার লাল চকে যাওয়ার পরিবর্তে ভ্রষ্টাচারের চকে পতাকা উত্তোলন করা উচিত ! ভ্রষ্টাচারের বিরুদ্ধে আন্দোলন শুরু করার জন্য অন্না হাজারে আর দেশের জনতা বেরিয়ে পড়েছেন ! ভারতীয় জনতা পার্টি এই ব্যাপারে কিছুটা পেছিয়ে রয়েছে ঠিকই... কিন্তু এবার এই অভাবকে পূরণ করা হবে !"*

প্রো. পি. কে. ধূমল

হিমাচল প্রদেশের মুখ্যমন্ত্রী প্রো. পি. কে. ধূমলের বক্তব্য এমন সময় এসে উপস্হিত হয়েছিল... যখন অন্না হাজারে ভ্রষ্টাচারের বিরুদ্ধে নিজের অভিযান শুরু করে দিয়েছিলেন ! প্রো. ধূমল বলেছেন – *"দেশের সামনে বর্তমানে ভ্রষ্টাচার এক জ্বলন্ত বিষয় এবং বর্তমান পরিপ্রেক্ষিতে আত্ম-বিবেচনের আবশ্যকতা রয়েছে ! আমাদের সকলের এবার এগিয়ে আসা উচিত !"*

মুখ্যমন্ত্রী আরও বলেন – *"রাজ্য সরকার ভ্রষ্টাচারের ওপরে আইন তৈরী করারও নির্ণয় নিয়ে নিয়েছে এবং বিধানসভার আগামী বাদল অধিবেশনে বিল নিয়ে আসা হবে... যাতে ভ্রষ্ট পদ্ধতি দ্বারা উপার্জিত সম্পত্তি বাজেয়াপ্ত করার কঠোর ব্যবস্হা করা হবে !"*

মুখ্যমন্ত্রী বলেন যে, হিমাচল প্রদেশ সরকার ফাস্ট ট্র্যাক কোর্টকে বজায় রাখার নির্ণয়ও নিয়ে নিয়েছে !

প্রণব মুখার্জী

কেন্দ্রীয় অর্থমন্ত্রী শ্রী প্রণব মুখার্জী বলেছেন – *"যদি বিরোধী পক্ষ সহযোগের হাত বাড়িয়ে দেয়... তাহলে কেন্দ্রের ইউ.পি.এ. সরকার, সংসদের আগামী অধিবেশনে লোকপাল বিল পেশ করতে আর সেটাকে পাশ করাতে প্রস্তুত হয়ে রয়েছে !"*

সুস্মিতা সেন

চলচ্চিত্র-দর্শকদের হৃদয়ের স্পন্দন হয়ে ওঠা খ্যাতিপ্রাপ্ত অভিনেত্রী সুস্মিতা সেনের বক্তব্য হচ্ছে – *"অন্না হাজারের জীবনটাই হচ্ছে এক জিত ! আমি এমনটা মনে করি যে, অন্নার ইচ্ছাশক্তি অত্যন্ত অদ্ভূত আর উনি আরও অনেকটা এগিয়ে যাবেন !"*

শাবানা আজমী

অভিনেত্রীদের মধ্যে অত্যন্ত উচ্চ স্থান প্রাপ্ত করা শাবানা আজমীও এই ব্যাপারে পেছিয়ে নেই ! ওনার বক্তব্য হচ্ছে – *"দেশে ক্রমশঃ বেড়ে চলা ভ্রষ্টাচারের ওপরে নিয়ন্ত্রণ প্রাপ্ত করতে আমাদের সরকার ব্যর্থ হয়েছে ! এবার অন্নার মত লোকেদের নেতৃত্বে ভ্রষ্টাচারের ওপরে নিয়ন্ত্রণ প্রাপ্ত করার সময় এসে গেছে !"*

আমীর খান

আমাদের *'তারে জমীন পর'* এবং *'থ্রী ইডিয়টস্'*-য়ের মত ফিল্ম প্রদান করা সুপারস্টার শ্রী আমীর খান বলেছেন – *"দেশের যুবাদের প্রেরণার উৎস হচ্ছে অন্নার অনশন !"*

দীনেশ ত্রিবেদী

কেন্দ্রীয় মন্ত্রী শ্রী দীনেশ ত্রিবেদী বলেছেন – *"আমি 05-ই এপ্রিল অন্না জী-কে চিঠি লিখেছিলাম !"* 61 বছর বয়স্ক শ্রী ত্রিবেদী এই প্রস্তাব এমন সময় করেছিলেন, যখন পশ্চিম বাংলায় বিধানসভা নির্বাচন হতে চলেছিল ! এই নির্বাচনে তৃণমূল কংগ্রেস আর কংগ্রেসের জোট মার্ক্সবাদী কম্যুনিষ্ট পার্টির নেতৃত্বাধীন বামফ্রন্টকে কড়া টক্কর দিতে চায় ! স্বাস্থ্য এবং পরিবার কল্যাণ

অন্না হাজারের সমর্থনে বক্তব্য রাখছেন অভিনেত্রী শাবানা আজমী

দফ্‌তরের রাজ্যমন্ত্রী শ্রী ত্রিবেদীকে তৃণমূল সুপ্রীমো শ্রীমতি মমতা ব্যানার্জীর অত্যন্ত ঘনিস্ট হিসেবে মনে করা হয়ে থাকে! কিন্তু আপাততঃ এমনটা শোনা যাচ্ছে যে, উনি পার্টির মধ্যে ঠিক সহজ অনুভব করছেন না!

অনুপম খের

উনি যতই সমস্যায় ফেঁসে থাকুন না কেন আর ক্রুদ্ধ লোকেরা যতই ওনার বাড়ীর ওপরে ইঁট-পাটকেল ছুঁড়ুক না কেন... তবুও উনি অন্না হাজারের সমর্থকদের মধ্যে প্রথম সারির অভিনেতা! উনি তো জন্তর মন্তরে পৌঁছে অনশনে বসে থাকা অন্না জী-র প্রতি নিজের সমর্থন জানিয়েও এসেছেন! ওনার বক্তব্য হচ্ছে – *"অন্না হাজারের এই অভিযান এক মহান সূত্রপাত! লোকেদের জীবন এবার স্বপ্ন আর আশায় ভরে উঠেছে! অন্না জী-র আজকের এই অভূতপূর্ব জিত ভ্রষ্টাচারকে রাতারাতি মেটাতে পারবে না! আমাদের আরও সংঘর্ষের জন্য প্রস্তুত থাকতে হবে!"*

শেখর কাপুর

ফিল্ম মেকিং-য়ে নতুন পদ্ধতি গ্রহণ করাটা ওনার অত্যন্ত পছন্দ! আশপাশে ঘটে চলা ঘটনার প্রতি সতর্ক শেখর কাপুর বলেছেন – *"যে ভাবে মহাত্মা গান্ধী জী ইংরাজদের বিরুদ্ধে লড়াইতে সত্যাগ্রহ-অনশন ধর্মঘটকে*

নিজের হাতিয়ার করে তুলেছিলেন... ঠিক সেই কাজটাই এবার অন্না হাজারে করছেন আর আমি ওনার এই আন্দোলনের হৃদয় থেকে সমর্থন করি!"

এস. ওয়াই. কুরেশী

মুখ্য নিবার্চন কমিশনার শ্রী এস. ওয়াই. কুরেশী বলেছেন – *"লোকপাল বিল ভ্রষ্টাচারীদের আটকাতে কার্যকরী হবে!"*

সোনিয়া গান্ধী

কংগ্রেস অধ্যক্ষা শ্রীমতি সোনিয়া গান্ধী প্রধানমন্ত্রী ডাঃ মনমোহন সিং-য়ের সাথে দেখা করে ভ্রষ্টাচারের বিরুদ্ধে কঠোর পদক্ষেপ নেওয়ার আবশ্যকতার ওপরে জোর দেন! শ্রীমতি গান্ধী বৃহস্পতিবার *(07.04.2011)* অন্না হাজারেকে অনশন ভঙ্গ করার অনুরোধ জানান... কিন্তু অন্না ওনার সেই অনুরোধ অস্বীকার করেন!

মধুর ভাণ্ডারকর

"জন লোকপাল বিলের দৃঢ়তা পূর্বক সমর্থন করা অন্না জী এবং সকল ভারতীয়দের শেষ পর্যন্ত জয় হয়েছে!" প্রখ্যাত ফিল্ম পরিচালক শ্রী মধুর ভাণ্ডারকর বলেছেন – *"ভ্রষ্টাচার বিরোধী এই আগুনকে গোটা দেশে ছড়িয়ে দেওয়ার জন্য মীডিয়াকেও অজস্র ধন্যবাদ!"*

শহনাজ পদম্‌সী

ফিল্ম জগতের এই যুবতী বলেছেন – *"আমাদের দেশের যুবাদের 100% শতাংশ অন্না জী-র এই অভিযানে শামিল হওয়া উচিত... যাতে আমাদের দেশ ভ্রষ্টাচার মুক্ত হয়ে উঠতে পারে আর আমরা সবাই স্বস্তির নিঃশ্বাস ফেলতে পারি!"*

বাবা রামদেব

পতঞ্জলি যোগপীঠের নির্মাতা যোগগুরু বাবা রামদেব বলেছেন – *"অন্নার এই লড়াইতে শুধু আমিই নই... গোটা দেশ ওনার পাশে রয়েছে!"*

কপিল সিব্বল

কেন্দ্রীয় মানব সংসাধন বিকাশ মন্ত্রী শ্রী কপিল সিব্বল 07.04.2011 তারিখেই এক টেক্‌নিক্যাল বাধার কথা জানিয়ে দিয়েছিলেন! উনি এটা স্পষ্ট করেছিলেন যে, যদি কোন বে-সরকারী ব্যক্তি কমিটির অধ্যক্ষ হন... তাহলে তাঁদের মধ্যে থেকে কোন মন্ত্রী কমিটির সদস্য হতে পারবেন না! কেবলমাত্র সরকারী অফিসাররাই সেই কমিটির সদস্য হতে পারবেন!

অন্না হাজারে

শ্রী কপিল সিব্বলের যুক্তির খণ্ডন করে অন্না হাজারে বলেন – *"লোকসভা আর বিধানসভার জন্য নির্বাচিত সদস্যরা হচ্ছেন জনতার সেবক আর জনতার সেবকের থেকে জনতা অনেক বড়!"* উনি আরও বলেন – *"ভ্রষ্টাচারের মোকাবিলা করার জন্য সি.বি.আই., সেন্ট্রাল ভিজিলান্স কমিশন এবং আরও অনেক সরকারী এজেন্সী তৈরী করা হয়েছে... কিন্তু তারাও ভ্রষ্টাচারকে আটকাতে কার্যকরী প্রমাণিত হয়নি!"*

অধ্যক্ষ হতে অস্বীকার করা

সারা দেশ জুড়ে উঠতে থাকা দাবী অস্বীকার করে অন্না বলেছেন – *"আমি কমিটির অধ্যক্ষ হতে প্রস্তুত নই!"*

অভিনেত্রী বিপাশা বসু

অভিনেত্রী বিপাশা বসুর বক্তব্য হচ্ছে – *"এই আন্দোলনের আগুন এখানেই সমাপ্ত হয়ে পড়া উচিত নয়... কারণ বাস্তবিক জয় তখনই প্রাপ্ত হবে, যখন এই বিল সংসদের মঞ্জুরী পেয়ে যাবে!"* বিপাশা আরও বলেছেন – *"ভ্রষ্টাচার হচ্ছে আমাদের পয়লা নম্বরের শত্রু আর এই কমিটির গঠনের মাধ্যমে এবার এই লড়াই আরও মজবুত হয়ে উঠবে!"*

মুখ্‌তার অব্বাস নকবী

ভারতীয় জনতা পার্টির নেতা বলেছেন – *"অন্নার এই আন্দোলন হচ্ছে কংগ্রেসের ডুবতে থাকা জাহাজে অন্তিম পেরেক!"*

অরবিন্দ কেজরীওয়াল

অন্নার সহযোগী শ্রী অরবিন্দ কেজরীওয়াল বলেছেন – *"সরকারকে প্রাক্তণ ন্যায়াধীশ শ্রী জে. এস. বর্মা অথবা কর্ণাটকের লোকপাল শ্রী সন্তোষ হেগড়ের মধ্যে থেকে যে কোন একজনকে এই কমিটির অধ্যক্ষ বানানোর জন্য অনুরোধ জানানো হয়েছিল... কিন্তু সরকার সেই অনুরোধ অস্বীকার করে দিয়েছে!"*

উনি অন্য এক সময়ে বলেন – *"আসলে সরকারের ইগো প্রবলেম রয়েছে! সরকারের মন্ত্রীদের এমনটা মনে হচেছ যে, সুপ্রীম কোর্টের এক অবসরপ্রাপ্ত জজের অধীনে সরকারের মন্ত্রীরা কি করে কাজ করবেন? আসলে সরকার এটা চায় না যে, সমাজসেবী সংগঠনগুলোর সামনে সরকারের হার মেনে নেওয়ার সংবাদ জনতার মাঝে যাক! এজন্যই এত কিছু নাটক করা হচেছ!"*

ওমপ্রকাশ চৌটালা এবং উমা ভারতী

নিজেদের 100% শতাংশ ভ্রস্টাচার বিরোধী প্রমাণ করার জন্য এনারা দুজনে জন্তর মন্তরে পৌঁছন... কিন্তু অন্নার সহযোগী আর সমর্থকেরা ওনাদের অন্নার কাছ পর্যন্ত পৌঁছতে দেননি! অন্না জী তো বলেই দেন – *"আমাদের আন্দোলনের কোন রাজনৈতিক দলের সাথে কোন সম্পর্ক নেই!"*

সুপার স্টার অমিতাভ বচ্চন

সুপার স্টার অমিতাভ বচ্চনও অন্না হাজারের সংঘর্ষের সমর্থন করে নিজের তরফ থেকে অন্না জী-কে পূর্ণ সহযোগ প্রদান করার প্রতিশ্রুতি দিয়েছেন! ওনার এই সমর্থনে লোকেদের মধ্যে উৎসাহ আরও বেড়ে উঠেছিল! কিন্তু সবাই এক ভাবে ভাবনা-চিন্তা করেন না! কেউ-কেউ এগিয়ে এসে ভাবনা-চিন্তা করেন, তো কারো চিন্তাধারা সীমিত হয়!

অমিতাভ বচ্চনের এক ফ্যানের নাম হচেছ পূজা! পূজা নামের মেয়ের সংখ্যা হয়তো প্রচুর হবে! কিন্তু এখানে আমরা যে পূজার কথা বলছি... সে অমিতাভ বচ্চনের ফ্যান হওয়া সত্ত্বেও নিজের প্রিয় অভিনেতা অমিতাভ বচ্চনকে ক্রুদ্ধ করে তুলেছিল!

হয়েছিল কি যে, পূজা অমিতাভ বচ্চনের ব্লগে এমনটা লিখে ফেলেছিল – *"আপনি যদি অন্নার অনশনের এতটাই সমর্থক... তাহলে আপনি সেখানে এসে অনশনে কেন বসলেন না? সেখানে তো আমীর খান, অনুপম খের ইত্যাদি চিত্রতারকারা এসেছিলেন! অমিতাভ জী! আপনি সেখানে থাকলে এটা বোঝা যেত যে, আপনিও অন্না জী-র সাথে রয়েছেন!"*

পূজা নিজের সীমা পার করে নিজের প্রিয় অভিনেতা অমিতাভের উদ্দেশ্যে এমনটা লিখে ফেলেছিল – *"আপনি তো নিজের আগামী 10 প্রজন্মের জন্য টাকা-পয়সা একত্রিত করছেন... কিন্তু 73 বছরের এক ব্যক্তি... যিনি ভ্রষ্টাচারের বিরুদ্ধে লড়ছেন, আপনি তাঁর সাথে বসতে পারেন না!"*

পূজার এই মন্তব্য অত্যন্ত কটু ছিল! এটা অমিতাভ বচ্চনের ঠিক পছন্দ হল না! উনি রেগে উঠে বললেন – *"আপনি এটা ভুল বলছেন যে, আমি টাকা-পয়সা একত্রিত করার কাজে ব্যস্ত হয়ে রয়েছি... আমার কোন সামাজিক রুচি নেই! আপনার এমন বক্তব্য ঠিক নয়! আমার উদ্দেশ্যে আপনার এমনটা বলা ঠিক হয়নি! দেশের কল্যাণে যে কোন কাজেরই আমি প্রশংসা করে থাকি... অবশ্য সেটার জন্য ঢাক পেটানো আমার পছন্দ নয়!"*

এ. বি. বর্দ্ধন

ভারতীয় কম্যুনিস্ট পার্টির নেতা শ্রী এ. বি. বর্দ্ধন বলেছেন – *"সরকার জন লোকপাল বিলকে স্বীকার করে যত শীঘ্র সম্ভব সংসদে পেশ করুক!"*

রাজনাথ সিং

ভারতীয় জনতা পার্টির সিনীয়র নেতা শ্রী রাজনাথ সিং বলেছেন – *"ভারতীয় জনতা পার্টি জন লোকপাল বিলকে সংসদে বিনা শর্তে সমর্থন জানাবে! ভারতীয় জনতা পার্টি সরকারের কাছে এমন দাবী জানাচ্ছে যে, সরকার যেন এই বিল সংসদে পেশ করার আগে তাতে জরুরী পরিবর্তন করে বিলকে আরও বেশী শক্তিশালী করে তোলে!"*

রামগোপাল বর্মা

বলিউডের বেশ কিছু ব্যক্তিত্ব ক্রান্তির দূত অন্না হাজারের প্রতি খোলাখুলি সমর্থন জানিয়েছেন! অন্য দিকে ফিল্ম জগতের বহু আলোচিত ডায়রেক্টর রামগোপাল বর্মা এটাই জানতেন না যে, অন্না হাজারে কে? রামু *(রামগোপাল বর্মা)*-র মতানুসার উনি ফিল্ম তৈরী করতেই ব্যস্ত থাকেন! উনি ফিল্ম তৈরী ছাড়া আর কোন কিছুর প্রতিই আগ্রহ দেখান না! ওনাকে প্রশ্ন করা হলে রামু বলেছেন – *"আমি এটা জানি না যে, অন্না হাজারে কে? আর উনি অনশন কেন করছেন, সেটাও আমার জানা নেই!"* এমনই হচ্ছেন প্রখ্যাত ফিল্ম মেকার শ্রী রাম গোপাল বর্মা!

ডাঃ রাজন সুশান্ত

কাঙ্গড়া চম্বা লোকসভা নির্বাচন ক্ষেত্রের ভারতীয় জনতা পার্টির সাংসদ ডাঃ রাজন সুশান্ত বলেছেন – *"ভারত সরকার যে ভাবে দেশের জনতার চাপে পড়ে এক মহাত্মা অন্না হাজারের কাছে নতি স্বীকার করে নিতে বাধ্য হয়েছে... সেটা এই জিনিষটার সংকেত দেয় যে, সরকারের থেকে দেশের জনতা অনেক বেশী শক্তিশালী হয়!"* ডাঃ সুশান্ত ইতিমধ্যেই অন্না জী-র সাথে মিলিত হয়েছেন!

ডাঃ রাজন সুশান্ত তো সৎ সাংসদদের এক মঞ্চ গঠন করার ঘোষণাও করে দিয়েছেন! এতে কেবলমাত্র নির্বাচিত সাংসদরাই থাকবেন, না অন্য নির্বাচিত সংবৈধানিক নেতারাও থাকবেন... সেটা এখনও পর্যন্ত স্পষ্ট হয়নি!

এটা মানতেই হবে যে, অন্না জী-কে নেতা আর অভিনেতা – দু পক্ষই সমর্থন জানাচ্ছেন! অবশ্য তাঁরা এই ব্যাপারে কতটা সিরীয়াস... সেটা বলা অত্যন্ত মুশ্কিল!

■■■

সকল দেশবাসী এক সূত্রে

দেশের সরকারী তন্ত্রে প্রত্যেক স্তরে ছড়িয়ে পড়া ভ্রষ্টাচারের ব্যাপারে দীর্ঘ সময় ধরে চলে আসা আলোচনা... অন্না হাজারে দ্বারা ভ্রষ্টাচারের বিরুদ্ধে সময় মত নেওয়া পদক্ষেপ... ওনার এই অভিযানে অন্যান্য সমাজসেবী ব্যক্তিদের অংশীদারী এবং মীডিয়া দ্বারা হতে থাকা প্রচার সারা দেশ জুড়ে ভ্রষ্টাচারের মামলায় এক ক্রান্তি এনে দিয়েছে !

ভারতের আলাদা-আলাদা সরকার দ্বারা যে কাজটা বিগত 40 - 42 বছরে হতে পারেনি... সেটা অন্না হাজারে দ্বারা নেওয়া পদক্ষেপ মাত্র 5 দিনের মধ্যে করে দেখিয়েছে ! এই জিনিষটা কোন অসম্ভাব্য ঘটনার থেকে কোন অংশে কম নয় ! সরকার দ্বারা, এই মামলায় সৃষ্টি হওয়া জন আন্দোলনের ভাবনা লক্ষ্য করে, অন্না হাজারের দাবী মেনে নেওয়া আর জন লোকপাল বিলের ড্রাফ্‌ট তৈরী করার জন্য সরকার আর সমাজ সেবকদের এক কমিটি তৈরী করা এবং সংসদের আগামী বাদল অধিবেশনে এই বিল পেশ করার কথা বলা, এক সাথে অবাক আর সন্তুস্ট করে তোলার মত ব্যাপার ! সরকারের এই সব কথা বিশ্বাস করা অত্যন্ত মুশ্কিল... কিন্তু এমন ঘোষণা হওয়ার পরে, যে ধরণের পরিবেশের সৃষ্টি হয়েছে আর যতটা বিরাট স্তরে সমাজের প্রতিটি শ্রেণী দ্বারা খুশী ব্যক্ত করা হয়েছে... তাতে এমন আশার সৃষ্টি হয়ে পড়েছে যে, এক প্রকারে ভারতীয় সমাজকে আধুনিক করে তোলার প্রচেস্টা শুরু হয়ে পড়েছে !

আরও একটা ভালো জিনিষ দেখতে পাওয়া গেছে ! সেটা হচ্ছে এই যে, গোটা দেশ জুড়ে সৃষ্টি হওয়া এমন ভাবনা যে কোন জাতি, বর্গ বা সমুদায়ের উর্দ্ধে ! এক প্রকারে সকল দেশবাসী এক সূত্রে বাঁধা পড়েছে বলে মনে হচ্ছে ! এমন ভাবনা দেশের স্বাধীনতার আগে মহাত্মা গান্ধী দ্বারা শুরু করা সত্যাগ্রহ আন্দোলনের সময় সৃষ্টি হওয়া ভাবনার দৃশ্যকে আবার একবার সাকার করে তুলেছে ! আশা করা হচ্ছে যে, ভ্রস্টাচারের সম্বন্ধে এমন একটা বিল শীঘ্রই তৈরী হয়ে পড়বে ! কিন্তু দেখার মত জিনিষ এটা হবে যে, ব্যবহারিক রূপে সমগ্র সমাজে সেটাকে কতটা প্রভাবশালী করে তোলা যাবে ! এমনিতে যে ধরণের পরিবেশ এই সময় গোটা দেশে তৈরী হয়ে পড়েছে... তার থেকে তো এমনটাই মনে হয় যে, এই লক্ষ্য পূরণ করে নেওয়া হবে !

আজ ভারতকে দুনিয়ার অত্যন্ত ভ্রস্টাচারী দেশগুলোর অন্যতম হিসেবে মনে করা হচ্ছে ! এখন এটা দেখা বাকী রয়ে গেছে যে, দেশের শরীরের সাথে

চিপ্‌কে থাকা এই কুষ্ঠ রোগকে এই নতুন তৈরী হওয়া পরিবেশ কি ভাবে সমাপ্ত করতে সহায়ক হয়! দেশের সাধারণ ব্যক্তি যদি নিশ্চিন্ত হয়ে আর কোন প্রকারের চাপ ছাড়া নিজের দৈনন্দিন কাজগুলো করতে সক্ষম হয়ে ওঠে... তাহলে সেটা দ্বারা সমাজে এর বিরাট বড় স্বস্তি অনুভব করা যেতে পারে!

এর সাথে-সাথে দেশের রাজনীতি ব্যবস্থায় কিছু বড় পরিবর্তন নিয়ে আসার কথাও বলা হচ্ছে! উদাহরণ হিসেবে, যে কোন ধরণের নির্বাচনের সময় রাজনৈতিক দলগুলো দ্বারা অত্যন্ত বেশী টাকা-পয়সা খরচ করা হয়ে থাকে... যার ফলে দিনে-দিনে এই ধারণা পাক্কা হয়ে উঠছে যে, রাজনীতি হচ্ছে আর্থিক রূপে সক্ষম আর ধনী ব্যক্তিদেরই খেল্!

উপরোক্ত চিন্তাধারা হচ্ছে বিদ্বান সম্পাদক সর্দার বরজিন্দর সিং '*হমদর্দ*'-য়ের! ওনার বাকী সম্পাদকীয় এই প্রকার ঃ

... এমন পরিস্থিতিতে সাধারণ ব্যক্তির রাজনীতির ক্ষেত্রে আসার সুযোগ অত্যন্ত কম দেখতে পাওয়া যায়! এই জিনিষটার প্রতি গুরুত্ব দিয়ে ভাবনা-চিন্তা করার আবশ্যকতা রয়েছে যে, যদি কোটি-কোটি টাকা লাগিয়ে নির্বাচন জিতে নেওয়া যায়... তাহলে সেটার দ্বারা এমন এক পরিবেশের সৃষ্টি হয়, যেটার ভিত্তি আর অস্তিত্ব ধন-দৌলতের ওপরে দাঁড়িয়ে থাকে!

এটা ঠিক যে, বিগত কিছু সময়ে ভারতীয় নির্বাচন কমিশন নির্বাচনী প্রক্রিয়ায় অনেকটাই সংশোধন করেছে... কিন্তু নির্বাচনে খরচ কমানোর ক্ষেত্রে কমিশন এখনও ততটা সফল হতে পারেনি! এজন্য এবার এমন এক সময় আসার আশা করা হচ্ছে, যখন নির্বাচন আর রাজনীতিক সংশোধন যে ভাবেই হোক্ পূর্ণ করা হবে! নতুন তৈরী পরিবেশে দেশের ভালো ভবিষ্যতের আশা অবশ্যই দেখতে পাওয়া যাচ্ছে!

প্রধানমন্ত্রীও বিলের আওতায়

কর্ণাটকের লোকায়ুক্ত এবং লোকপাল বিলের ড্রাফ্‌ট তৈরী করার জন্য গঠিত সংযুক্ত সমিতির সদস্য শ্রী সন্তোষ হেগড়ে বলেছেন যে, প্রধানমন্ত্রীকেও ভ্রষ্টাচার নিরোধক উপায়ের আওতায় নিয়ে আসা উচিত! প্রয়োজন পড়লে প্রধানমন্ত্রীর ব্যাপারেও তদন্ত করে দেখার অধিকার লোকপালের হাতে থাকা উচিত!

আদবানীর বয়ানের সমালোচনা

কেন্দ্রীয় অর্থমন্ত্রী শ্রী প্রণব মুখার্জী লোকপাল বিল সম্বন্ধীয় বয়ানকে কেন্দ্র করে ভারতীয় জনতা পার্টির সিনীয়র নেতা শ্রী লালকৃষ্ণ আদবানীকে কটাক্ষ করেছেন!

শ্রী প্রণব মুখার্জী বলেছেন যে, শ্রী লালকৃষ্ণ আদবানী এটা জানান যে, ভারতীয় জনতা পার্টির নেতৃত্বাধীন এন.ডি.এ. সরকার দেশের শাসন ক্ষমতায়

থাকাকালীন এই বিল কেন পাশ করানো হয়নি?

শ্রী মুখার্জী বলেন – *"এন.ডি.এ. সরকারের শাসনকালে যখন শ্রী আদবানী কেন্দ্রীয় গৃহমন্ত্রী ছিলেন... তখন ওনাকে এই বিল পাশ করাতে কে বাধা দিয়েছিল?"*

উনি জোর দিয়ে বলেন – *"যদি বিরোধী পক্ষ সহযোগের হাত বাড়িয়ে দেয়... তাহলে কেন্দ্রের ইউ.পি.এ. সরকার, সংসদের আগামী অধিবেশনে লোকপাল বিল পাশ করাতে প্রস্তুত হয়ে রয়েছে!"*

শ্রী প্রণব মুখার্জী এমনটা লোকপাল বিলকে সংসদের আগামী অধিবেশনে পাশ করানো সম্বন্ধীয় শ্রী লালকৃষ্ণ আদবানীর দাবীর ওপরে নিজের প্রতিক্রিয়া ব্যক্ত করতে গিয়ে বলেছেন! উনি এটাও বলেছেন – *"যদি বিরোধী পক্ষ সহযোগের হাত বাড়িয়ে দেয়... তাহলে এই বিল পাশ করাতে পেরে আমাদের আনন্দই হবে! মুখ্য বিরোধী দল ভারতীয় জনতা পার্টির সকল সাংসদরা যদি সহযোগ করেন... তাহলে বিলকে স্থায়ী কমিটিতে না পাঠিয়েও পাশ করানো যেতে পারে! ভারতীয় জনতা পার্টি 1998 থেকে 2004 সাল পর্যন্ত দেশের শাসন ক্ষমতায় ছিল! তারা চাইলে এই বিল পাশ করাতে পারত!"*

অন্না হাজারে অস্বীকার করলেন

অন্না হাজারের সহযোগী এবং অনুগামীরা বার-বার অন্না জী-কে ড্রাফ্ট কমিটির অধ্যক্ষ বানানোর দাবী জানিয়ে এসেছেন! এই দাবী শ্রী কপিল সিব্বলের মাধ্যমে কেন্দ্র সরকারের সামনেও রাখা হয়েছিল!

পরে অন্না হাজারে নিজের লোকেদের সামনে এটা স্পষ্ট করে দিয়েছিলেন যে, উনি এই কমিটির অধ্যক্ষ হতে চান না!

কিরণ বেদী অস্বীকার করলেন

বার-বার এমন আওয়াজ উঠতে থেকেছে যে, বিলের ড্রাফ্ট তৈরী করার কমিটিতে শ্রীমতি কিরণ বেদীকে রাখা হোক্! উনি এই কাজের পক্ষে উপযুক্ত হবেন!

কিন্তু পরে শ্রীমতি কিরণ বেদীও পরিস্কার শব্দে বলেন – *"আমি নিজেই এই কমিটির সদস্য হতে চাইছিলাম না! আমি এমনটা চাইছিলাম যে, এই কমিটিতে কেবলমাত্র বিশেষজ্ঞদেরই স্থান করে দেওয়া হোক্!"*

সংবিধানের বিরুদ্ধে কিছুই বলেননি

শ্রী অন্না হাজারে বলেন – "সংসদের প্রতি আমার পূর্ণ বিশ্বাস রয়েছে... কিন্তু ভ্রষ্টাচার বেড়ে ওঠার কারণে লোকপাল বিলের জন্য আমাকে আন্দোলনে নামতে বাধ্য হতে হয়েছে! আমি এমনটা চাই যে, ভ্রষ্টাচারীদের বিরুদ্ধে দেশে কঠোর আইন তৈরী হোক্!"

অন্না শ্রী অনুপম খেরের পূর্ণ সমর্থন করে বলেন যে, বলিউড অভিনেতা সংবিধানের বিরুদ্ধে কিছুই বলেননি! এই উপলক্ষে শ্রী অরবিন্দ কেজরীওয়াল এবং শ্রীমতি কিরণ বেদীও উপস্থিত ছিলেন!

এক সূত্রে তো বাঁধারই ছিল

আজ পুরো ভারত ভ্রস্টাচারে ত্রস্ত হয়ে উঠেছে! মূল্যবৃদ্ধি এতটাই বেড়ে উঠেছে যে, সংসার চালানো মুশ্কিল হয়ে উঠেছে! বাচ্চাদের লেখাপড়া করানো আর তাদের লালন-পালন করা এখন অত্যন্ত কষ্টসাধ্য হয়ে উঠেছে! বাজারে যা কিছু পাওয়া যায়... সবেতেই ভেজাল!

যে দেশে হাসান আলীর মত লোক রয়েছেন... এ. রাজার মত লোক রয়েছেন... স্যুইস ব্যাংকে কোটি-কোটি কালো টাকা জমা করিয়ে রাখার মত লোকেরা রয়েছেন... সব মিলিয়ে যে দেশের কোটি-কোটি টাকা অবৈধ সিন্দুকে পুরে রাখা রয়েছে... যে দেশের শাসক শ্রেণী কোন-না-কোন কারণে দেশের মোট বাজেটের থেকে বেশ কয়েক গুণ বেশী দু নম্বরী অপার অর্থ দেশে ফিরিয়ে নিয়ে আসতে না পারে – সেই দেশে অন্না হাজারের মত ব্যক্তির প্রচেস্টাকে তো প্রশংসা জানানো হবেই! যেখানে পুরো দেশ ওনার সমর্থনে রাস্তায় নেমে এসেছে, সেখানে তাঁদের মাঝে অন্নার বিরোধিতা করার মত কিছু লোক তো থাকবেনই! অন্না জী-র এই পবিত্র প্রচেস্টাকে ব্যর্থ করে তোলার জন্য কিছু লোক নিজস্ব পদ্ধতিতে চেস্টা করে চলেছেন! কোথাও তাঁরা পুরোন উদাহরণ দিচ্ছেন... কোথাও গণতন্ত্রের নির্বাচিত রাজনৈতিক

নেতাদের শক্তির ওপরে কুঠারাঘাত হওয়ায় চিন্তা ব্যক্ত করছেন... তো কোথাও 42 বছর পুরোন লোকপাল বিলের মত নতুন জন লোকপাল বিলের ওপরে অসন্তুষ্টি প্রকাশ করছেন! তবুও ভারতের ত্রস্ত জনতা ভ্রষ্টাচার-উম্মূলনের কামনা করছেন!

এমন কোন শহর নেই... যেখানকার গলি-মোহল্লায় অন্না জী-র সমর্থনে লোকেরা একত্রিত হননি! কেউ তাঁদেরকে ডেকে আনেনি! তাঁরা সেই পথে আপনা থেকেই এগিয়ে এসেছেন! ভারতের প্রতিটি জনতা এখন অত্যন্ত দুঃখী হয়ে উঠেছে! কোন রাস্তাই দেখতে পাওয়া যাচ্ছিল না... এমন সময় অন্না জী তাঁদেরকে আশার আলো দেখিয়েছেন! আর একবিংশ শতাব্দীর এই গান্ধী যে জন-সমর্থন প্রাপ্ত করেছেন... তেমনটা আজ পর্যন্ত কেউ-ই প্রাপ্ত করেননি!

অন্নার ভয় না থাকলে...!

অন্নার ভয় দেখিয়ে এবং ওনার দ্বারা বলা রাস্তা গ্রহণ করার ধমকী দিয়ে, এক ট্রাক চালক পুলিশের অবস্থা খারাপ করে তুলেছেন!

09-ই এপ্রিল, 2011 তারিখের ঘটনা... যেদিন কেন্দ্র সরকার অন্নার 5 দাবী মেনে নিয়েছিল! সেদিন পাঞ্জাব পুলিশের অবৈধ উসুলীর বিরুদ্ধে *'অন্না ফর্মূলা'*-র প্রয়োগ করা হয় আর সেটা সার্থকও প্রমাণিত হয়! এক ট্রাক চালক অন্না হাজারের নাম নিয়ে এমন কিছু করে দেখিয়েছেন, যার ফলে পুলিশ কর্মীদের অবস্থা অত্যন্ত খারাপ হয়ে উঠেছিল!

মামলা গগরেটের এক ট্রাক চালকের! উনি দিল্লী থেকে গগরেটের মাল ট্রাকে চাপিয়ে যখন পাঞ্জাবের বনুড়ের কাছে এসে পৌঁছন... তখন পুলিশ ওনার ট্রাক আটকায়! পুলিশ ট্রাক চালকের থেকে অবৈধ উসুলী করতে চায়! ট্রাক চালক পুলিশকে ঘুষ দিতে অস্বীকার করেন!

ট্রাক চালক মাথা উঁচু করে পুলিশকে জানান যে, পুলিশ যদি ওনাকে অতিষ্ট করে... তাহলে উনি অন্না হাজারেকে পত্র তো লিখবেনই... ওনার মত অনশনেও বসে পড়বেন! দেখতে-দেখতে সেই জায়গায় আরও বেশ কিছু ট্রাক চালক এসে হাজির হন আর চলতে থাকা তর্ক-বিতর্কের মজা উপভোগ করতে থাকেন!

পাঞ্জাব পুলিশের সেই সব কর্মচারীরা যখন সেখানে জমা হয়ে পড়া ভীড় দেখলেন... তখন ওনারা প্রচণ্ড ঘেমে উঠলেন! ওনারা এটা বেশ ভালোমতনই বুঝতে পেরে গিয়েছিলেন যে, এবার আর ওনাদের রক্ষে নেই! এবার ওনারা চুপচাপ সেখান থেকে কেটে পড়লেন! সেখানে একত্রিত ট্রাক চালকেরা সেই হিমাচলী ট্রাক চালকের সাহসের প্রশংসা করলেন! সেখানে একত্রিত সব ট্রাক চালকেরা ভবিষ্যতে পুলিশকে ঘুষ না দেওয়ার সংকল্পও গ্রহণ করেন!

■■■

ভ্রষ্টাচারের বিরোধিতা নিজস্ব ভঙ্গীতে

প্রতিটি ব্যক্তিরই বক্তব্য পেশ করার এক নিজস্ব ভঙ্গী থাকে... তা সেই বক্তব্য এক প্রকারের হলেও! *'উল্টা-পুল্টা'* শো-য়ের মাধ্যমে প্রসিদ্ধি প্রাপ্ত করা শ্রী জসপাল ভাট্টী প্রতিটি বিষয়ের ওপরে, যেটা ওনার কাছে গুরুতর বলে মনে হয়, হাল্কা ভঙ্গীতে পথ-নাটিকার মাধ্যমে নিজের বক্তব্য রাখা পছন্দ করেন! মাথার ওপরে বেশী জোর না দিয়ে লোকেরা সেটার আনন্দও উপভোগ করেন! হাস্য এবং ব্যঙ্গের মাধ্যমে নিজের বক্তব্য পেশ করাটাই হচ্ছে শ্রী ভাট্টীর কুশলতা!

শ্রী জসপাল ভাট্টীকেও সেই মঞ্চের আশপাশে দেখতে পাওয়া গিয়েছিল... যে মঞ্চে অন্না হাজারে আমরণ অনশনে বসেছিলেন! উনি অন্না জী-র অভূতপূর্ব জয়ের পরে যে বয়ান দিয়েছিলেন, সেটা দেখুন! উনি লিখেছেন ঃ-

"সরকার অন্না হাজারের সত্যাগ্রহের সামনে হার স্বীকার করে নিয়েছে! 10 সদস্যের কমিটি গঠনের ঘোষণাও করে দেওয়া হয়েছে... যে কমিটি জন লোকপাল বিলের ড্রাফ্‌ট তৈরী করবে! জন্তর মন্তরে খুশীর পরিবেশ সৃষ্টি হয়ে পড়েছে! গোটা দেশের লোক আনন্দে মেতে উঠেছেন... তাঁরা আনন্দে নাচতে লেগেছেন – যেন তাঁরা ওয়ান-ডে ক্রিকেট ম্যাচে ভ্রষ্টাচারের টীমকে হারিয়ে দিয়েছেন!"

"এই আন্দোলনকে 5 দিনের টেস্ট ম্যাচের মত দেখতে লাগছিল ঠিকই... কিন্তু এর উৎসাহ-উদ্দীপনা ওয়ান-ডে ম্যাচের মতই ছিল! শ্রী অন্না হাজারের অধিনায়কত্বে আমাদের টীমের মুখ্য বোলার শ্রী অরবিন্দ কেজরীওয়াল, শ্রীমতি কিরণ বেদী, স্বামী অগ্নিবেশ আগুন ঝড়ানো বোলিং করেছেন আর শ্রী কপিল সিব্বলের মত সরকার পক্ষের স্টার ব্যাটসম্যানকে উইকেটে টিকতে দেননি!"

"চীয়ার্স লীডার্সদেরও গুরুত্বপূর্ণ ভূমিকা ছিল! আমীর খান, অমিতাভ বচ্চন, অনুপম খের, প্রিয়াঙ্কা চোপড়া এবং আরও অনেক বলিউড চিত্রতারকারা নিজেদের সমর্থনের ঘোষণা করেছেন! অনেক স্টারেরা ব্লগ লিখেছেন আর কেউ-কেউ নিজেরা জন্তর মন্তরে এসে পৌঁছেছেন! ক্রিকেটের ওয়ান-ডে ম্যাচ আর ভ্রষ্টাচারের বিরুদ্ধে এই আন্দোলনের মধ্যে পার্থক্য কেবল এইটুকু – এই আন্দোলনে এমন কোন সাট্টা লাগেনি যে, অন্না ঠিক কতদিন পরে জুস পান করে নিজের অনশন ভঙ্গ করবেন!"

শ্রী জসপাল ভাট্টী আরও লিখেছেন – *"আমিও 'করাপশন দেবতা'-র এক মূর্তি নিয়ে জন্তর মন্তরে পৌঁছেছিলাম! আমি সেই আন্দোলন মঞ্চ থেকে দেশের প্রধানমন্ত্রীর উদ্দেশ্যে আপীল জানিয়েছিলাম যে, হয় উনি ভ্রষ্টাচারকে*

সঠিক ভাবে বাধা প্রদান করুন আর অন্না হাজারের জন লোকপাল বিলের দাবী মেনে নিন অথবা পার্লামেন্ট হাউসের সামনে আমাদের কিছুটা জায়গা দিয়ে দিন... যেখানে আমরা ভ্রষ্টাচারের মন্দিরের স্থাপনা করতে পারব!"

"আজ সরকারকে হার মেনে নিতে হয়েছে! জয় তাঁর হয়েছে... যিনি ভ্রষ্টাচারের বিরোধিতা করছেন! ভয় শুধু এইটুকু যে, এমনটা যেন না হয় যে, আমরা কেবল ওয়ান-ডে ম্যাচ জিতি আর সিরিজ ভ্রষ্ট লোকেরাই জিতে যাক!"

এই কলামের নীচে 'সাদগী কো সলাম' নামক এক কাহিনীও ছাপা হয়! পাঞ্জাব কেশরী সংবাদপত্রে গত 10-ই এপ্রিল, 2011 প্রকাশিত এই কাহিনীর লেখক কে, সেটা জানা যায়নি! আপনারাও সেটা পড়ুন ঃ-

"অন্না হাজারের অর্থ হচ্ছে ভারতের যথার্থ! একটু চিন্তা করে দেখুন, অনেক লোক উঁচু আওয়াজে এমনটা বলছেন যে, সময় বদলে গেছে... লোক বদলে গেছে! দেশের যুবা সম্প্রদায়ের সাথে সরলতা, সততা আর ত্যাগের কোন সম্পর্কই নেই! এখন ক্রেজ হচ্ছে কেবল মানির – ম্যানেজমেন্ট চাই, প্রোফেশনালিজম্ চাই... একমাত্র তাহলেই জনতা আর রাজনীতি উন্নত হবে! এই সব কথা 73 বছরের অন্না হাজারের ক্ষেত্রে ভুল প্রমাণিত হয়! নবযুবকদের ওনার প্রতি আগ্রহের অর্থ কি? যেসব নবযুবকদের রাহুল গান্ধী, অরুণ জেটলী, সুষমা স্বরাজের পেছন-পেছন ছোটা উচিত ছিল... তাঁরা আজ অন্না হাজারের প্রশংসক হয়ে উঠেছেন! অন্না হাজারে কিন্তু ইংরাজীতে কথা বলেন না!"

"ওনার মুখ টি.ভি.-তে দেখানোর মত ফোটোজেনিকও নয়! ওনার এটা মাথায় থাকে না যে, ওনার পাঞ্জাবী কোন্ দিকে যাচ্ছে আর মাথার টুপী-ই বা কোন্ দিকে উড়ে যাচ্ছে! এত কিছু সত্ত্বেও উনি আজ ফেসবুক, টুইটার আর নেটের অভ্যস্ত যুবা সম্প্রদায়ের মহানায়ক হয়ে উঠেছেন! অন্নার নায়কত্বের সামনে গ্ল্যামার... টাকা-পয়সা... প্রচারের মাধ্যম ধোনী, শাহরুখ বা রাহুল গান্ধীরা কোথায় দাঁড়ান!?"

ঘুষ খাওয়ার সুযোগ হাতছাড়া না হয়ে যায়

এবার শ্রী মুরলী মনোহর শ্রীবাস্তবের সাথে একটু পরিচয় করা যাক!

ভ্রষ্টাচার মুক্ত ভারতের কামনা তো উনিও করেন... কিন্তু বক্তব্য রাখার ওনার একটা নিজস্ব ভঙ্গী রয়েছে! উনি লিখেছেন ঃ

"আমি অফিসের বাইরে সবেমাত্র পা রেখেছিলাম... এমন সময় সরকারী অফিসের 2 - 4 চাপড়াশী আমাকে ঘিরে দাঁড়াল! ওরা এমন আশংকা ব্যক্ত করল – "সাহেব! এবার তো মনে হচ্ছে যে, ভ্রষ্টাচার শেষ হয়ে পড়বে! আর এমনটা হয়ে পড়লে আমাদের পরিবারের কি হবে?"

"আমি বললাম – "মামলা তো সিরীয়াস বলেই মনে হচ্ছে! এবার দেশের লোকেরা সবাই জেগে উঠেছে! এই দেশ আর ভ্রষ্টাচার সহ্য করবে না! তোমরাও তো সহ্যের সীমা ছাড়িয়ে গেছ... গরীবদেরও তোমরা ছেড়ে

কথা বলো না!"

"অন্য কোন সময় হলে ওরা হয়তো আমাকে মেরেই ফেলত... কিন্তু মামলা সিরীয়াস হয়ে উঠেছে দেখে ওরা আমাকে বলল – "আপনি আমাদের একটু সাহায্য করুন না, প্লীজ! বেশী কিছু নয়... আমাদের হয়ে একটু লিখে দিন!"

"আমি চমকে উঠে বললাম – "তোমরা কি আমার সাথে ঠাঠা করছ? আমি ভ্রষ্টাচারের পক্ষে কখনোই কিছু লিখতে পারব না! ভ্রষ্টাচারের বিরুদ্ধে লিখে আমার সারাটা জীবন কেটে গেছে আর আজ তোমরা আমাকে কলংকিত করে তুলতে চাইছ?"

"তেমন কিছু নয় স্যার! আমরা তো শুধু এইটুকু বলতে চাই যে, যত কড়া ব্যবস্হাই নেওয়া হোক্ না কেন... শুধু আমাদের চা-পানি আর সুর্তি-বিড়ির ব্যবস্হা হওয়া চালু রাখুন! এমনিতেও তো ক্লায়েন্টরা খুশী হয়ে আমাদের খাওয়ান... যেমন ছেলে হলে লোকেরা অন্যদের লাড্ডু বিলি করে! এটা ভ্রষ্টাচারের মধ্যে আসে না! হ্যাঁ... এটা অবশ্যই লিখবেন যে, ভ্রষ্টাচার পুরোপুরি নিষিদ্ধ হয়ে পড়লে জনতা অস্হির হয়ে উঠবে! আজ তো তবু একটু ঘুষ দিলে কাজ হয়ে পড়ে... তখন তো কাজ একেবারেই হবে না!"

"তাহলে তোমরা নিজেদের চা-পানির সুযোগ বজায় রাখতে চাও?"

"ওরা মুচকি হেসে উঠে বলল – "হুজুর! এটা হচেছ জন-সেবা... ভ্রষ্টাচার নয়! চা-পানির অজুহাতে আমরা সাহেবের অফিসে আসা-যাওয়ার সময়... ওনার মুডের ব্যাপারে জনতাকে জানাই... হারিয়ে যাওয়া ফাইলের স্ট্যাটাসের ব্যাপারে জানাই! এবার আপনিই বলুন, 10 - 20 টাকা খরচ করে যদি জনতা সুবিধা প্রাপ্ত করে... তাহলে সেটা মিউচুয়াল আণ্ডারস্ট্যাণ্ডিং হল, না ভ্রষ্টাচার?"

"তাহলে তোমরা ভ্রষ্টাচারকে লজিক্যালী সঠিক প্রমাণ করতে চাইছ?"

"দেখুন, স্যার! কন্সালটেন্সী ফেসেলিটেটর, অথরাইজড এজেন্টের নামে পরিচিত কত লোক এই কাজটা করছে! আর আমরা তাদের থেকে দশ গুণ সস্তা রেটে জনতার সেবা করছি! অর্থাৎ লাইসেন্স নিয়ে দেশের কোটি-কোটি টাকা মেরে দেওয়াটা ঠিক আর রেজিস্ট্রেশন ছাড়া লোকেদের সহায়তা করাটা অপরাধ? আমরা তো শুধু এইটুকু চাই যে, ভ্রষ্টাচার বন্ধ হয়ে পড়লে যেদিন আমাদের চা-পানি প্রভাবিত হয়ে পড়বে... সেদিন আমরাও ধর্নায় বসে পড়ব!" ওরা ধমকীর সুরে বলল!"

"এবার আমি চুপ করে রইলাম... কারণ ভ্রষ্টাচারের বিরুদ্ধে আওয়াজ ওঠানো লোকেদের সাথে-সাথে গণতন্ত্রে ভ্রষ্ট লোকেদেরও নিজেদের ভালোর জন্য আওয়াজ ওঠানোর অধিকার রয়েছে!"

গোটা দেশ জুড়ে সমর্থন...!

সরকার আর সরকারের গুপ্তচর বিভাগ এটা বেশ ভালোমতন বুঝতে পেরে গিয়েছিল যে, অন্না জী-র ভ্রষ্টাচার বিরোধী আন্দোলনকে প্রতিটি গ্রাম,

শহর, ছোট-বড় ব্যক্তি খোলাখুলি সমর্থন জানাচ্ছে! যদি অন্না জী-র দাবী মানা না হয় আর সরকার যদি নিজের মত চালাতে চায়... তাহলে দেশে এমন অরাজকতার পরিবেশ সৃষ্টি হয়ে পড়তে পারে, যেটাকে সামলানো মুশ্কিল হয়ে পড়বে! সরকারের অস্তিত্ব সংকটে পড়ে যেতে পারে! ঈশ্বরকে অশেষ ধন্যবাদ যে, সরকার বুদ্ধিমত্তার প্রদর্শন করে সম্ভাব্য ক্ষতির হাত থেকে দেশকে বাঁচিয়ে নিয়েছে!

শ্রী অশোক মিশ্রের তামাশা

শ্রী অশোক মিশ্র হাস্য, ব্যঙ্গ, কটাক্ষ আর সত্যতা মেশানো কেমন তামাশা পেশ করেছেন... আসুন, সেটা জানা যাক ঃ-

"দাদা! এই অন্না হাজারে কে?"

"গতকাল পি.ডব্লিউ.ডি.-র এক জুনিয়র ইঞ্জিনিয়ার খান্না আমাকে প্রশ্ন করেছিলেন! আপনারাই বলুন, এটা কোন প্রশ্ন হল?"

"আমি ওনার বুদ্ধিমত্তার ওপরে দয়া দেখিয়ে ওনাকে বললাম – "অন্না হাজারে হচ্ছেন এক অনেক বড় সমাজসেবী! মুম্বাইয়ের বড়-বড় 'দাদা' আর 'ভাই'-রা রোজ ওনার পা ছুঁয়ে প্রণাম করতে আসে! কেন্দ্র সরকার পর্যন্ত ওনার সততা আর সরলতার প্রশংসায় পঞ্চমুখ!"

"তাহলে এর অর্থ হচ্ছে এটা যে, অন্না হচ্ছেন সামাজিক ক্ষেত্রের 'দাদা'... যেমন অপরাধ জগতের 'দাদা' হচ্ছেন আমাদের দাউদ ভাই!" জুনিয়র ইঞ্জিনিয়ার নিজের জ্ঞানের প্রদর্শন করে জানালেন!"

"আমি কিছু বলার আগেই খান্না বলে উঠলেন – "এটা বলুন! ভ্রষ্টাচারের বিরুদ্ধে ওনার অনশনে বসার কিসের প্রয়োজন ছিল? যদি ডাল বা সব্জীর থেকে নুন বার করে দেওয়া হয়... তাহলে সেটার স্বাদ কেমন লাগবে?

একেবারে স্বাদহীন লাগবে! এবার কেউ যদি এমনটা বলে যে, এই দুনিয়া থেকে সব দাঙ্গা বার করে দাও... তাহলে এই দুনিয়া কেমন লাগবে? ঠিক তেমনটা কল্পনা করুন – এই দেশ থেকে যদি ভ্রষ্টাচার শেষ হয়ে পড়ে... তাহলে এই দেশে থাকতে কি কারো ভালো লাগবে? সত্যি কথা তো হচ্ছে এটা যে, ভ্রষ্টাচার শেষ হয়ে পড়তেই লোকেদের বেঁচে থাকার উদ্দেশ্যই শেষ হয়ে পড়বে!"

"আমি প্রতিবাদ জানালাম – "অন্না জী যা কিছু করছেন... সেসব দেশেরই কল্যাণে করছেন! ভ্রষ্টাচার শেষ হয়ে পড়তেই দেশের বিকাশের গাড়ী ঠিক পথে ছুটতে লাগবে! এমনটা আপনি ভাবছেন না কেন?"

"আরে! বিকাশের গাড়ী ছোটানোর জন্য আরও তো অনেক রাস্তা আছে! সেই রাস্তায় আপনার অন্না ইচ্ছা করলে রেলগাড়ী ছোটান, ট্রাক ছোটান... কে আটকাচ্ছে ওনাকে? কিন্তু উনি আমাদের মত লোকেদের পেটে লাথি কেন মারছেন? দেশ থেকে যদি ভ্রষ্টাচার শেষ হয়ে পড়ে... তাহলে আমাদের মত লোকেরা কি নিজেদের বাচ্চাদের দামী স্কুলে পড়াতে পারব? স্ফূর্তি করার জন্য তাদের হাতে প্রচুর টাকা আর মোটর বাইক ইত্যাদি তুলে দিতে পারব? কেবল মাস মাইনের টাকাতে ডাল-ভাতের জোগাড় হয়ে পড়লেই অনেক বড় ব্যাপার! এটা বলুন, অন্না হাজারে নিজেকে গান্ধীবাদী বলেন... কিন্তু গান্ধী জী তো কখনো ভ্রষ্টাচারের বিরোধিতা করেননি! উনি তো নিজের ছাগলকেও মেওয়া খাওয়াতেন... যাতে সে প্রতিদানে ওনাকে পৌষ্টিক দুধ দেয়! উনি তো জীবনে কখনো ভ্রষ্টাচার বা ঘুষখোরীর বিরুদ্ধে অনশনে বসেননি! উনি যদি ঘুষখোরীকে খারাপ জিনিষ বলে মনে করতেন... তাহলে তো উনি সেটার বিরোধিতা করতে পারতেন! কিন্তু কোথাও এমনটা লেখা নেই! আপনার এই অন্না দাদা কি গান্ধী জী-র থেকেও বড় আর মহান? জবাব দিন!"

"আমি কিছু বলার আগেই খান্না নিজের মোটর বাইক স্টার্ট করে সেখান থেকে চলে গেলেন আর আমি সেখানেই দাঁড়িয়ে ওনার কথাগুলো চিন্তা করতে লাগলাম!"

■■■

ভ্রষ্টাচার বিরোধী ধর্মযুদ্ধে কিছু লোক দুঃখী হয়ে উঠেছেন

কিছু লোক... তা তাঁরা সংখ্যায় মুষ্টিমেয় হলেও... অন্না হাজারে দ্বারা চালানো ভ্রষ্টাচার বিরোধী ধর্মযুদ্ধে অত্যন্ত দুঃখী হয়ে উঠেছেন! তাঁদের এমন ভয় হতে লেগেছে যে, তাঁদের ভ্রষ্টাচারের দোকানের শাটার বন্ধ করতে উদ্যত অন্না হাজারে সত্যি-সত্যি সফল না হয়ে ওঠেন! এজন্য তাঁরা প্রতি পদক্ষেপে অন্নার অভিযানের বিরোধিতা করতে শুরু করেছেন আর ওনার আন্দোলনকে পেছনে দিকে ধাক্কা দেওয়ার যথাসম্ভব প্রচেষ্টা শুরু করে দিয়েছেন! এমনটা করার সময় তাঁরা এটা ভুলে যাচেছন যে, এই অভিযান হচেছ শ্রী রামের ধনুকে চড়ানো সেই বাণ... যেটা লক্ষ্যভেদ করবেই! এই অভিযান এখন আর থামবে না! এবার কালোবাজারীদের সব পুরোন কীর্তি এবার প্রকাশ পাবে এবং ভবিষ্যতে তাঁদের ভ্রষ্টাচার দ্বারা অর্জিত মুর্গী আর স্কচ বন্ধ হয়ে পড়বে!

সেই সব লোকেরা অন্না জী দ্বারা বেছে নেওয়া শ্রী শান্তি ভূষণ আর শ্রী প্রশান্ত ভূষণের ইমেজ খারাপ করার জন্য নিজেদের সব কিছু বাজী ধরেছেন!

6 বছরের পুরোন সিডি থেকে কিছুটা অংশ নিয়ে 6 জায়গায় কাট-ছাঁট করে সেগুলোকে জুড়ে, শ্রী শান্তি ভূষণকে 4 কোটি টাকা দাবী করতে থাকায় পরিবর্তিত করার ঘৃণ্য প্রচেস্টা করা হয়েছে!

শ্রী প্রশান্ত ভূষণ সব চ্যানেলে এর বিরুদ্ধে মানহানির মামলা দায়ের করার ঘোষণাও করে দিয়েছিলেন!

স্বয়ং অন্না হাজারে বলেছেন যে, শ্রী শান্তি ভূষণের ওপরে লাগানো সকল আরোপ নিরাধার আর উনি অন্নার দ্বারা বানানো কমিটিতে সহ অধ্যক্ষের রূপে সম্মান পূর্বক বজায় থাকবেন! এর সাথে-সাথে উনি এটাও জানান যে, উনি শ্রী শান্তি ভূষণের হয়ে কোন প্রকারের ওকালতী মোটেই করছেন না! শ্রী শান্তি ভূষণ যদি কোন বে-আইনী কাজ করে থাকেন... তাহলে ওনার বিরুদ্ধে ব্যবস্হা অবশ্যই গ্রহণ করা উচিত! কত স্পস্ট চিন্তাধারা! নিরপেক্ষ বিচারধারী হচেছ অন্না জী-র এক বিশেষ গুণ!

ভ্রস্টাচারের ব্যবসাকে বজায় রাখার ইচছুক লোকেরা, পিতা-পুত্রকে নৈতিক রূপে আহত করে তুলে লোকপাল বিলের ড্রাফট্ কমিটিকে দুর্বল করে তুলতে চান! ওনারা অন্না জী-র পথকে অবরুদ্ধ করে তোলার জন্য এটাকেও এক পদ্ধতির রূপে বেছে নিয়েছিলেন!

অন্না জী-র প্রতি অসন্তুস্ট কিছু লোক এমনটা চান না যে, শান্তি ভূষণ এবং প্রশান্ত ভূষণ আইন এবং রাজনীতির দক্ষ খেলোয়াড় হওয়ার কারণে শাসক পক্ষের মন্ত্রীদের সাথে এক সাথে ওঠা-বসা করুন! যখন কি এই পিতা-পুত্রের তেমন কোন ইচছা বা চেস্টাই নেই! ওনারা তো কেবল এমন এক কঠোর আইন দেশে প্রয়োজ্য করতে চান... যার দ্বারা সমাজের প্রতিটি স্তরে ভ্রস্টাচারকে শেষ করা যেতে পারে! এতে ওনাদের ব্যক্তিগত কোন স্বার্থ বা ইগো নেই!

অন্না জী-র বিরোধিতা করতে থাকা লোকেরা এটা চান না যে, সরকারের পক্ষ থেকে নিযুক্ত শ্রী প্রণব মুখার্জী, শ্রী পি. চিদাম্বরম, শ্রী কপিল সিব্বল এবং শ্রী সলমান খুর্শীদকে কেউ বরাবর টক্কর দিক!

ওনারা এই ব্যাপারটা ভুলে যাচেছন যে, অন্না হাজারে জেদ করে কোন বিল নিয়ে আসতে মোটেই চাইছেন না... উনি সিভিল সোসাইটির ফুল ফ্লেজড্ অধ্যক্ষ হওয়ার প্রস্তাবও অস্বীকার করে দিয়েছেন! উনি ভিডিয়োগ্রাফী করার দাবীও ছেড়ে দিয়েছেন! উনি শ্রী শান্তি ভূষণের বিরুদ্ধে তৈরী করা নকল সিডি-র প্রসঙ্গে এমনটা বলে দিয়েছেন যে, শ্রী শান্তি ভূষণ কেন ভুল কাজ করে থাকলে তাঁর বিরুদ্ধে আইনী ব্যবস্হা গ্রহণ করা উচিত! জনতার এমন দাবী ছিল যে, অন্না জী-কেই কমিটির অধ্যক্ষ বা সহ অধ্যক্ষ নিযুক্ত করা হোক্! এই ব্যাপারে অন্না জী নিজের নাম ফিরিয়ে নিয়ে উদারতার

পরিচয় দিয়েছেন! উনি শ্রীমতি সোনিয়া গান্ধীকে পত্র লিখে নকল সিডি-র বিষয়টা ওনার সামনে তুলে ধরেছেন এবং বিগড়ে চলা পরিস্হিতি সংশোধন করার প্রচেস্টা করেছেন! এমন ব্যক্তির বিরোধিতা করতে থাকা লোকেরা কি এটা জানেন না যে, অন্না হাজারে দেশের কল্যাণে কাজ করছেন এবং সমাজের চিন্তা ওনার মাথায় রয়েছে! এমন ব্যক্তির চলার পথে স্পীড ব্রেকার লাগানো কখনোই উচিত নয়!

অন্না হাজারে এই ঘোষণা করে দিয়েছেন যে, যদি 15-ই আগস্টের মধ্যে সংসদে লোকপাল বিল পাশ করানো না হয়... তাহলে সেদিন পুরো দেশ লাল কেল্লার উদ্দেশ্যে মার্চ করবে! সকল প্রকারের সমর্থন সত্ত্বেও উনি এবার এমনটা বলে দিয়েছেন যে, উনি বিলের ওপরে সংসদের ফয়সালা মেনে নেবেন... তা সেই ফয়সালা যেমনই হোক্ না কেন! এর থেকে বড় নমনীয়তা আর কি দেখাতে পারেন দৃঢ়সংকল্প অন্না হাজারে?!

বিদেশ থেকে ফেরার সময় প্রধানমন্ত্রী ডাঃ মনমোহন সিং স্পষ্ট বলেছেন – *"আমি অন্না হাজারেকে অত্যন্ত বেশী সম্মান করি! উনি গ্রামীণ বিকাশের ক্ষেত্রে অনেক বড় কাজ করেছেন! উনি ভ্রষ্টাচারের বিরুদ্ধে... আমরাও ভ্রষ্টাচারকে শেষ করতে চাই!"* এর অর্থ এটাই হল যে, আমাদের ধীর-গম্ভীর প্রধানমন্ত্রী ডাঃ মনমোহন সিং ভ্রষ্টাচার বিরোধী ধর্মযুদ্ধের সপক্ষে রয়েছেন... যখন কি ওনার কিছু সঙ্গী-সাথী অন্না হাজারে আর ওনার সহযোগীদের ওপরে কাদা ছোঁড়ার কাজ করে চলেছেন – এটা এক বিরাট বড় বিড়ম্বনা!

দুঃখের কথা তো এটা যে, ভ্রষ্টাচার বিরোধী ধর্মযুদ্ধে লেগে থাকা অন্না হাজারে এবং ওনার সাথীদের বিরুদ্ধে কিছু ভ্রষ্ট লোক মীডিয়ায় অফিশিয়ালী আর আন্-অফিশিয়ালী আলোচনাকে অনেক বেশী গুরুত্ব প্রদান করে অন্না জী-র কাজে বাধা প্রদান করা শুরু করে দিয়েছেন! তাঁদের এই পদক্ষেপ অন্না জী দ্বারা প্রাপ্ত সকল সমর্থনকেও ক্ষতি সাধন করার চেস্টা করছে!

ভ্রষ্টাচারের বিরুদ্ধে লড়াই-য়ের পিঠে ছোরা মারতে থাকা লোকেরা এই দেশকে ভ্রষ্টই করে রাখতে চান... তাঁরা এই দেশের ইমেজকে উন্নত হয়ে উঠতে দেখতে চান না!

অন্না জী এমনটা কখনো বলেননি যে, উনি সরকারকে নতি স্বীকার করিয়ে সরকারের কোমর ভেঙে দিয়েছেন! হ্যাঁ... উনি এমনটা নিশ্চয়ই বলেন যে, এর ফলে ওনার দায়িত্ব অনেকটাই বেড়ে উঠেছে আর এবার ওনাকে আরও অনেক বেশী কাজ করতে হবে!

বুদ্ধিমান লোকেরা এমনটাও বলে থাকেন যে, মাত্র 5 দিনে ডাঃ মনমোহন সিং অন্না জী-র দাবী মেনে নিয়ে অত্যন্ত বুদ্ধিমত্তার পরিচয় দিয়েছেন! উনি দেশকে নষ্ট করে ফেলা পরিস্হিতিকে সামলে নিয়েছেন এবং ওনার এই পদক্ষেপ অত্যন্ত প্রশংসনীয়! এটা সত্য কথা যে, যদি সরকার অন্নার দাবী মেনে না নিত... তাহলে দেশের অবস্হা নিয়ন্ত্রণের বাইরে চলে যেতে পারত!

কিছু বড়-বড় লোকেরা ভ্রষ্টাচারের গোড়ায় সার আর জল দিয়ে সেটাকে আর বেড়ে ওঠার যোগ্য করে তোলার কাজে লেগে রয়েছেন! অন্না হাজারের ওপরে সংসদের শক্তি ছিনিয়ে নেওয়ার আরোপও ওনারা লাগাচেছন! ওনাদের বক্তব্য হচেছ এই যে, অন্না বা ওনার সিভিল সোসাইটির লোকেরা নিজেদেরকে সংসদেরও ঊর্দ্ধে মনে করতে লেগেছেন! যখন কি অন্না স্বয়ং এমনটা বলেছেন যে, সংসদ হচেছ সর্বোপরি! উনি সংসদের সম্মান করেন! উনি সংসদের শক্তি ছিনিয়ে নিতে চান না... বরং সংসদ যে নির্ণয় নেবে, উনি সেটাকে স্বীকার করে নেবেন! এর সাথে-সাথে অন্না এটাও বলেছেন যে, পার্লামেন্টকেও ব্যক্তিগত স্বার্থের ঊর্দ্ধে উঠে সঠিক নির্ণয় নিতে হবে!

হাজারে গুজরাটের মুখ্যমন্ত্রীর যে প্রশংসা করেছেন, তার ওপরে বিতর্কের সৃষ্টি হলে উনি তৎক্ষনাত নিজের অবস্হান স্পষ্ট করে দিয়েছেন! উনি বলেছেন যে, গুজরাটের মুখ্যমন্ত্রী গ্রামীণ বিকাশের ওপরে যে ভালো কাজ করেছেন... উনি সেটারই প্রশংসা করেছেন মাত্র! যদি গুজরাটের মুখ্যমন্ত্রী নরেন্দ্র মোদী কোন ভুল কাজ করে থাকেন... তাহলে ওনাকে সেটার জন্য জবাবদিহি করতে হবে!

অন্না হাজারে একাধিক বার এমনটা বলেছেন যে, কোন রাজনৈতিক পার্টির সাথে ওনার কোন সম্পর্ক নেই!

ওনার নিজের ইমেজ অত্যন্ত পরিস্কার... এজন্যই উনি দেশের প্রতিটি নেতা, প্রশাসনিক অফিসার, পুলিশ অফিসার এবং দেশের প্রতিটি নাগরিককে সততার সাথে জীবন কাটানোর কথা বলতে পারেন!

অন্না হাজারেকে জননায়ক করে তোলার কাজ সেই সব সরকার করেছে... যারা সাড়ে ছয় দশক ধরে এই দেশের শাসন ক্ষমতা নিজেদের হাতে রেখেছিল! কোন পার্টি দীর্ঘ সময় পর্যন্ত, তো কোন পার্টি স্বল্প সময় পর্যন্ত... কিন্তু প্রত্যেকেই এই দেশকে ভ্রষ্ট করে তোলার জন্য কম-বেশী দায়ী! এজন্য অন্না হাজারে সকল রাজনৈতিক পার্টিগুলোকে নিজের এই ভ্রষ্টাচার বিরোধী আন্দোলনের থেকে দূরে সরিয়ে রেখেছেন! এমন ব্যক্তি গোটা দেশের সমর্থন প্রাপ্ত করে নিয়েছেন... তাও তৎক্ষনাত! এমন ব্যক্তির তো জননায়ক হয়ে ওঠারই ছিল!

নিরপেক্ষ লোকেদের এই ব্যাপারে দুঃখ হচেছ যে, পরিস্কার-পরিচছন্ন পথে চলতে থাকা অন্না হাজারের ওপরে শ্রী মনীষ তেওয়ারী, শ্রী দিগ্বিজয় সিং, শ্রী সলমান খুর্শীদ *(কখনো-কখনো শ্রী কপিল সিব্বলও)* এমন-এমন বয়ান দিচেছন... সেগুলো সত্যিই কষ্টদায়ক! ওনাদের এটা ভালো করে বুঝে নেওয়া উচিত যে, আজ দেশবাসী পুরোপুরি অন্না হাজারের সাথে যুক্ত হয়ে পড়েছে... এজন্য ওনাদের এমন কিছু বলা উচিত নয়, যাতে দেশের সাধারণ জনতার কষ্ট হয়!

আজ গোটা দেশ ত্রাহি-ত্রাহি রব ছাড়ছে! মূল্যবৃদ্ধি প্রতিটি ব্যক্তির

অবস্হা খারাপ করে ছেড়েছে! ভ্রষ্টাচার সাধারণ নাগরিককে বেঁচে থাকারও যোগ্য রাখেনি! এমন অবস্হায় যদি অন্না হাজারে কোন আশার আলো দেখিয়ে থাকেন, তাহলে আমাদের ওনাকে সহযোগ করা উচিত... ওনার ওপরে প্রতি দিন নতুন-নতুন আরোপ লাগিয়ে ওনাকে আর ওনার সাথীদের এগিয়ে চলা থেকে বাধা দেওয়া উচিত নয়!

ক্রান্তির দূত অন্না হাজারে দেশের সাধারণ নাগরিকদের তো কিছু বলছেন না! ওনার তো কেবল ভ্রষ্ট ব্যক্তিদের ওপরে রাগ রয়েছে... যারা দেশের লোকেদের রক্ত নিংড়োতে লেগেছে! উনি ভ্রষ্টাচারকে শেষ করার জন্য নিজের ধর্মযুদ্ধকে গতি প্রদান করতে চান! ভ্রষ্ট রাজনৈতিক নেতা, ভ্রষ্ট সরকারী অফিসার এবং উঁচু পদে বসে থাকা লোকেদের ভুল আচরণের জন্য তাঁদের শাস্তি দিতে চান! ওনাকে প্রণাম!!

■■■

ভ্রষ্টাচার সংসদীয় গণতন্ত্রের প্রচণ্ড ক্ষতি করছে

"বিভিন্ন রাজ্যের বিধানসভার বহু পর্যায়ের নির্বাচনী প্রক্রিয়া শুরু হয়ে পড়েছে ! যেমনটা অনুমান করা হচ্ছিল, প্রতিটি রাজ্যের নিজস্ব কিছু বিশেষ বিষয় ছাড়াও ভ্রষ্টাচার আর মূল্যবৃদ্ধির বিষয়ও নির্বাচনে মুখ্য হয়ে উঠেছে ! এই জিনিষটা তামিলনাড়ুর প্রসঙ্গে আরও বেশী করে সত্যি... যেখানে দ্রমুকের নেতৃত্বাধীন শাসক দল কংগ্রেসের সমর্থনে শাসন ক্ষমতার ওপরে আধিপত্য বজায় রাখার চেষ্টা করে চলেছে ! দ্রমুক রাজ্যের প্রতিটি পরিবারকে রঙ্গীন টেলিভিশন ইত্যাদির যে অনুদান বিলি করেছে... সেটার কারণে 2-জি স্পেক্ট্রাম কেলেংকারীর বিষয়টা আজ রাজ্যের প্রতিটি ঘরে পৌঁছে গেছে ! এখনও পর্যন্ত হওয়া সব কেলেংকারীর 'বাপ' এই কেলেংকারী তামিলনাড়ুর স্থানীয় স্তরের অন্যান্য কেলেংকারীর সাথে উচ্চ পদের ভ্রষ্টাচারের বিষয়কে এই নির্বাচনে মুখ্য কেন্দ্রবিন্দুতে নিয়ে এসেছে !" এমন বক্তব্য রেখেছেন বিদ্বান রাজনীতিজ্ঞ শ্রী সীতারাম ইয়েচুরীর ! ওনার জ্ঞানবর্দ্ধক লেখার বাকী অংশ আমরা নীচে দিচ্ছি ! আমরা এই লেখা অমর উজালা সংবাদপত্রের গত 12-ই এপ্রিল সংখ্যা থেকে প্রাপ্ত করেছি ! আপনাদের তথ্যের জন্য আমরা পুরো লেখা এখানে তুলে ধরছি !

"কিন্তু ভ্রষ্টাচারের বিষয়টা কেবলমাত্র তামিলনাড়ু পর্যন্তই সীমিত থাকেনি ! গত কিছু দিনের মধ্যেই সামনে প্রকাশ পাওয়া কমনওয়েলথ গেমস্ কেলেংকারী, আদর্শ হাউসিং সোসাইটি কেলেংকারী, এন্ট্রিক্স-ইসরো কেলেংকারী, ভোটের জন্য নোট কেলেংকারী, অবৈধ খনন কেলেংকারী, আই.পি.এল. কেলেংকারী ইত্যাদি দ্বিতীয় ইউ.পি.এ. সরকারকে উচ্চ স্তরের ভ্রষ্টাচারের সংরক্ষক হিসেবে প্রমাণ করেছে ! বাস্তবে এই সব কেলেংকারী আলিবাবা আর চল্লিশ চোরের কাহিনীকে আবার একবার নতুন করে প্রাসঙ্গিক করে তুলেছে !"

"এটা মোটেই আশ্চর্যের বিষয় নয় যে, এই পক্ষকে দেশের জনতা ভালো করে বুঝতে পারছে যে, এটা হচ্ছে সার্বজনিক সংসাধনের এমন এক লুটের মামলা... যেটা তাদের ভালো জীবন আর উপার্জন থেকে বঞ্চিত করছে ! জনতার মধ্যে এই জাগৃতিও বেড়ে উঠছে যে, এমন অবৈধ উপার্জনকে দেশের জনতাকেই ভ্রষ্ট করে তোলার জন্য ব্যবহার করা হয়ে থাকে আর ভোট

কেনার চেস্টা করা হয়ে থাকে! বিধানসভা নির্বাচনের বর্তমান চক্রে তামিলনাড়ুতে এই খেলা সবার চোখে নগ্ন রূপে ধরা পড়ছে!"

"এটা সবাই জানে যে, প্রাক্তণ দূর সঞ্চার মন্ত্রী এবং দ্রমুক নেতা শ্রী এ. রাজা 2-জি স্পেক্ট্রাম কেলেংকারীর মামলায় এই সময় জেলে রয়েছেন! দ্রমুকের অন্য আরও একজন নেতা কেন্দ্রীয় রসায়ন এবং উর্বরক মন্ত্রী এই সময় অগ্রিম জামিনে জেলের বাইরে রয়েছেন! নির্বাচন কমিশনের আদেশে তামিলনাড়ুতে বাহনের তল্লাশীর ক্রমে বেশ কয়েক কোটি টাকা এখনও পর্যন্ত ধরাও পড়েছে! বাস্তবে নির্বাচন কমিশনকে হাই কোর্টের শরণাপন্ন হতে হয়েছে, যাতে রাজ্যে পুলিশের বাহনে ভরে এমন অবৈধ ধন এদিক-ওদিক করার ওপরে নিয়ন্ত্রণ প্রাপ্ত করা যায়! কিছুদিন আগে একটা বাসও ধরা হয়েছিল... যাতে করে কোটি-কোটি টাকা নিয়ে যাওয়া হচ্ছিল!"

"এই প্রকারে ভ্রস্টাচার দেশের সংসদীয় গণতন্ত্রের প্রচণ্ড ক্ষতি করছে! এতে একা দ্রমুকই শামিল নেই... তাদের সহযোগী কংগ্রেসও এতে যুক্ত হয়ে রয়েছে আর দেশের জনতা, কংগ্রেসকে উচ্চ স্তরে ছড়িয়ে পড়া ভ্রস্টাচারের এক মুখ্য সংরক্ষকের রূপে দেখতে লেগেছে!"

"ভ্রস্টাচার কেবল এক নৈতিক বিষয়ই নয়... এটা হচ্ছে খোলাখুলি অপরাধের মামলা! তবুও এটা অত্যন্ত জরুরী যে, এমন অবৈধ উপার্জন দ্বারা কামানো কালো টাকা... যেটা অন্য দেশগুলোয় লুকিয়ে রাখা হয়েছে... দেশে ফিরিয়ে নিয়ে আসা হোক্ আর দেশের জনতার ভালো জীবন সুনিশ্চিত করার কাজে সেই অর্থের প্রয়োগ করা হোক্!"

"আমি এর আগেও বলেছি যে, কি ভাবে কেবলমাত্র 2-জি স্পেক্ট্রাম কেলেংকারীতেই সরকারী খাজানার যে লুট করা হয়েছে... তত টাকা দিয়ে পুরো দু বছর পর্যন্ত দারিদ্রতা সীমার নীচে আর ওপরে বাস করতে থাকা সমস্ত ভারতীয় পরিবারকে পর্যাপ্ত খাদ্য সুরক্ষা প্রদান করা যেতে পারত! এই টাকা দিয়ে সংসদ দ্বারা পাশ করা শিক্ষার অধিকার আইনকে বাস্তবে রূপান্তরিতও করা যেতে পারত! এটা মনে রাখবেন যে, এই আইন প্রয়োজ্য করার জন্য পরবর্তী 5 বছর পর্যন্ত প্রতি বছরে 35, 000 কোটি টাকা খরচ করতে হবে, যাতে নতুন স্কুল খোলা যেতে পারে, পর্যাপ্ত সংখ্যায় শিক্ষকের নিযুক্তি করা যেতে পারে, স্কুলের বাচ্চাদের জন্য দুপুরের ভোজনের ব্যবস্থা করা যেতে পারে! এটা অত্যন্ত স্পষ্ট যে, এই মহা-ভ্রস্টাচার লোকেদের এই সব কিছু থেকে বঞ্চিত করে তুলেছে!"

"নব উদারবাদী আর্থিক সংশোধন 'দরবারী-পুঁজিবাদ' ফুলে-ফেঁপে ওঠার মাধ্যমে ভ্রস্টাচারের জন্য এখন রাস্তা উন্মুক্ত করে দিয়েছে! সত্য কথা হচ্ছে এটা যে, দেশের সমগ্র জনতাকে শিক্ষা, স্বাস্থ্য আর ভালো জীবন প্রদান করানোর জন্য সংসাধনের কোন অভাব নেই... কিন্তু রাষ্ট্রীয় সংসাধনের লুট লোকেদের ভালো জীবনের জরুরী সংসাধন থেকে বঞ্চিত করে তুলছে!"

"তাহলে সিস্টেম থেকে এই রোগকে কি ভাবে দূর করা যেতে পারে? বাস্তবে রাজনৈতিক নেতৃত্বের জনতার প্রতি জবাবদেহী করার থেকে মুক্তি পাওয়া সম্ভব নয়! সামাজিক কর্মীদের এক অংশ দ্বারা, ভ্রষ্টাচারের বিষয়ে শুরু করা আন্দোলন জনতার মাঝে ব্যাপক রূপে ছড়িয়ে পড়া ভাবনাকেই স্বর প্রদান করেছে!"

"আপাততঃ লোকপালের স্বরূপ এবং সেটার অন্তর্বস্তুর ওপরে আলোচনা দ্বারা এই তাৎক্ষণিক আবশ্যকতার ওপর থেকে দৃষ্টি এক মুহূর্তের জন্যও সরে যেতে দেওয়া উচিত নয় যে, যেসব কেলেংকারী সামনে প্রকাশ পেয়েছে... সেগুলোর জন্য আপরাধিক দায়িত্ব নির্দিষ্ট করার প্রক্রিয়াকে আরও এগিয়ে নিয়ে যাওয়ার জন্য এবং বিদেশী ব্যাংগুলোয় জমা করে রাখা বিরাট অর্থকে দেশে ফিরিয়ে নিয়ে আসার জন্য এখুনি কোন প্রভাবশালী পদক্ষেপ নেওয়া উচিত!"

"আনন্দের কথা হচ্ছে এটা যে, চার পাশ থেকে আসতে থাকা চাপের কারণে, সংসদের আগামী অধিবেশনে লোকপাল আইন তৈরী করা এবং বিলকে অন্তিম রূপ প্রদান করার প্রক্রিয়ায় রাজনৈতিক দলগুলো, সামাজিক কর্মী আর সবার থেকে ওপরে দেশের জনতার সাথে এই ব্যবস্থার স্বরূপের ওপরে বিশদ আলোচনা করার ব্যাপারে কিছুটা উন্নতিও হয়েছে!"

"যদি রাজনীতির দক্ষ নেতারাও এই জন লোকপাল বিলের পক্ষে এসে পড়েন... তাহলে বিল তো পাশ হবেই!"

■■■

মীডিয়ার স্বাধীনতার ওপরে প্রশ্নচিহ্ন

"চিমটি কাটতে থাকা স্বাধীনতা" শীর্ষকের অন্তর্গত আসা বিবরণ এই প্রকার ঃ-

অন্নার আন্দোলনের ঝড়কে হেডলাইনে পৌঁছে দেওয়ার ক্ষেত্রে মীডিয়া যতই গণতন্ত্রের চতুর্থ স্তম্ভ হিসেবে প্রমাণিত হোক্ না কেন... কিন্তু এই ঝড়ে নাড়া খাওয়া সরকারকে এখন মীডিয়ার এই স্বাধীনতা চিমটি কাটতে লেগেছে !

কমনওয়েলথ গেমস্, 2-জি স্পেক্ট্রাম আর আদর্শ হাউসিং সোসাইটি কেলেংকারীর পরে, লোকপাল বিলের ওপরে সরকারের ওপরে চাপ সৃষ্টি করা জনতার চাপের জন্য মীডিয়াকে অনেকটাই দায়ী হিসেবে মনে করা হচ্ছে ! হয়তো এজন্য আন্-অফিশিয়াল রূপে হলেও, কেন্দ্রীয় মন্ত্রীদের মধ্যে এই ফিস্‌ফিসানী শুরু হয়ে পড়েছে যে, মীডিয়ার এই স্বাধীনতা কতটা সমুচিত ? এমনটা শুনতে পাওয়া যাচ্ছে যে, মন্ত্রীমণ্ডলের এর আগের মীটিং-য়ে কিছু মন্ত্রী এমনটাও বলেছেন যে, মীডিয়া নিজের সীমা অতিক্রম করছে ! বিশেষ করে টি.ভি. চ্যানেলগুলোর কভারেজ তাঁদের অসন্তুষ্টির মুখ্য কারণ হয়ে উঠেছিল !

এক সিনীয়র মন্ত্রী তো *'ইণ্ডিয়া এগেনস্ট করাপশন'*-য়ের মত শ্লোগানেই অসন্তুস্ট হয়ে উঠেছিলেন ! এই শ্লোগানকে বার-বার দেখানোয় ওনার মন্তব্য ছিল এই যে, এই শ্লোগানের ব্যবহার এমন ভাবে করা হচ্ছে, যেন ইণ্ডিয়ার অর্থ হচ্ছে দেশের জনতা আর করাপশনের অর্থ হচ্ছে দেশের সরকার ! ওনার পাল্টা প্রশ্ন এমনটা ছিল যে, এই সরকারকে কি দেশের জনতাই নির্বাচিত করেনি ? কেউ-কেউ মীডিয়ার এই স্বাধীনতার সমীক্ষা করে দেখার পরামর্শও দিয়েছিলেন ! কিন্তু অন্নার জন-ঝড়ের মোকাবিলা করার পরে, শাসক পক্ষ কি এমন সমীক্ষা করার ঝুঁকি নেবে ? আপাততঃ তেমন সম্ভাবনা খুবই কম ! এই বিবরণ অমর উজালা সংবাদপত্র গত 11-ই এপ্রিল, 2011 সংখ্যায় প্রকাশিত করে মীডিয়ার ভূমিকার প্রশংসাও করেছে !

সমর্থন প্রেশার কুকার ফাটার মত

মুখ্য নির্বাচন কমিশনার শ্রী এস. ওয়াই. কুরেশী বলেছেন – *"ভ্রষ্টাচারের বিরুদ্ধে আন্দোলনের প্রতি জনতার বিরাট সমর্থন, প্রেশার কুকার ফাটার মত ! নির্বাচন কমিশন নির্বাচন সংশোধনের মাধ্যমে নির্বাচন প্রক্রিয়ায় ভ্রষ্টাচারকে*

বাধা দেওয়ার চেষ্টা করছে!"

ভ্রষ্টাচার বন্ধ করতেই হবে

নিয়ন্ত্রক এবং মহালেখা পরীক্ষক শ্রী বিনোদ রায় বলেছেন – *"ভ্রষ্টাচার সরিয়ে সিস্টেমকে স্বচ্ছ করে তোলায় সরকারের ব্যর্থতার পরে দেশের জনতা সেটার দায়িত্ব নিজেদের হাতে তুলে নিয়েছে! আমরা খুব বেশী সময় নির্ণয় নেওয়ার কাজে নষ্ট করতে পারি না! ভ্রষ্টাচারকে আটকানো হচ্ছে সরকারের কাজ!"*

সব নেতারাই ভ্রষ্ট নন

এখানে এটা উল্লেখ করা অত্যন্ত জরুরী যে, আজ পুরো সমাজ ভ্রষ্ট হয়ে যেতে বসেছে! এতে কেবলমাত্র নেতারাই ভ্রষ্ট নন... একা পুলিশ ভ্রষ্ট নয়! সমাজের প্রতিটি শ্রেণী ভ্রষ্ট কার্যকলাপে তৎপর হয়ে রয়েছে! তারা সুযোগ পেলে পেছিয়ে থাকে না! কেবলমাত্র নির্বাচিত প্রতিনিধিদেরই বদনাম করাটা ঠিক নয়! না সবাই সৎ আর না সবাই বেইমান!

কিছু লোক অন্না জী-র ওপরে এমন আরোপ লাগিয়েছেন যে, উনি আর.এস.এস.-য়ের সাথে যুক্ত হয়ে রয়েছেন! আর.এস.এস.-তে ওনার লোক রয়েছে! এমনটাই যদি হত... তাহলে সঙ্ঘের মুখপত্র *'অর্গানাইজার'*-য়ের সম্পাদকীয়তে এমনটা লেখা হত না যে, অন্না দ্বারা সকলকে ভ্রষ্ট বলাটা এক অত্যন্ত বিপজ্জনক প্রবৃত্তি! বাস্তবে প্রতিটি ভারতবাসী আজ ভ্রষ্টাচারের ব্যাপারে চিন্তিত হয়ে উঠেছেন! বামপন্থী দলগুলো আর ভারতীয় জনতা পার্টি সমেত বিভিন্ন রাজনৈতিক দলগুলোর অনেক নেতাই সৎ... অনেক নেতারই জনসেবার ভালো রেকর্ড রয়েছে!

ভ্রষ্টাচার অবশ্যই ভারতীয় গণতন্ত্রের ভারী ক্ষতি করছে... কিন্তু সব নেতাদেরই ভ্রষ্ট হিসেবে মেনে নেওয়াটাও তো ক্ষতিকারক!

■■■

ভ্রষ্টাচারের শেকড় অত্যন্ত মজবুত

হিমাচল প্রদেশের কংগ্রেস কমিটির অধ্যক্ষ ঠাকুর কৌল সিং, যাঁর দল কেন্দ্রে সরকার চালাচ্ছে, জলন্ধরে 10-ই এপ্রিল, 2011 বলেছেন – *"ভ্রষ্টাচারের শেকড় যথেষ্ট মজবুত হয়ে উঠেছে এবং সেটাকে শেষ করার জন্য এবার দেশের জনতাকে এগিয়ে আসতে হবে!"*

জনমানস ভ্রষ্টাচার থেকে মুক্তি চায়

ভ্রষ্টাচারের শেকড় অত্যন্ত মজবুত আর এজন্য পুরো ভারত আজ ত্রস্ত হয়ে উঠেছে এবং তারা এর থেকে মুক্তি পেতে চায়! পুরো দেশ জুড়ে উৎপন্ন স্বতঃস্ফূর্ত আন্দোলন এটা স্পষ্ট করে তুলেছে যে, ভ্রষ্টাচারের কারণে অতিষ্ট হয়ে ওঠা দেশের জনতা এবার পরিবর্তন চাইছে! জয়প্রকাশ নারায়ণের আন্দোলনের পরে এটাই হচ্ছে সব থেকে বড় রাষ্ট্রব্যাপী অ-রাজনৈতিক আন্দোলন... যেটা দেশের নীতি-নির্দ্ধারকদের আত্মরক্ষার মুদ্রায় এনে দাঁড়

করিয়ে দিয়েছে!

অন্না জী এটা ভালো করেই জানতেন যে, ভ্রষ্টাচারের শেকড় অনেকটাই মজবুত... এজন্য উনি দৃঢ় সংকল্পের সাথে এগিয়ে চলেছেন আর পুরো দেশ ওনার পেছনে-পেছনে এগিয়ে চলেছে! ভ্রষ্টাচারের শেকড় যত মজবুতই হোক্ না কেন... অন্না জী সেই শেকড়কে ঠিকই উপড়ে ফেলবেন! অন্না জী-র সর্বব্যাপী আন্দোলনের রূপ দেখে সরকারের অবস্হা অত্যন্ত খারাপ হয়ে উঠল! সরকারের পক্ষ থেকে তাড়াহুড়ো করে অন্না জী-র সব দাবী মেনে নেওয়ার ঘোষণাও করে দেওয়া হল!

গত এক বছরে ভ্রষ্টাচারের এত বেশী মামলা প্রকাশ হওয়া সত্ত্বেও সরকার যে ভাবে সেগুলোকে ধামাচাপা দেওয়ার চেস্টা করতে থেকেছে... সেটা দেশের জনতাকে অস্হিরই করে তুলেছে! 2-জি স্পেক্ট্রাম কেলেংকারীর তদন্তের জন্য সংযুক্ত সংসদীয় সমিতি গঠন করার হাত থেকে সরকার যেভাবে পালিয়ে বেড়াতে থেকেছে... সেটা সরকারের সদিচ্ছার ওপরে বিরাট প্রশ্নচিহ্নের সৃস্টি করেছে!

কালো টাকার মামলায় সুপ্রীম কোর্ট ধিক্কার জানানোর পরেও সরকার কোন প্রভাবশালী পদক্ষেপ নেয়নি! কমনওয়েলথ গেমসে ভ্রষ্টাচারের খেল্ চরম সীমায় পৌঁছে যাওয়ার পরেও দোষীদের বাঁচানোর প্রচেস্টা জারী থেকেছে!

লোকেদের বক্তব্য হচ্ছে এই যে, সরকার দ্বারা ভ্রস্ট ইমেজের পি. জে. থমাসকে সেন্ট্রাল ভিজিলেন্স কমিশনার বানানো আর আদালত দ্বারা বার-বার বলা সত্ত্বেও ওনাকে সৎ আর সুযোগ্য প্রমাণিত করার চেস্টা করা জনতাকে উদ্বেলিত করে তুলেছে! ওনাকে সেই সময় পদ থেকে সরিয়ে দেওয়া হল... যখন আদালত ওনাকে বার করে দেওয়ার রাস্তা দেখাল! এই সমস্ত ব্যাপারে কেন্দ্র সরকার যে ভাবে সব কিছুকে ধামাচাপা দেওয়ার আর দোষীদের বাঁচানোর চেস্টা করেছে, তার ফলে জনতার ধৈর্য্য শেষ হয়ে পড়েছে! হয়তো এসব দেখেই কবি কিশোর তিওয়ারী এমনটা লিখতে বাধ্য হয়েছেন –

'শায়দ কিসী বজীর কী গর্দন ফঁসী হুঈ,
হুক্কাম খুদ সবুত মিটানে মেঁ জুটে হ্যাঁয়!'

দৈনিক ট্রিব্যুনে লেখা হয়েছিল ঃ-

অন্না হাজারের আন্দোলনের সব থেকে গুরুত্বপূর্ণ নিহিতার্থ হচ্ছে এটা যে, এই আন্দোলন নেতাদের তাঁদের যথার্থতা দেখিয়ে দিয়েছে! রূপোর জুতো দ্বারা ভোট জুটিয়ে শাসন ক্ষমতার মাধ্যমে লুটে শামিল নেতাদের মুখোশ এই আন্দোলন খুলে দিয়েছে! এই আন্দোলনের প্রবাহিত গঙ্গায় হাত ধোওয়ার জন্য এসে পৌঁছনো নেতাদের খারিজ করে জনতা এক নতুন বার্তা প্রদান করেছে! কোন চিঠি, বার্তা, পার্টি আর পতাকা ছাড়াই সারা দেশে যত লোক এই আন্দোলনে শামিল হয়েছেন... তাঁদের ভেতরে এই বিশ্বাস জেগে উঠেছে যে, মীডিয়া ক্রান্তির পরে জনতা জাগরুক হয়ে উঠেছে! নেতারা এটা জানতে পেরেছেন যে, 6 দশক ধরে জনতাকে মূর্খ বানিয়ে রেখে শাসন ক্ষমতা ভোগ করতে থাকা নেতাদের এবার আর বাঁচার কোন পথই খোলা নেই! হয়তো

এই সব নেতাদের যথার্থতা জানিয়েই বিখ্যাত শায়র অকবর ইলাহাবাদী লিখেছেন ঃ-

লীডরোঁ কী ধূম হ্যায় আউর ফলোয়ার কোঈ নহীঁ,
সব জো জনরল হ্যায় য়ঁহা, আখির সিপাহী কৌন হ্যায় ?

(সব কিছু ঠিকঠাক চললে অন্না জী লক্ষ্য ঠিকই প্রাপ্ত করবেন... কিন্তু ওনার পথে বাধা আসা শুরু হয়ে পড়েছে, এজন্য পথ কঠিন !)

কঠোর আইন ভ্রষ্টাচারকে সমূলে উপড়ে ফেলবে

এখানে সবার আগে তথ্যের অধিকারের ওপরে আলোচনা করা যাক ! এটা নিয়ে আসার আর একে সঠিক রূপ প্রদান করার যে কাজ অন্না হাজারে করেছেন, সেটা কখনো ভোলা সম্ভব নয় ! সবার আগে উনি 2002 সালের আশপাশে এটা মহারাষ্ট্রে নিয়ে আসতে সফল হন ! তারপর আরও কিছু রাজ্যে এটা আসে ! একে রাইট টু ইন্‌ফোর্মেশন *(আর.টি.আই.)* বলা হয় ! কেন্দ্র সরকার 2005 সালে এটা নিয়ে তো আসে... কিন্তু সরকার কিছু বর্তমান ব্যবস্হা আটকে রাখতে চেয়েছিল ! সেই সময়ও অন্না হাজারে এটাকে সঠিক রূপ প্রদান করতে সফল হয়ে ওঠেন ! আজ প্রতিটি সরকারী অফিসার আর প্রতিটি রাজনৈতিক নেতাদের এই ভয় হতে থাকে যে, তাঁদের দ্বারা করা ভুল কাজ আর.টি.আই.-য়ের কারণে আর লুকোন থাকবে না ! এই কঠোর আইন যদি তৈরী না হত... তাহলে কে ভয় পেত ?

ঠিক এই প্রকার এখন যদি জন লোকপাল বিল পাশ হয়ে পড়ে আর সব রাজ্যে লোকায়ুক্ত সম্পূর্ণ শক্তির সাথে আইনী অধিকার পেয়ে যান... তাহলে ভ্রষ্টাচারীরা সেটাকে ঠিক সেই ভাবে ভয় পাবে, যেমনটা আর.টি.আই.-য়ের ভয় রয়েছে ! ডাণ্ডা না চালালে কেউ ভয় পায় না ! এখন প্রয়োজন হচ্ছে এক শক্তপোক্ত, সকল প্রকারের শক্তিযুক্ত লোকায়ুক্তের... যাঁর হাতে বড়-বড় নেতা, সরকারী অফিসার, জজেদের আদালতের কাঠগড়ায় দাঁড় করানোর আর ভুল প্রমাণিত হলে শাস্তি দেওয়ার অধিকার থাকবে ! এর ফলেও লোকেরা ভুল কাজ করা থেকে, সরকারী ফাণ্ড লুট করতে, বাজেটের দুরূপযোগ করতে, কেলেংকারীতে লিপ্ত হতে ভয় পাবে ! অর্দ্ধেক সমাজ তো এই ভয়েই সৎ হয়ে উঠবে ! কারো-কারো শাস্তি হবে, তো কেউ-কেউ শুধরে যাবে ! ভ্রষ্টাচার সমূলে উৎপাটিত হয়ে পড়বে আর আমরাও সৎ দেশবাপী হিসেবে পরিচিত হব !

নিঃসন্দেহে ভ্রষ্টাচার সমাজকে প্রভাবিত করে

ইনফোসিসের মুখ্য সংরক্ষক শ্রী এন. আর. নারায়ণ মূর্তি কেন্দ্র সরকার দ্বারা শক্তিশালী লোকপাল বিলের ড্রাফ্‌ট তৈরী করার জন্য সমাজের

প্রতিনিধিদের শামিল করে এক কমিটি গঠন করার অফিশিয়াল আদেশ জারী করার সরকারের পদক্ষেপকে স্বাগত জানিয়েছেন!

09-ই এপ্রিল, 2011 শ্রী মূর্তি বলেছেন – *"ভ্রষ্টাচার দ্বারা পুরো সমাজ প্রভাবিত হয়! এজন্য লোকপাল বিলের ড্রাফ্‌ট তৈরী করার কমিটিতে সমাজের প্রতিনিধিদের শামিল করার অন্না হাজারের ইচ্ছা সম্পূর্ণ রূপে ন্যায়সঙ্গত!"* উনি আরও বলেছেন – *"আমি এই ব্যাপারে খুশী হয়ে উঠেছি যে, প্রধানমন্ত্রী এবং ওনার সহযোগীরা অন্না জী-র বিচারধারার সাথে সম্মত হয়ে উঠেছেন!"*

এবার সরকার এগিয়ে আসুক

সুবেদার মেজর *(অবসরপ্রাপ্ত)* কে. সি. শর্মা গগ্গল *(কাঙ্গড়া)* পরামর্শ দিয়ে লিখেছেন – *"সুদীর্ঘ সময় পরে অন্না হাজারের গান্ধীবাদী পদ্ধতিতে লড়াই শুরু হয়েছে! ভ্রষ্টাচারকে একেবারে শেষ করাটা সম্ভব নয়! যদি বিধায়িকা, কার্যপালিকা আর ন্যায়পালিকা ভ্রষ্টাচার মুক্ত হয়ে ওঠে... তাহলে দেশের জনতা সেটার থেকে প্রেরণা প্রাপ্ত করে ভ্রষ্টাচার দূর করার অভিযানের সাথে যুক্ত হয়ে পড়বে! সন্ত আর গুরুদের অনুসরণ করে সরকারকে ভ্রষ্টাচার মুক্ত হয়ে ওঠার চেষ্টা করা উচিত!"*

'একলা চলো'-র রাগ আলাপ করা হল

মহারাষ্ট্র কংগ্রেসের প্রভারী আর এক সময় জয়প্রকাশ নারায়ণের প্রবল সমর্থক এবং বেনারস হিন্দু বিশ্ববিদ্যালয় ছাত্র সঙ্ঘের অধ্যক্ষ শ্রী মোহন প্রকাশ রাজ্যের মহানগর পালিকা আর স্থানীয় কর্পোরেশনগুলোর নির্বাচনে কংগ্রেসের একা নির্বাচন লড়ার ব্যাপারে জানিয়েছেন! ভ্রষ্টাচারের ওপরে শ্রী মোহন প্রকাশের বক্তব্য ছিল – *"কংগ্রেস সর্বদাই ভ্রষ্টাচারের বিরোধিতা করে এসেছে! আদর্শ হাউসিং সোসাইটি মামলায় শ্রী অশোক চহ্বাণকে পদ থেকে সরিয়ে দেওয়া হয়েছে... এর থেকে বড় উদাহরণ আর কি হতে পারে?"*

অন্না জী-কে মোদীর পত্র

গুজরাটের মুখ্যমন্ত্রী শ্রী নরেন্দ্র মোদী বলেছেন যে, অন্না হাজারে দ্বারা ওনার প্রশংসা করার কারণে আন্না হাজারের বিরুদ্ধে গুজরাটের বিরোধী পক্ষের এক দল নিন্দা অভিযান চালাতে পারে!

শ্রী মোদী অন্না হাজারেকে লেখা এক পত্রে বলেছেন – *"আপনার তরফ থেকে আমাকে আর গুজরাটের জনতাকে দেওয়া আশীর্বাদের ব্যাপারে আমি জানতে পারলাম! আমি এই ভয় পাচ্ছি যে, এর জন্য আপনাকে না তিরস্কারের শিকার করে তোলা হয়! গুজরাটের বিরোধী পক্ষের একটা দল*

এই সুযোগকে সত্যের প্রতি আপনার নিষ্ঠাকে ধূলি-ধূসরিত করার জন্য ব্যবহার করতে পারে! তারা আপনার নামকে কলংকিত করে তোলার চেষ্টা করতে পারে... কারণ আপনি আমাদের প্রশংসা করেছেন!"

প্রাক্তণ মন্ত্রী এলেন না

অন্না হাজারের অনশন বেশ কিছু লোকেদের মুখোশ খুলে দিয়েছে! শিমলায় হস্তাক্ষর অভিযান চালাতে থাকা এক সংস্থা শিমলার এক প্রাক্তণ মন্ত্রীকে ফোন করে ভ্রষ্টাচারের বিরুদ্ধে হস্তাক্ষর অভিযানে শামিল হওয়ার আহ্বাণ জানায়! সেই প্রাক্তণ মন্ত্রী বলেন – *"আমি এই মুহূর্তে একটু ব্যস্ত আছি... কিন্তু আমি ঠিক আসব!"* সন্ধ্যা হয়ে গেল! না সেই প্রাক্তণ মন্ত্রী এলেন... না ওনার হস্তাক্ষর হল!

ভ্রষ্টাচারীদের সম্পত্তি বাজেয়াপ্ত হবে

হিমাচল ভারতীয় জনতা পার্টি মুখ্যমন্ত্রী প্রো. প্রেম কুমার ধূমল দ্বারা বিধানসভার আগামী অধিবেশনে ভ্রষ্টাচার দ্বারা অর্জিত সম্পত্তি বাজেয়াপ্ত করার বিল নিয়ে আসার প্রস্তাবকে স্বাগত জানিয়েছে! পার্টি মুখপাত্র শ্রী গণেশ দত্ত জানিয়েছেন – *"এটা হচেছ রাজ্য সরকারের তরফ থেকে সার্থক প্রচেষ্টা! এর ফলে হিমাচল প্রদেশ দেশে প্রথম রাজ্য হয়ে উঠবে... যেখানে ভ্রষ্টাচার দ্বারা অর্জিত সম্পত্তি বাজেয়াপ্ত করার ব্যবস্হা থাকবে!"*

ভ্রষ্টাচার হচেছ বিকাশের পথের বড় বাধা

"ভ্রষ্টাচারকে শেষ না করে বিকাশের লক্ষ্য প্রাপ্ত করা সম্ভব নয়! ভ্রষ্টাচার গরীবদের প্রচণ্ড রকম ভাবে প্রভাবিত করছে আর উচ্চ বিকাশ হারের লাভ এখনও পর্যন্ত দেশের একটা বিরাট শ্রেণীর লোকেদের কাছ পর্যন্ত পৌঁছতে পারছে না!" এমনটা বলেছেন কেন্দ্রীয় অর্থমন্ত্রী শ্রী প্রণব মুখার্জী!

ভারতীয় জনতা পার্টি নিজের পরামর্শ দেবে

পার্টি মুখপাত্র শ্রী শাহনওয়াজ হুসেন বলেছেন – *"এই বিল যখন সংসদে পেশ করা হবে... তখন ভারতীয় জনতা পার্টি এই বিলের ওপরে নিজের পরামর্শ আর সুপারিশ রাখবে!"* উনি আরও বলেন – *"ভারতীয় জনতা পার্টি সর্বদাই ভ্রষ্টাচারের বিষয় উঠিয়ে এসেছে! ভ্রষ্টাচারের সাথে লড়াই করার জন্য লোকপাল আইন কার্যকরী প্রমাণিত হবে!"*

■■■

ভ্রষ্টাচার রূপী দৈত্যের ওপরে অঙ্কুশ লাগানো জরুরী

"ভ্রষ্টাচার দেশের গরীব লোকেদের সব থেকে বেশী ক্ষতি করেছে! যখন সার্বজনিক বিতরণ প্রণালীর অধীনে সরকারের পক্ষ থেকে আসা রেশন দালালদের দ্বারা ছিনিয়ে নেওয়া হয় আর নরেগার অধীনে প্রাপ্ত বেতন পথভ্রষ্ট হয়ে পড়ে... তখন দেশের গরীবদেরই সব থেকে বেশী ক্ষতি স্বীকার করতে হয়... কিন্তু নীচু তলায় এই সব ভ্রষ্ট মামলাগুলোর মোকাবিলা করতে থাকা ব্যক্তিরা প্রেরণা নিজেদের রাজনৈতিক দাদাদের থেকেই পান... যাঁরা নিজেরাই লুটে লিপ্ত হয়ে থাকেন! এই সিস্টেমে ভ্রষ্টাচার থেকে কেউ-ই দূরে থাকতে পারেন না! অন্না হাজারে আমরণ অনশনে বসে ভ্রষ্টাচার রূপী এই দৈত্যের ওপরে অঙ্কুশ লাগানোর চেস্টা করেছেন!"

উপরোক্ত বিচারধারা হচেছ বিদ্বান লেখক শ্রী বীরেন্দ্র কাপুরের! উনি নিজের এই বিচারধারা *'অন্না হাজারে লোকেদের এত বড় সমর্থন কেন প্রাপ্ত করলেন?'* শীর্ষকে লিপিবদ্ধ করেছেন! এই বিদ্বান লেখক সাধারণ পাঠকদের জন্য যে তথ্য প্রদান করেছেন, আমরা সেটাকে আমাদের পাঠকদের জন্য এখানে এক-এক করে তুলে ধরছি!

ফ্রী-র মাল

আমাদের গণতান্ত্রিক ব্যবস্থার সত্য এই জিনিষটা থেকে স্পষ্ট হয়ে ওঠে – বিশ্ব কাপ ক্রিকেটের ফাইনাল ম্যাচ দেখতে অনেক রাজনীতিজ্ঞরা মাঠে উপস্থিত হয়েছিলেন! লালকৃষ্ণ আদবানী থেকে শুরু করে নীতিন গডকরী পর্যন্ত অনেক বিরোধী পার্টির নেতারা ম্যাচ দেখতে এসেছিলেন!

কংগ্রেসী নেতারা তো উচ্চ সুবিধাযুক্ত ভি.আই.পি. বক্সে বসেছিলেন! মজার ব্যাপার হচেছ এটা যে, আদবানী আর গডকরী থেকে শুরু করে কপিল সিব্বল আর শশী থরুর পর্যন্ত কেউ-ই এই সব উচ্চ সুবিধাযুক্ত সীটে বসার জন্য পয়সা দিয়ে টিকিট কেনেননি!

রাজনীতিজ্ঞ হওয়ার সুবাদে বেশ কিছু সুযোগ-সুবিধা আপনা থেকেই পাওয়া যায়! এটা কি সত্য নয়?

অ-প্রমাণিত ব্যাপার

দিল্লীর শাসন ক্ষমতার গলিতে মোহালীকে অনুষ্ঠিত ভারত-পাক সেমি-ফাইনাল ম্যাচের পরে এক অ-প্রমাণিত কথা ছড়িয়ে পড়েছিল! এমনটা শোনা গিয়েছিল যে, ম্যাচ শেষ হওয়ার পরে বিদেশ সচিব শ্রীমতি নিরুপমা রাও প্রধানমন্ত্রী ডঃ মনমোহন সিং-য়ের কাছে ওনার কানে-কানে কিছু একটা বলার জন্য ছুটে গিয়েছিলেন!

এটা কেউ-ই জানতেন না যে, শ্রীমতি রাও প্রধানমন্ত্রীর কানে ঠিক কি বলেছিলেন! কিন্তু অধিকাংশ লোকেদের এমন ধারণা যে, উনি বলেছিলেন – *"স্যার! ভারত ম্যাচ জিতে নিয়েছে!"*

তাই যদি হয়, তাহলে স্পষ্ট রূপে শ্রীমতি রাও-য়ের প্রচেস্টা এটা সুনিশ্চিত করা ছিল যে, পরে ডঃ মনমোহন সিং এটা না বলে বসেন যে, উনি এটা জানতেনই না যে, ভারত সত্যি-সত্যি ম্যাচ জিতে নিয়েছে! কারণ শ্রী মনমোহন সিং আগে থেকেই এই দাবী করে এসেছেন যে, শ্রী এ. রাজার লুট, শ্রী পি. জে. থমাসের আপরাধিক মামলা, ইসরো-দেবাস সৌদা ইত্যাদি ব্যাপারে উনি কিছুই জানতেন না!

(এমনটা শুনতে কটাক্ষ মনে হলেও কতটা সঠিক!)

দুটি ব্যবস্হা

এই প্রকার এটা স্পষ্ট হয়ে ওঠে যে, বিশ্ব কাপ ফাইনাল ম্যাচের সময় মুম্বাইয়ের ওয়ানখেড়ে স্টেডিয়ামে দু প্রকারের ব্যবস্হা সমান্তরাল ভাবে চলছিল! এই সময় যদি টি.ভি. ক্যামেরাগুলোর মুখ ক্রিকেট খেলা থেকে সরে গিয়ে অন্য কোন দিকে যাচ্ছিল... তাহলে তেমনটা কেবলমাত্র ব্যবসা, শিল্প, বলিউড আর রাজনীতির জগতের সাথে যুক্ত কিছু বিশেষ ব্যক্তিত্বদের... যাঁরা এক স্পেশাল বক্সে বসেছিলেন, দেখাবার জন্যই করা হচ্ছিল!

টি.ভি. চ্যানেলগুলো দ্বারা সেই স্পেশাল বক্সের দিকে মনোযোগ কেন্দ্রীভূত করার ওপরে সেই সব ব্যক্তিরা মন্তব্য করেছেন... যাঁরা এই নতুন তৈরী স্টেডিয়ামের অন্য বক্সগুলোয় একা-একা বসেছিলেন!

আশ্চর্যের বিষয় হচ্ছে এটা যে, ক্যামেরাম্যানদের আন্-অফিশিয়ালী এই নির্দেশ দেওয়া হয়েছিল যে, বক্সে বসে থাকা উচ্চ ব্যক্তিত্বদের ম্যাচ চলাকালীন ক্রিকেট ছাড়াও যেন আলাদা করে দেখানো হয়! টি.ভি.-র দর্শকেরা এই সব ব্যক্তিত্বদের ম্যাচের পুরো প্রসারণের সময় দেখেছিলেন!

এর ফলে ভারতীয় ক্রিকেট কন্ট্রোল বোর্ডের পদাধিকারী এবং কংগ্রেস সাংসদ শ্রী রাজীব শুক্লা নিজের দলের নেতা শ্রী রাহুল গান্ধীর দিকে ক্যামেরার মুখ না ঘোরানোয় এতটাই রেগে উঠেছিলেন যে, উনি মাঝপথেই

নিজের এয়ার কণ্ডিশনড্ বক্স থেকে উঠে সেই চ্যানেলের অফিসারের সামনে গিয়ে নিজের আপত্তি প্রকাশ করেন, যে চ্যানেলের কাছে ম্যাচ প্রসারণের অধিকার ছিল!

শ্রী শুক্লার বিরোধের কারণে এর পরে শ্রী রাহুল গান্ধীকে ম্যাচ চলাকালীন বেশ কয়েক বার দেখানো হয়েছিল! *(হবে না-ই বা কেন? ওনাকে দেশের ভাবী প্রধানমন্ত্রীও তো মানা হতে লেগেছে!)*

শোনা কথা

বিদ্বান লেখক শ্রী বীরেন্দ্র কাপুর কিছু শোনা কথার সহায়তা গ্রহণ করে এমনটা লিখেছেন ঃ-

লোকপাল বিলকে নিয়ে আমরণ অনশনে বসা সমাজসেবী শ্রী অন্না হাজারেকে ইউ.পি.এ. সরকারের সমর্থকরা *'আর.এস.এস.-য়ের লোক'*, *'বিদ্রোহী'* ইত্যাদি আখ্যা দিচ্ছেন!

কিন্তু সমস্ত আরোপ-প্রত্যারোপ জনতার তরফ থেকে ওনার প্রতি সমর্থনকে আটকাতে ব্যর্থ হচ্ছে!

এই 73 বর্ষীয় সমাজসেবী দ্বারা আমরণ অনশনে বসাকে যুবক-বৃদ্ধ এবং সকল বয়সের ব্যক্তিরাই সম্পূর্ণ সমর্থন জানিয়েছেন! অন্না হাজারের সামাজিক উদ্দেশ্য হচ্ছে প্রস্তাবিত সংস্থা লোকপালের অধিকার বৃদ্ধি করা, যাতে উচ্চ সরকারী অফিসার এবং মন্ত্রীদের বিরুদ্ধে ভ্রষ্টাচারের মামলার নিরপেক্ষ তদন্ত করানো যায়!

হাজারের প্রতি জনতার সমর্থনের বন্যা এটাই প্রমাণ করে যে, শাসকদের বিরুদ্ধে দেশের জনতার ভেতরে রোষ রয়েছে! যে সরকার নিজেই ব্যাপক স্তরে ভ্রষ্টাচারের মামলায় ডুবে রয়েছে, সেই সরকার এমন কোন ব্যবস্থা গ্রহণ করতে পারে না... যার দ্বারা ভ্রষ্টাচারের সমস্যার ওপরে পাকাপাকি ভাবে নিয়ন্ত্রণ প্রাপ্ত করা যেতে পারে!

ইউ.পি.এ. সরকারের ইমেজ এতটাই খারাপ হয়ে পড়েছে যে, হাজারের অভিযানকে দেশের জনতা চিন্তা-ভাবনা না করেই সমর্থন করেছে! এমনটা বলা বোকামী হবে যে, অন্না হাজারে এবং ওনার সাথে *'মুষ্টিমেয় সামাজিক কর্মী'*... যাঁরা জন্তর মন্তরে ধর্নায় বসেছিলেন, তাঁরা দেশের জনতার প্রতিনিধি নন!

কিন্তু শাসন ক্ষমতার গলিতে ভ্রষ্ট সরকারের বিরুদ্ধে ক্রমশঃ বেড়ে চলা অসন্তুষ্টির কারণে হাজারের ভ্রষ্টাচার বিরোধী অভিযান দেশের কোটি-কোটি জনতার আওয়াজ হয়ে উঠেছে!

এমনটাও সমান রূপে মানা যেতে পারে না যে, হাজারের আমরণ অনশন নির্বাচিত সরকারকে ফেলে দেওয়ার জন্যই শুরু করা হয়েছিল!

শ্রী কাপুরের বক্তব্য অনুসারে – *"এটা সত্যি যে, সরকারের পতন আপনা*

থেকেই হচ্ছে... কারণ সরকার নিজের মন্ত্রীদের দেশের খাজানা লুট করার অনুমতি দিয়ে দিয়েছে!" (আপনাদের আরও বেশী তথ্যের জন্য জানাই যে, বর্তমান কেন্দ্রীয় সরকারের কার্যকাল এখনও তিন বছরের থেকে কিছু বেশী সময় বাকী রয়েছে!)

সবাই ক্রান্তির পদধ্বনি শুনছেন

শ্রী লোকমিত্র লিখেছেন ঃ-

"যদি ইউ.পি.এ. সরকার 05-ই এপ্রিল, 2011 আমরণ অনশনে বসা প্রসিদ্ধ সমাজসেবী শ্রী অন্না হাজারের অনশনকে অন্যান্য সকল বিরোধ প্রদর্শনের মতই কেবলমাত্র এক বিরোধ প্রদর্শন হিসেবে মনে করে... তাহলে সেটা সরকারের অত্যন্ত বড় ভুল হবে!" (সরকার যে বুদ্ধিমত্তার পরিচয় দিয়ে পরিস্থিতি সামলে নিয়েছে... সেটা ভালো কথা!)

বাস্তবে রাজধানী দিল্লীর জন্তর মন্তরে ধর্নায় বসা 73 বছরের এই বয়োঃবৃদ্ধ গান্ধীবাদী, ধীরে-ধীরে লোকনায়ক জয়প্রকাশের রূপ নিয়ে নিয়েছেন!

05-ই এপ্রিল রাজধানীর জন্তর মন্তরে শুরু হওয়া এই অনশন কেবলমাত্র এক অনশন ছিল না... সেটা ছিল ক্রান্তির পদশব্দ!

এটা বলা মুশ্কিল নয় যে, আরব দেশগুলোয় চলতে থাকা ভ্রষ্টাচার বিরোধী গণতান্ত্রিক পরিবর্তনের ঝড়ের শিকার ভারতীয় উপ মহাদ্বীপে সবার আগে ভারত হতে পারে!

জন লোকপাল বিল নিয়ে আসতে বিন্দুমাত্র সংবেদনহীনতা দেখানো হলে মিশরের মত অবস্থা আমাদের দেশে তৈরী হতেও দেরী লাগবে না!

প্রধানমন্ত্রী ডঃ মনমোহন সিং-য়ের এক সৎ, বিনম্র এবং যৌক্তিক ব্যক্তির ইমেজ রয়েছে!

প্রধানমন্ত্রীর থেকে এই দেশের অনেক আশা! *(উনি মাত্র 5 দিনের ভেতরে অন্না এবং ওনার সাথীদের দাবী মেনে নিয়ে বড়ই বুদ্ধিমত্তার পরিচয় দিয়েছেন! এর জন্য উনি আর ওনার সাথীরা অভিনন্দনের পাত্র! পরিস্থিতি অত্যন্ত খারাপ হয়ে ওঠার আগেই প্রধানমন্ত্রীর হস্তক্ষেপে পরিস্থিতি সামলে নেওয়া গেছে!)*

আসলে লোকপাল বিলকে সবাই ভয় পাচ্ছে *(পাওয়াই উচিত)*... কারণ যদি এই বিল আইনের রূপ গ্রহণ করে নেয় আর এটার ড্রাফ্‌টিং ঠিক সেই প্রকার হয়, যেমনটা দেশের সমস্ত সামাজিক কর্মীরা বলছেন আর যেটার সুপারিশ স্বয়ং প্রশাসনিক সংশোধন কমিশন করেছে... তাহলে ভ্রষ্ট লোকেদের আর রক্ষে থাকবে না! *(16-ই এপ্রিল নিজের প্রথম মীটিং-য়ের পরে এমনটা জানানো হয়েছিল যে, বিলের ড্রাফ্‌টিং তেমনটাই হবে আর সেটা থেকে আশা আরও বেড়ে উঠেছে!)*

এই বিল পাশ হয়ে পড়লে সরকারের কাছে আর নিরঙ্কুশ ক্ষমতা

থাকবে না! *(এমনটাই দেশ চায়!)*

শাসন ক্ষমতার বিকেন্দ্রীকরণ হয়ে পড়বে!

এমনিতে বলতে গেলে 17 রাজ্যে তো লোকায়ুক্ত মজুদ রয়েছেন... কিন্তু পর্যাপ্ত ক্ষমতার অভাবে তাঁরা এক প্রকারে শোভার জিনিষ হয়ে রয়ে গেছেন!

পাঠকদের তথ্যের জন্য জানাই যে, যে লোকপাল বিলের দাবী অন্না জী করছেন... সেটার সুপারিশ প্রশাসনিক সংশোধন কমিশন 1966 সালে করেছিল! সেই সংস্থা নির্বাচন কমিশন আর সুপ্রীম কোর্টের মত সরকারের থেকে সম্পূর্ণ রূপে এক স্বতন্ত্র সংস্থা হবে!

এই বিল পাশ হয়ে পড়লে যে কোন মামলার তদন্তে এক বছরের বেশী সময় লাগবে না! দোষীকে দু বছরের মধ্যে শাস্তি দিয়ে জেলে পাঠিয়ে দেওয়া যাবে!

■■■

জনতার সমর্থনই অন্নার শক্তি

দেশের প্রমুখ সমাজসেবী অন্না হাজারে ভ্রষ্টাচারের বিরুদ্ধে লড়াই জিতে নেওয়ার পরে এটা স্পষ্ট করে দিয়েছিলেন যে, যদি আগামী 15-ই আগষ্ট, 2011-য়ের আগে সরকার *'জন লোকপাল'* বিল সংসদে পাশ না করায়... তাহলে উনি স্বাধীনতা দিবসে দিল্লীর লাল কেল্লার দিকে মার্চ শুরু করবেন! উনি অত্যন্ত পরিস্কার শব্দে এমনটা জানিয়েছেন যে, ওনার এই জয় প্রতিটি ভারতবাসীর জয়! এই জয়ের জন্য উনি সকল সমাজসেবী সংস্থা, মীডিয়া এবং বিশেষ করে দেশের যুবা শক্তিকে কৃতিত্ব প্রদান করে বলেন – *"আপনারা স্বাধীনতার দ্বিতীয় লড়াই-য়ের সূত্রপাত করে দিয়েছেন... এবার আমাদের সকলকে মিলে এই লড়াই জিততে হবে!"*

প্রধানমন্ত্রী ডঃ মনমোহন সিং অন্না হাজারের সাথে হওয়া সমঝোতার ওপরে মন্তব্য করতে গিয়ে বলেছেন – *"এটা দেশের গণতন্ত্রের পক্ষে এক ভালো সংকেত! সংসদের আগামী বাদল অধিবেশনে জন লোকপাল বিল অবশ্যই পেশ করা হবে!"* সিনীয়র কেন্দ্রীয় মন্ত্রী শ্রী কপিল সিব্বল, যিনি লাগাতার সরকার পক্ষ এবং অন্না হাজারের মধ্যে মধ্যস্হতা করে চলেছিলেন, বলেন – *"এটা হচ্ছে দেশের গণতন্ত্রের জয়!"*

এখানে এটা জানানো অত্যন্ত জরুরী যে, কেন্দ্র সরকার যে মাত্র 97 ঘন্টার মধ্যেই হার স্বীকার করে নেবে... এমনটা কেউ-ই চিন্তা করেননি! এমনিতে ভারত সরকারের হার মেনে নেওয়া তো 24 ঘন্টা পরেই শুরু হয়ে পড়েছিল... এর পরে বেশ কয়েক ঘন্টা মন্ত্রী স্তর আর মন্ত্রী পরিষদের স্তরে আলোচনা চলতে থাকে! এতে আইন বিশেষজ্ঞদের সাথেও বিভিন্ন ব্যাপারে আলোচনা চলতে থাকে! প্রধানমন্ত্রী ডঃ মনমোহন সিং গোটা দেশের পরিস্হিতি খুব ভালো ভাবে বুঝতে পেরে যান... এজন্য উনি রাষ্ট্রপতির সাথেও দেখা করার জন্য পৌঁছে যান এবং রাষ্ট্রপতিকে গোটা পরিস্হিতির ব্যাপারে জানিয়ে ওনার সাথে শলা-পরামর্শ করেন! যখন ভারত সরকারের সামনে আর কোন বিকল্প খোলা রইল না... তখন উনি অন্না হাজারে এবং পুরো ভারতের ভ্রষ্টাচার বিরোধী অভিযানের গুরুত্ব বুঝে হার স্বীকার করে নেন এবং অন্না হাজারের পক্ষ থেকে দাবী করা নোটিফিকেশনও জারী করে দেন!

ভ্রষ্টাচারের বিষয়ে কেন্দ্র সরকারের হার মেনে নেওয়া পুরো দেশের পক্ষে উল্লাসের বিষয় ছিল এবং দেখতে-দেখতে এই জয়ের জন্য আনন্দোৎসবও পালন করা শুরু হয়ে পড়ে! যেদিকে দেখুন, সেদিকেই উৎসবের পরিবেশ

দেখতে পাওয়া যাচ্ছিল! দীপাবলীতে আমাদের দেশের একটা সম্প্রদায় উৎসব পালন করেন... কিন্তু এই জয়ের আনন্দোৎসব পালন করার জন্য সকল ধর্মের লোকেরাই ঘর থেকে বাইরে বেরিয়ে এসেছিলেন! এমন কাউকে হয়তো খুঁজে পাওয়া যাবে না... যিনি অন্না হাজারের এই জয়ে আনন্দ প্রকাশ করেননি!

জন্তর মন্তর 5 দিন ধরে গোটা দেশের মনোযোগের কেন্দ্রবিন্দু হয়ে ছিল! *'নোটিফিকেশন'*-য়ের কপি এসে যেতে জন সমূহের *'বন্দে মাতরম্'*, *'ইন্‌কিলাব জিন্দাবাদ'* এবং *'ভারত মাতার জয়'* শ্লোগানের মধ্যে 73 বছর বয়স্ক অন্না লেবু-জল পান করে অনশন ভঙ্গ করেন! ওনাকে এক ছোট্ট মেয়ে লেবু-জল পান করিয়ে ওনার অনশন সমাপ্ত করায়! সেই সময় যেসব বিশিষ্ট ব্যক্তিত্ব জন্তর মন্তরে উপস্থিত ছিলেন... তাঁদের মধ্যে স্বামী অগ্নিবেশ, শ্রীমতি কিরণ বেদীর নাম হচ্ছে প্রমুখ!

অন্না হাজারে বলেন – *"আগামী ভবিষ্যতে আমরা জন প্রতিনিধিদের ফিরিয়ে নেওয়ার (রাইট টু রি-কল) এবং নির্বাচনে প্রার্থীদের অপছন্দ করার অধিকারও প্রাপ্ত করে তবে ছাড়ব!"* ওনার এই ঘোষণায় এক দিকে যেমন সেখানে উপস্থিত কোটি-কোটি জনতা আনন্দে নেচে ওঠেন... অন্য দিকে শাসক পক্ষ আর বিপক্ষে বসে থাকা জন প্রতিনিধিরা বিষন্ন হয়ে ওঠেন! নিজের বয়সের চিন্তা না করে, অন্না গোটা দেশকে এই বিশ্বাস প্রদান করেন যে, উনি গোটা ভারত ভ্রমণ করে ভ্রষ্টাচার আর অন্যান্য বিষয়ে দেশের লোকেদের মধ্যে জাগৃতির সৃষ্টি করবেন! উনি এই অভূতপূর্ব বিজয়ের পরে বলেন – *"এটা তো সবেমাত্র সূত্রপাত... এখনও আমাদের অনেক কিছু করতে হবে... যার জন্য ভারতবাসী যেন প্রস্তুত থাকে!"*

এই মহান ব্যক্তির মহান চিন্তাধারার আরও একটা উদাহরণ দেখুন! অনশন সমাপ্ত করার পরে এই গান্ধীবাদী নেতা এমনটা বলেন – *"সরকারকে ব্ল্যাকমেল করাটা আমার মোটেই উদ্দেশ্য ছিল না! বিরোধিতা করার এক ভালো পদ্ধতি হচ্ছে অনশনে বসে পড়া... আমি গান্ধী জী-র এই পদ্ধতিই গ্রহণ করেছি! এটা এক ভালো গণতান্ত্রিক পদ্ধতি!"*

ভ্রষ্টাচারের বিরুদ্ধে দেশের প্রতিটি রাজ্যে যাওয়ার ব্যাপারে মনস্থির করে নেওয়া অন্না হাজারে এটাও বলেন – *"আমার আর কি করার ছিল! আমার লেখা চিঠির কোন উত্তর সরকার দিলেন না... যার ফলে বাধ্য হয়ে আমাকে এই পদক্ষেপ নিতে হয়েছে! যখনই সরকার দেশের জনতার আওয়াজকে উপেক্ষা করবে... তখন-তখন আপনাদের বিরোধিতার আওয়াজ ওঠানো উচিত! আমি সেটাই করেছি! পুরো দেশ আমার পাশে এসে দাঁড়িয়েছে... আমি সম্পূর্ণ দেশের প্রতি কৃতজ্ঞ!"*

আমরণ অনশন সমাপ্ত করার পরে অন্না হাজারের রক্তচাপ হঠাৎ করে প্রচণ্ড বেড়ে ওঠে! এর ফলে ওনার শরীর খারাপ হয়ে পড়ে! ওনাকে বিশ্রাম করার পরামর্শ দেওয়া হয়! এর জন্য ওনার সন্ধ্যার প্রেস কন্‌ফারেন্সও বাতিল করতে হয়! *"বড় লড়াই তো এবার শুরু হবে!"* – এমনটা বলতে থাকা অন্না পরের দিন 10-ই এপ্রিল, 2011 সকালে বলেন যে, এখন উনি কিছুটা সুস্থ হলেও পুরোপুরি সুস্থ নন! উনি আমরণ অনশনের সময়

এমনটা বলেছিলেন যে, মৃত্যুকে উনি ভয় পান না! প্রাণের মায়া ওনার নেই! উনি নিজের মাথা কাটাতে রাজী আছেন... কিন্তু মাথা ঝোঁকাতে রাজী নন! প্রয়োজন পড়লে আবার একবার সংঘর্ষ করার কথাও উনি বলেন!

অন্না যেই ওনার দাবী মেনে নেওয়ার এবং নোটিফিকেশন পড়ে নেওয়ার পরে নিজের অনশন ভঙ্গ করলেন... গোটা দেশে অসংখ্য সমর্থকেরাও নিজেদের অনশন ভঙ্গ করলেন! পুরো দেশের সমর্থন প্রাপ্ত করাটা অন্নার ত্যাগপূর্ণ ব্যক্তিত্বেরই পরিণাম! উনি নিজের বাড়ীতে শেষ বার যাওয়ার পরে 35-টা বছর কেটে গেছে এবং উনি আজীবন অবিবাহিত থেকে সমাজের সেবায় লীন হয়ে রয়েছেন!

নিজের সংঘর্ষে বিজয়ী হওয়ার পরে অন্না হাজারে বলেন – *"লোকেরা জাতি, ধর্ম আর সম্প্রদায়ের ঊর্দ্ধে উঠে গোটা বিশ্বের সামনে এই আন্দোলনের মাধ্যমে একতার এক উদাহরণ পেশ করেছেন!"*

অন্না হাজারে এটাও বলেন – *"এই জিতের ফলে আমাদের দায়িত্ব আরও বেড়ে উঠেছে! এবার আমাদের শাসন ক্ষমতার বিকেন্দ্রীকরণ, জন প্রতিনিধিদের ফিরিয়ে আনা এবং নির্বাচন প্রণালীতে পরিবর্তন ইত্যাদি বিষয়ে আন্দোলন শুরু করতে হবে! যেসব লোকেরা আমার সাথে মহাত্মা গান্ধীর তুলনা করছেন, তাঁরা ভুল করছেন! তাঁদের এমন তুলনা করা উচিত নয়!"*

অন্না আজকের যুগের নেতাদের *'কালো ইংরেজ'* আখ্যা দিয়ে বলেন – *"ভগত সিং, সুখদেব আর রাজগুরু 'বন্দে মাতরম' এবং 'ভারত মাতার জয়' শ্লোগান দ্বারা ইংরাজদের রাতের ঘুম কেড়ে নিয়েছিলেন আর এখন আমাদের শ্লোগান এই সব 'কালো ইংরাজ'-দের রাতের ঘুম কেড়ে নিয়েছে!"*

যোগগুরু রামদেবের সমর্থন এবং প্রশংসা

গোটা দেশের সফরে বার হওয়া বাবা রামদেব 13-ই এপ্রিল, 2011 বেঙ্গালুরুতে অন্না হাজারের অভিযানের প্রতি নিজের পূর্ণ সমর্থন তো ব্যক্ত করেছেন-ই... ওনার প্রশংসাও করেছেন! উনি বলেছেন – *"অন্না জী দ্বারা প্রস্তুত জন লোকপাল বিলের সুপ্রীম কোর্টের মত অধিকার প্রাপ্ত করা উচিত! একমাত্র তাহলেই দেশ থেকে ভ্রস্টাচার শেষ হতে পারে! আমি এমনটা চাই, যেন লোকপালের হাতে ভ্রস্ট লোকেদের শাস্তি দেওয়ার অধিকার থাকে!"*

উনি জন লোকপাল বিলকে ভ্রস্টাচার দূর করার এক শক্তিশালী মাধ্যমেরও আখ্যা দেন! উনি আরও বলেন – *"একে লোকায়ক্ত আইনের মত হতে দেওয়া উচিত নয়! সেই আইন শক্তিহীন প্রমাণিত হয়েছে!"*

বাবা রামদেব বলেন – *"কর্ণাটকের লোকায়ুক্ত শ্রী সন্তোষ হেগড়ে (ড্রাফট্ কমিটির সদস্য) মুখ্যমন্ত্রীর বিরুদ্ধে কোন বড় পদক্ষেপ নিতে পারেননি!"*

উনি আরও বলেন – *"এমন কি লোকায়ুক্ত যেসব অফিসারদের বিরুদ্ধে ব্যবস্থা গ্রহণ করেছিলেন আর পরে যাঁদের সাস্‌পেণ্ড করে দেওয়া হয়েছিল... সেই সব অফিসারদের আবার একবার ফিরিয়ে নেওয়া হয়েছে!"*

যোগগুরু বলেন – *"প্রধানমন্ত্রীকেও লোকপাল বিলের আওতায় নিয়ে*

আসা উচিত! আমি অনেক আগে থেকেই এমনটা বলে আসছি যে, ভ্রষ্টাচারীদের ফাঁসীর শাস্তি দেওয়া উচিত!"

একটু মনে করার চেষ্টা করুন...

আপনারা একটু মনে করে এটা জানান যে, নিম্নলিখিত কবিতা কে লিখেছেন? আপনারা কি এমনটা মানেন যে, ওনার এক-একটা লাইন যেত ক্রান্তির দূত অন্না হাজারের জন্যই লেখা হয়েছে?

"হো গঙ্গ হ্যায় পীর পর্বত-সী পিঘলনী চাহিয়ে,
ইস হিমালয় সে কোঙ্গ গঙ্গা নিকলনী চাহিয়ে!
আজ ইয়েহ দীবার, পর্দো কী তরহ হিলনে লগী,
শর্ত ভী লেকিন কি ইয়ে বুনিয়াদ হিলনী চাহিয়ে!
কৌন কহতা হ্যায় কি আসমাঁ মেঁ সুরাখ হো নহীঁ সকতা,
এক পত্থর তো তবীয়ত সে উছালো য়ারো!
সির্ফ হঙ্গামা খড়া করনা মেরা মকসদ নহীঁ,
মেরী কোশিশ হ্যায় কি ইয়ে সুরত বদলনী চাহিয়ে!
হর সড়ক পর, হর গলী মেঁ, হর নগর, হর গাঁও মেঁ,
হাথ লহরাতে হুয়ে হর লাশ চলনী চাহিয়ে!
মেরে সীনে মেঁ নহীঁ তো তেরে সীনে মেঁ সহী,
হো কহীঁ ভী আগ, লেকিন আগ জলনী চাহিয়ে!"

প্রসিদ্ধ কবি দুষ্মন্ত দ্বারা বিভিন্ন সময়ে যা কিছু বলা হয়েছে... সেগুলো আজ আমাদের ক্রান্তির দূত অন্না জী-র ক্ষেত্রে একেবারে সঠিক বলে মনে হয়!

অন্না হাজারে নিজের বিভিন্ন বক্তব্য দ্বারা দেশবাসীদের প্রতি নিজের কৃতজ্ঞতা প্রকট করে বলেছেন যে, যে তাৎক্ষণিক এবং প্রবল সমর্থন উনি পুরো ভারত থেকে প্রাপ্ত করেছেন... সেটাই হচ্ছে ওনার আসল শক্তি! সেটাই ওনাকে সামনের দিকে এগিয়ে চলার প্রেরণা জুগিয়েছে! উনি বলেছেন যে, দেশের প্রতিটি প্রান্ত থেকে প্রাপ্ত সমর্থন দ্বারা যে অভূতপূর্ব সফলতা উনি প্রাপ্ত করেছেন... সেটা ওনাকে শক্তি প্রদান করেছে! সেটা ওনার ক্ষমতার বৃদ্ধি করেছে! উনি কেবল ভ্রষ্টাচার উম্মূলনই নয়... অন্যান্য আরও অনেক বিষয় উঠিয়ে দেশের লোকেদের আশা পূরণ করবেন!

■■■

বিল আরও বেশী শক্তিশালী আর পারদর্শী হওয়া উচিত

এখনই এমনটা বলা তাড়াহুড়ো করা হবে যে, গান্ধীবাদী সমাজসেবী ক্রান্তির দূত অন্না হাজারে নিজের লক্ষ্য প্রাপ্ত করতে সফলতা অর্জন করবেন কি না? যদি বেশ কয়েক প্রকারের অবরোধক ওনার চলার গতিতে বাধার সৃষ্টি করে, তাহলেও আশ্চর্যের কিছু নেই! আসুন... কিছু বিদ্বান সম্পাদকদের বিচারধারা, তাঁদের আশংকা এবং নিস্কর্ষ জানা যাক!

ভ্রষ্ট রাজনীতির বিরুদ্ধে অন্না হাজারে এবং ওনার সমর্থকদের আন্দোলনের তুলনা তহরীর চকের প্রদর্শন আর এমন কি 1962 সালের উডস্টক আন্দোলনের সাথে করা হচ্ছে!

লোকপাল বিলের জন্য অন্না হাজারের সমর্থনে করা আন্দোলন দেখে এমনটা মনে হচ্ছে, যেন শুদ্ধিকরণের জন্য কোন ক্রান্তি হচ্ছে আর এমনটা মনে হচ্ছে, যেন এটা এমন এক তুফান... যে তুফানে সমস্ত ভ্রষ্ট রাজনৈতিক নেতারা বয়ে যাবেন আর তাঁদের স্হান তাঁরা গ্রহণ করবেন, যাঁরা বাস্তবে রাজনীতির কারণে পীড়িত হয়ে উঠেছেন! এই আন্দোলনের প্রতি আকৃস্ট হয়ে প্রাক্তণ সরকারী কর্মচারী, যোগের প্রতি আগ্রহ নেওয়া সাধারণ ব্যক্তি, অটো রিক্শা ইউনিয়ন, মোমবাতি জ্বালিয়ে প্রদর্শন করতে থাকা শিল্পী, বড়-বড় কোম্পানীর বিখ্যাত সব শিল্পপতি আর ছাত্ররা এই আন্দোলনে শামিল হচেছন! তাঁরা সকলেই এটা বুঝতে পারছেন যে, ভ্রষ্ট রাজনীতি দেশের মাথা লজ্জায় হেঁট করিয়ে দিয়েছে আর তাঁরা এর ফলে অত্যন্ত রুস্ট হয়ে উঠেছেন! তাঁরা এই ব্যাপারে কিছুটা স্বস্তি অবশ্যই অনুভব করেছেন যে, সরকার লোকপাল বিলের ক্রুটিগুলোকে ঠিক করার জন্য বাধ্য হয়ে নতি স্বীকার করে নিয়েছেন!

এটা ঠিক যে, ভ্রস্টাচারের বিরুদ্ধে কঠোর পদক্ষেপ নেওয়ার আবশ্যকতা রয়েছে! এটাও অস্বীকার করা চলে না যে, গত কয়েক বছরে সরকার এমন কিছু আইন তৈরী করেছে, যেগুলোর কারণে ভ্রস্টাচারীরা সহজেই বেঁচে যেতে পারেন! এটাও সত্য যে, এই বিলের দাবী করতে থাকা লোকেরাও এটার পূর্ণ অধ্যয়ণ করেননি! কেবলমাত্র সাধারণ সমাজই আওয়াজ ওঠাচেছ! রাজনৈতিক নেতাদের কাছে জনতার প্রতিনিধি হওয়ার কেবলমাত্র একটাই প্রমাণ রয়েছে যে, তাঁরা নিরপেক্ষ নির্বাচন জেতার পরেই জনতার প্রতিনিধিত্ব করেন!

এই সমস্ত বিবরণ ইণ্ডিয়ান এক্সপ্রেস প্রকাশিত করেছে... আমরা কৃতজ্ঞতা প্রকট করছি! সংবাদপত্র এর পরে লিখেছে –

যদি আমাদের গণতন্ত্রে কোথাও কোন ত্রুটি থাকে, তাহলে সেগুলো সংশোধন করার জন্য সমাজের প্রসিদ্ধ লোকেদের এক মঞ্চে একত্রিত হওয়া প্রয়োজন; কিন্তু তার জন্য এটা জরুরী নয় যে, জনতা দ্বারা নির্বাচিত প্রতিনিধিদের ব্যবস্থাকে একেবারে বাতিল করে দেওয়া হোক! সরকারের এই প্রচেষ্টাও রয়েছে যে, সমাজের লোকেদের ন্যাশনাল এ্যাডভাইসরী কাউন্সিল তৈরী করা হয়েছে... যারা বিধায়কদের বিরুদ্ধে আওয়াজ ওঠাতে পারবে! রাজনৈতিক নেতাদের বিরুদ্ধে এই প্রকারের আক্রোশ কেবলমাত্র ফাঁপাই নয়... বরং সেটা অত্যন্ত বিপজ্জনকও বটে! কেন?

কারণ আমাদের প্রতিনিধিরাও আমাদেরই মত! এছাড়া রাজনীতির এই প্রকারের বিরোধ তাঁদের পক্ষে বর্মই প্রমাণিত হয়! যাঁরা গণতন্ত্রের বিরোধিতা করবেন... তাঁরাই তাঁদের বিকল্পের রূপে সামনে আসবেন! এজন্য এটা বেশী জরুরী যে, আমাদের বিধায়িকাকে আরও বেশী শক্তিশালী করে তোলা হোক আর তার সাথে-সাথে তাতে পারদর্শিতা আরও বাড়িয়ে তোলা হোক এবং সেটার জনতার প্রতি জবাবদেহীতা আরও বেশী সুনিশ্চিত করে তোলা উচিত!

অন্না হাজারের বড় লড়াই শুরু হল

অন্না হাজারে আর ওনার সহযোগীদের পরীক্ষা এখান থেকেই শুরু হল! আসলে আন্দোলন যে অপার জন-সমর্থন প্রাপ্ত করেছে... সেটার একমাত্র ভিত্তি হচ্ছে ভ্রষ্টাচার! ভীড়ের অধিকাংশ মুখের লোকপাল বিলের প্রতি কোন আশা নেই... তাঁদের যন্ত্রণা আর চিন্তার মুখ্য বিষয় হচ্ছে ভ্রষ্টাচার! সুতরাং আগামী দিনে ভ্রষ্ট সরকারী অফিসার, রাজনৈতিক নেতা আর সংস্থার বিরুদ্ধে এক সার্থক ব্যবস্থা গ্রহণ করা উচিত! জবাবদেহী শীর্ষ বিন্দু থেকে শুরু হওয়া উচিত! ভ্রষ্টাচার হচ্ছে এক মনঃস্থিতি... এখন তো সেটাকে এক পরম্পরা বলেও মনে হয়! বাচ্চার জন্ম হওয়া থেকে শুরু করে শ্মশান ঘাট পর্যন্ত ভ্রষ্টাচার আমাদের শোষণ আর লুট করছে! সাধারণ জনতা নিরীহ আর অসহায় হয়ে উঠেছে... কারণ ভ্রষ্টাচারের কৃপা ছাড়া তাঁদের কোন কাজই পূরণ হয় না!

এই সম্পাদকীয় দিব্য হিমাচল পত্রিকার 11-ই এপ্রিল সংখ্যায় প্রকাশিত হয়েছে! ওনাদের এই আশংকা সম্পূর্ণ ন্যায্য! ওনারা পর্যাপ্ত তথ্যও প্রদান করেছেন! আমরা কৃতজ্ঞতা সহকারে সেটা এখানে প্রকাশ করছি! আগের বর্ণনা দেখুন ঃ-

অন্না হাজারের জনশক্তির সামনে সরকার হার মানল

ফলস্বরূপ লোকপাল বিলের ড্রাফট তৈরী করার অর্দ্ধেক অংশীদারী নাগরিকদেরও হবে! এই প্রথম বার সংবিধান এমনটা চরিতার্থ করছে যে, সেটা সত্যি-সত্যি জনতার জন্য! অন্না আর ওনার সাথীদের ভূমিকা এখান

থেকেই শুরু হয়! চিন্তা হচেছ এটা যে, এই আন্দোলন কেবলমাত্র এক প্রদর্শন হয়েই না থেকে যায়! অন্নার সকল সহযোগীরাও একেবারে ধোওয়া তুলসী পাতা মোটেই নয়! তাঁদেরও এক নিজস্ব অতীত রয়েছে, স্বার্থ রয়েছে, প্রতিবদ্ধতা আর রাজনীতি রয়েছে! এমনটা নয় যে, দেশে ভ্রষ্টাচার নিরোধক আইন নেই! সর্বোচ্চ আদালত আর সি.বি.সি.-র শক্তি অত্যন্ত ব্যাপক! লোকপালের ব্যবস্হাও স্হাপিত করা যেতে পারে!

এমন অবস্হা তখন আসবে, যখন অন্নার মানসপুত্র লোকপাল বিল সংসদে পাশ হয়ে, আইনের রূপ ধারণ করে নেবে! যদি রাষ্ট্রপতি, প্রধানমন্ত্রী আর প্রধান ন্যায়াধীশের বিষয়ে সংযুক্ত সমিতিতেই বিরোধাভাস প্রকাশ পায়... তাহলে অন্নার দল কি করবে?

ক্রান্তি আর জন আন্দোলনকে আবার একবার আগের মত সমর্থনের সাথে দাঁড় করানো অত্যন্ত মুশকিল! সরকারের শক্তি আর কুটিলতা অত্যন্ত ব্যাপক! সরকার আন্দোলনকারীদের দু ভাগে বিভাজিতও করতে পারে! এমনটা কাল্পনিক মূল্যাংকন মোটেই নয়! স্বামী অগ্নিবেশ, শ্রীমতি কিরণ বেদী, শ্রী অরবিন্দ কেজরীওয়াল, বাবা রামদেব, শিল্পপতি আর চিত্রতারকারা বুনিয়াদী রূপে ক্রান্তিকারী নন! তাঁদের মুখ সময় আর প্রয়োজন অনুসারে বদলাতে থাকে! ওনারা পেশাদারী রূপে সরকারী সুযোগ-সুবিধাও ভোগ করতে থাকেন! ওনাদের মধ্যে কেউ-কেউ 2010 সালের শেষ কয়েক মাসে ভ্রষ্টাচার বিরোধী আন্দোলনের আহ্বাণ জানিয়েছিলেন!

নূতন দিল্লীতে র‍্যালীর আয়োজনও করা হয়েছিল! সেই অভিযানের প্রথম পুরুষ ছিলেন বাবা রামদেব আর অন্নার উপস্হিতি পর্যন্ত ছিল না! সেই আন্দোলনের নিস্কর্ষ শূণ্য ছিল আর সকলে এদিক-ওদিকে ছড়িয়ে-ছিটিয়ে পড়েছিলেন! লোকপাল বিলের প্রসঙ্গে সেই সব ভ্রষ্টাচার বিরোধীদের অন্না হাজারের নেতৃত্ব সঠিক বলে মনে হয়! তাই সমস্ত শক্তি অন্নার চারপাশে কেন্দ্রীভূত হয়ে পড়ে! ওনাদের মধ্যে কাউকে জনতার প্রতিনিধি বলা চলে না... কারণ এই বিরাট দেশে তাঁদের কোন প্রকারের জনাদেশ প্রাপ্ত নেই! এটা হচেছ অন্নার সত্যাগ্রহেরই জিত... কিন্তু ওনার তুলনাও গান্ধী জী বা জয়প্রকাশ নারায়ণের সাথে করা চলে না! গান্ধী আর জে.পি. সমগ্র পরিবর্তনের আহ্বাণ জানিয়েছিলেন! কোন বিলের ড্রাফ্ট তৈরী করা বা কোন সরকার স্হাপিত করা তাঁদের উদ্দেশ্য মোটেই ছিল না!

বিড়ম্বনা হচেছ এটা যে, এই দেশ গান্ধী আর জে.পি.-র পরিবর্তনকে পুরোপুরি নিয়ে আসতে পারেনি! অন্না বর্তমান যুগের তৃতীয় ব্যক্তিত্ব হতে পারেন! ওনার মধ্যে এমন একটা কিছু অবশ্যই আছে... যার দ্বারা গোটা দেশ আন্দোলিত হয়ে উঠেছে! সরকারী সমঝোতা পরাস্ত হয়েছে... সিস্টেম বদলাচেছ বলে মনে হচেছ – কিন্তু সব কিছু এতটা সহজ মোটেই নয়!

এক মূল্যাংকন অনুসারে আমাদের দেশে 145 সাংসদ, 89 রাজ্যসভার সাংসদ, 1140 বিধায়ক, 28 আমলা, 6 মন্ত্রী আর বেশ কিছু সেনা অফিসার ভ্রষ্টাচারের আরোপে আরোপিত! এটা হচেছ সেই সময়ের কথা... যখন দেশে

শক্তিশালী সর্বোচ্চ আদালত আর ভিজিলেন্স কমিশন রয়েছে! সি.বি.আই. আর প্রবর্তন নিদেশালয়ের মত তদন্ত এজেন্সী রয়েছে! যদি সি. কে. জাফর শরীফ থেকে শুরু করে মুলায়েম সিংহ যাদব, মায়াবতী আর লালুপ্রসাদ যাদবের মত নেতাদের বিরুদ্ধে রাজনৈতিক কারণে কোন ব্যবস্থা গ্রহণ না করা হয় আর শেষে তাঁদের ক্লীন চিট্ দিয়ে দেওয়া হয়... তাহলে তাতে আইনের কি দোষ?! প্রশ্ন হচ্ছে সিস্টেমের রাজনৈতিক সমঝোতার! অন্নার ক্ষেত্রেও এমন পরিস্থিতির সৃষ্টি হলে আশ্চর্য হওয়ার কিছুই নেই!

লোকপাল বিলও সর্বব্যাপক হতে পারে না! সরকারে সংযুক্ত সচিবের ওপরের আমলাদের বিরুদ্ধে ব্যবস্থা গ্রহণ করাটা সহজ নয়! যে ভাবে পি. জে. থমাসের বিরুদ্ধে ব্যবস্থা গ্রহণ করার অনুমতি সরকার বেশ কিছু বছর পর্যন্ত দেয়নি... ঠিক সেই ভাবে হাজারো মামলা সিবিসি-তে নিশ্চয়ই হবে! আইন কি করতে পারে? অন্না এই সব বাধার ব্যাপারে ব্যাপারে নিশ্চয়ই আভাস পেয়ে থাকবেন... সুতরাং পরীক্ষা তো অন্নাকে দিতে হবে! এখনও তো এটা সামনে আসা বাকী রয়ে গেছে যে, অন্নার আন্দোলনকে তাৎক্ষণিক রূপে সমাপ্ত করাটা সরকারের কোন রণনীতি তো ছিল না?!

পাঁচ রাজ্যে নির্বাচন হতে চলেছে! নির্বাচনে কংগ্রেস আর ইউ.পি.এ.-র ফল যাতে খারাপ না হয় আর ভ্রষ্টাচার যাতে এক রাষ্ট্রীয় বিষয় না হয়ে ওঠে... সেজন্য সরকারকে তাড়াহুড়ো করে হস্তক্ষেপ করতে হয়েছে হয়তো! এই সত্যতাও এখনও প্রকাশ হওয়া বাকী রয়ে গেছে! এই প্রকার অন্নার সামনে এখন অনেক প্রশ্ন! তাই বার-বার এই চিন্তা হয় যে, অন্নার এই আন্দোলন কেবলমাত্র এক প্রদর্শনে না পরিণত হয়! ওনার উদ্দেশ্য মহান আর বিরাট! শাসন ক্ষমতার বিকেন্দ্রীকরণ, নির্বাচনী সংশোধন, জন প্রতিনিধিদের ফিরিয়ে নেওয়ার অধিকার, নেতিবাচক ভোটদানের অধিকার ইত্যাদি হচ্ছে অন্নার লক্ষ্য! এর জন্য উনি গ্রামে-গ্রামে গিয়ে জাগরুকতার প্রদীপ জ্বালাবেন... কিন্তু কতটা সফল হবেন, সেটা আগামী ভবিষ্যতই স্থির করবে! আপাততঃ এই সময়ে ওনার প্রধান লক্ষ্য হচ্ছে লোকপাল বিল! চার দশক ধরে ঝুলে থাকা এই বিল সংসদে পাশ করানোই হচ্ছে অন্নার স্বপ্ন! সেই সিস্টেমের আওতায় প্রধানমন্ত্রীও যাতে আসেন... অন্না এমনটাই চান! কিন্তু সেটা এতটা সহজ মোটেই নয়! প্রশ্ন আমাদের গণতান্ত্রিক ব্যবস্থার শীর্ষস্থানীয় কার্যকরী পদের... প্রশ্ন সংসদের সর্বোচ্চতারও! অন্নার আন্দোলনের সামনে এই পুরোন সিস্টেম কতটা টিকতে পারে... সেটাই হচ্ছে দেখার বিষয়! কিন্তু এটাও মাথায় রাখা উচিত যে, ভারত হচ্ছে এক গণতান্ত্রিক রাষ্ট্র... মিশর, লিবিয়া বা টিউনিশিয়া নয়!

এখনও আমাদের অপেক্ষা করে থাকতে হবে আর এটা দেখতে হবে যে, অন্না জী ঠিক কতটা সফলতা অর্জন করেন!

■■■

শেষ পর্যন্ত কি হবে – কিছুই বলা যাচ্ছে না

যে দেশে বেশ কয়েক জায়গায় কোটি-কোটি টাকার কেলেংকারী বেশ কয়েক বার হতে থাকে... সেই দেশে অন্না হাজারের মত লোকেরা কি করে চুপচাপ বসে থাকতে পারেন? এটা কে না জানে যে, সঞ্চার কোম্পানীগুলো দ্বারা *'ফেমা'*-তে 4,300 কোটি টাকার হেরাফেরী করা হয়েছে! 'ফেমা'-র অর্থ হচ্ছে বিদেশী মুদ্রা প্রবন্ধন আইন!

1.76 লক্ষ কোটির কেলেংকারী

প্রবর্তন নিদেশালয় *(ইডি)* 2-জি *স্পেক্ট্রাম* কেলেংকারীতে তথাকথিত রূপে শামিল স্হান, লুপ আর এস-টোল সমেত, প্রমুখ দূর সঞ্চার কোম্পানীগুলোর বিরুদ্ধে বিদেশী মুদ্রা প্রবন্ধন আইন *(ফেমা)* উল্লংঘনের বেশ কয়েকটি আরোপ লাগিয়েছে! ফেমা 09-ই এপ্রিল, 2011 এই অভিযোগ করেছে যে, এই সব কোম্পানীগুলো ফেমা আইনের উল্লংঘন করে 4300 কোটি টাকার হেরাফেরী করেছে!

কেবলমাত্র *স্পেক্ট্রাম* স্ক্যাম দ্বারা সরকারের 1.76 লক্ষ কোটি টাকার ক্ষতি হয়েছে! এই কেস হচ্ছে 2008 সালের! ভারতকে নির্ধন করে তোলার জন্য এমন বেশ কিছু বড়-বড় স্ক্যাম হতে থেকেছে... কিন্তু তাতে কারো কিছু যায়-আসে না!

ফাঁসী ঃ জন্তর মন্তরের মঞ্চে আমরণ অনশনে বসা ক্রান্তির দূত অন্না হাজারে তো এতটা বলে দিয়েছেন – *"প্রতি দিন নতুন-নতুন কেলেংকারীর কথা প্রকাশ পাচেছ... কিন্তু ভ্রস্ট কেলেংকারী বাজেদের জেল হচ্ছে না! এমন লোকেদের তো কম পক্ষে ফাঁসীর শাস্তি অবশ্যই হওয়া উচিত!"*

যোগগুরু বাবা রামদেবও ভ্রস্টাচারীদের ফাঁসী দেওয়ার দাবী অনেক বার করেছেন!

কেন্দ্র সরকার নোটিফিকেশনে কি দিয়েছে?

09-ই এপ্রিল, 2011 শনিবার, কেন্দ্র সরকার হার মেনে নিয়ে অনেক বার *'না-না'* করার পরে শেষে অন্না জী-র যে দাবী মেনে নিয়েছে, সেটা হচ্ছে

নোটিফিকেশন জারী করা! এই নোটিফিকেকশনে যেসব মুখ্য ব্যাপার ছিল, সেগুলো আমরা নিজেদের পাঠকদের সামনে তুলে ধরছি! যখন নোটিফিকেশন হাতে পাওয়া গেল আর অন্না জী অনশন ভঙ্গ করলেন... তখন সেটার একটা কপি সামনে রেখে সেটার চার পাশে গোলাকার বৃত্তে মোমবাতি জ্বালানো হয়! গান গাওয়া হয়... শ্লোগান দেওয়া হয়... ভারত মাতার জয়ধ্বনিও দেওয়া হয়! এই প্রকারে দীপাবলীর মত খুশীর পরিবেশের সৃষ্টি করা হয়!

নোটিফিকেশন এক সরকারী দস্তাবেজ হয়... তাতে মুখ্য বিষয় এগুলো ছিল ঃ-

সংযুক্ত ড্রাফ্‌ট কমিটিতে ভারত সরকারের পক্ষ থেকে পাঁচজন মন্ত্রী এবং অন্না হাজারের পক্ষ থেকে পাঁচজন ব্যক্তি থাকবেন... যাঁদের মধ্যে স্বয়ং অন্না হাজারেও থাকবেন!

ভারত সরকারের পক্ষ থেকে যে পাঁচজন মন্ত্রীর নাম পেশ করা হয়, তাঁরা হলেন ঃ

01. কেন্দ্রীয় অর্থমন্ত্রী শ্রী প্রণব মুখার্জী

02. কেন্দ্রীয় গৃহমন্ত্রী শ্রী পি. চিদাম্বরম

03. কেন্দ্রীয় আইন মন্ত্রী শ্রী এম. বীরপ্পা মইলী

04. কেন্দ্রীয় মানব সংসাধন বিকাশ আর তথ্য এবং সম্প্রচার মন্ত্রী শ্রী কপিল সিব্বল

05. কেন্দ্রীয় জল সংসাধন এবং অল্প সংখ্যক মামলার মন্ত্রী শ্রী সলমান খুর্শীদ!

অন্না হাজারের পক্ষ থেকে মনোনীত পাঁচজন ব্যক্তি হচ্ছেন ঃ

01. অন্না হাজারে *(প্রখ্যাত সমাজসেবী)*

02. ন্যায়মূর্তি শ্রী এন. সন্তোষ হেগড়ে

03. শ্রী শান্তি ভূষণ *(সিনীয়র উকিল)*

04. শ্রী প্রশান্ত ভূষণ *(প্রসিদ্ধ উকিল)*

05. শ্রী অরবিন্দ কেজরীওয়াল *(সমাজসেবী এবং আর.আই.টি. বিশেষজ্ঞ)*

সংযুক্ত ড্রাফ্‌ট কমিটির অধ্যক্ষ শ্রী প্রণব মুখার্জী হবেন!

সংযুক্ত ড্রাফ্‌ট কমিটির সহ-অধ্যক্ষ হবেন শ্রী শান্তি ভূষণ!

এই কমিটির সংযোজক হবেন শ্রী এম. বীরপ্পা মইলী!

09-ই এপ্রিল, 2011 প্রকাশিত এই নোটিফিকেশনে এমনটা বলা হয়েছে যে, সংযুক্ত ড্রাফ্‌ট কমিটি এখন থেকেই নিজের কাজ শুরু করে দেবে আর প্রস্তাবিত বিল তৈরী করায় নিজের প্রক্রিয়া তৈরী করবে!

আরও একটা বিশেষ ব্যাপার এই নোটিফিকেশনে ছিল, সেটা হচ্ছে – সংযুক্ত কমিটি 30-শে জুন, 2011-য়ের মধ্যে নিজের কাজ শেষ করে নেবে!

বলা যাচ্ছে না, কি হবে

অন্না জী-র পক্ষ থেকে নির্দিস্টি পাঁচজন সদস্যের মধ্যে দুজনের ওপরে বাবা রামদেব প্রথমে প্রশ্নচিহ্ন লাগান... তারপর সেটা সরিয়েও দেন! সরকার পক্ষের সদস্যদের মধ্যে দুজনও এমন কিছু একটা বলেছিলেন... যেটা অন্না জী-র ভালো লেগেছিল! তারপর উনিও স্পষ্টীকরণের মাধ্যমে ড্যামেজ কন্ট্রোল করে নেন! অন্না জী স্বয়ং ভিডিয়োগ্রাফীর বিষয়ে সরকারের মুখের স্বাদ নস্ট করে দেন! তাই এখনও স্পষ্ট করে এটা বলা যাচ্ছে না যে, আসলে ঠিক কি হবে?

টীথিং ট্রাবল কষ্ট দিচ্ছে

জন লোকপাল বিলে কোন্ ভ্রস্টাচারের কি শাস্তি হবে... সেটার ওপরে যত কঠোরতা অন্না হাজারে আর যোগগুরু রামদেব চান... সেটা মানা হবে কি না – সেটার ব্যাপারে পরে জানতে পারা যাবে! বাবা রামদেব নোটিফিকেশন জারী হওয়ার দিনই শ্রী শান্তি ভূষণ এবং শ্রী প্রশান্ত ভূষণ *(পিতা-পুত্র)*-কে এক সাথে সংযুক্ত ড্রাফ্ট কমিটিতে শামিল করায় ক্ষুব্ধ হয়ে এটাকে বংশবাদকে প্রশ্রয় দেওয়ার আখ্যা প্রদান করেন! এতে প্রচণ্ড হৈ-চৈ পড়ে যায়! অন্না জী এমনটা বলেন যে, কমিটিতে কোন পরিবর্তন করা হবে না! উনি বাবা রামদেবকে এমন কোন বয়ান না দেওয়ার পরামর্শও দেন! ওনাদের দুজনের মধ্যে ফোনেও কথাবার্তা হয়! যোগগুরু বাবা রামদেব নিজেকে সংযত করে নেন আর টি.ভি. চ্যানেলে বলেন যে, ওনার বক্তব্যের যেন ভুল অর্থ বার করা না হয়! ভুল বোঝাবুঝি দূর হয়ে পড়েছে এবং পিতা-পুত্র – দুজনেই কমিটিতে থাকবেন!

অন্য টীথিং ট্রাবল সামনে এল

সংযুক্ত ড্রাফ্ট কমিটির সরকারী পক্ষের সদস্য এবং কেন্দ্রীয় মন্ত্রী শ্রী কপিল সিব্বল কোন এক জায়গায় জনসভায় এমনটা বলে ফেলেন যে, এই জন লোকপাল বিল দ্বারা ভ্রস্টাচার সমাপ্ত হতে পারে না! এর ওপরেও চেঁচামেচি শুরু হয়ে পড়ে! যখন অন্না হাজারে এসব শুনলেন... তখন উনি নিজের বয়ানে বললেন – *"যদি কেন্দ্রীয় মন্ত্রী শ্রী কপিল সিব্বলের এমনটা মনে হয় যে, এই বিলের দ্বারা তেমন কোন লাভ হবে না... তাহলে ওনার কমিটি থেকে ইস্তফা দিয়ে দেওয়া উচিত! উনি কেন নিজের আর আমাদের – দু পক্ষের সময় নস্ট করছেন? ওনার দেশের হয়ে অন্য কাজ করা উচিত!"* অন্নার পাল্টা আঘাতে শ্রী সিব্বলের ঘাবড়ে ওঠাটা স্বাভাবিকই ছিল! উনি কোন রকমে পরিস্হিতি সামাল দিলেন! ড্যামেজ কন্ট্রোল করতেও দেরী করলেন না! উনি ক্যামেরার সামনে বললেন – *"আমি ভ্রস্টাচারের বিরুদ্ধে*

লড়াইতে অন্না জী-র পাশে রয়েছি!"

অন্য আরও এক সদস্য এবং কেন্দ্রীয় মন্ত্রী শ্রী সলমান খুর্শীদ ভ্রষ্টাচারের বিরুদ্ধে লড়াই করার জন্য তৈরী লোকপাল বিলের প্রশ্নে বলেছেন – *"ভগবান মজুদ থাকলেও সকল খারাপ জিনিষ দূর হয় না! আমাদের তখনও নিজেদের সন্তানদের ভালো জিনিষ শেখাতে হয় আর মন্দির স্হাপনা করে ভগবানের পূজা-অর্চনা ইত্যাদি করতে হয়!"*

রাজনৈতিক বিবাদ ঠিক নয়

এটা মাথায় রাখা উচিত যে, জন লোকপাল বিলের ওপরে সংযুক্ত কমিটি তৈরী হওয়ার পরেও সেটাকে কেন্দ্র করে রাজনৈতিক বিবাদ থামেনি! লোকপাল বিলের ওপরে সরকারকে ব্যাকফুটে ঠেলে দেওয়া ক্রান্তির দূত অন্না হাজারে এবার কেন্দ্রীয় মন্ত্রী শ্রী কপিল সিব্বলকে নিজের নিশানা করে তুলেছেন... যেমনটা ওপরে জানানো হয়েছে! শ্রী কপিল সিব্বল দ্বারা সাফাই দেওয়ার পরে যদি সেটাকে স্বীকার করে নেওয়া হয়... তাহলে অবশ্যই রাজনৈতিক বিবাদ থেমে যাবে... যেটা দেশের কল্যাণেই হবে!

অন্নাকে গান্ধী কে বানাল?

আসুন... শ্রী সুমন্ত মিশ্রের সাথে পরিচয় করা যাক! ওনার বক্তব্য হচ্ছে এই যে, শ্রী পৃথ্বীরাজ চহ্বাণ অন্নাকে গান্ধী করে তুলেছেন! উনি নিজের বক্তব্য এমন ভাবে বুঝিয়েছেন, যেটা পাঠকদের জন্য এক ভালো তথ্য হতে পারে! উনি লিখেছেন –

"অন্না হাজারে দ্বারা মহারাষ্ট্র রাজ্য কো-অপারেটিভ ব্যাংক কেলেংকারীর তদন্তের দাবী যদি মহারাষ্ট্রের মুখ্যমন্ত্রী শ্রী পৃথ্বীরাজ চহ্বাণ মেনে নিতেন...

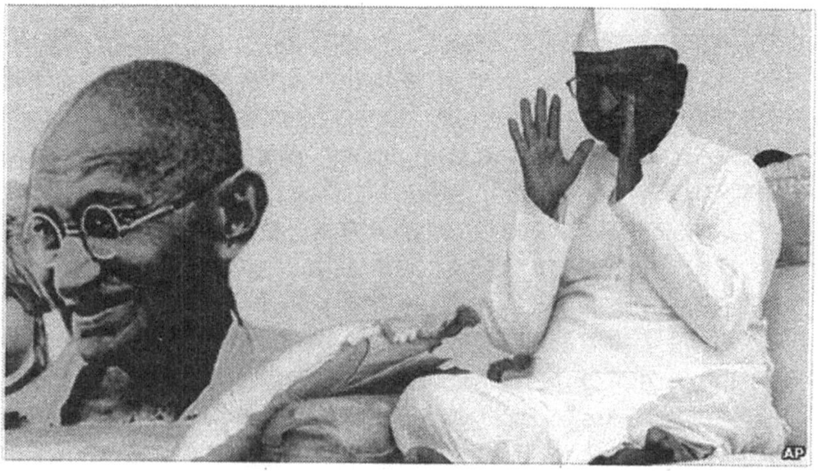

তাহলে দিল্লীর জন্তর মন্তরে হওয়া আন্দোলন এক রাষ্ট্রব্যাপী আন্দোলনের রূপে কখনোই পরিবর্তিত হত না! না পুরো দেশ জুড়ে অন্নার জাদু চলত আর না-ই ওনার তুলনা মহাত্মা গান্ধীর সাথে করা হত!"

"অন্না হাজারে 2010 সালের ডিসেম্বর মাসে পৃথ্বীরাজ চহ্বাণের সাথে কো-অপারেটিভ ব্যাংক কেলেংকারীতে শ্রী শরদ পাওয়ারের ভূমিকাকে কেন্দ্র করে দেখা করেছিলেন আর ওনার ওপরে ব্যবস্হা নেওয়ার দাবী জানিয়েছিলেন... কিন্তু মুখ্যমন্ত্রী অন্নার কথা মানেননি! এতে অপমানিত হয়ে অন্না নিজের আন্দোলনকে মহারাষ্ট্র থেকে দেশের রাজধানী দিল্লী নিয়ে যাওয়ার পরিকল্পনাকে সাকার করে তোলার কাজে লেগে পড়েন!"

"38 বছর বয়সে নিজের প্রথম সামাজিক আন্দোলন করা অন্না 73 বছর বয়সে দিল্লীতে অনশন করে যে ইতিহাসের রচনা করেছেন... তাতে মহারাষ্ট্রের বর্তমান কংগ্রেস-এন.সি.পি. সরকারের মুখ্য ভূমিকা রয়েছে! কো-অপারেটিভ ব্যাংক কেলেংকারীর মামলাকে কেন্দ্র করে অন্না 2 বার মহারাষ্ট্রের মুখ্যমন্ত্রী শ্রী পৃথ্বীরাজ চহ্বাণের সাথে দেখা করেন! কিন্তু নিজেকে অপমানিত অনুভব করার পরে উনি এই ব্যাপারে শ্রী অরবিন্দ কেজরীওয়াল, শ্রীমতি কিরণ বেদী এবং স্বামী অগ্নিবেশের সাথে আলাপ-আলোচনা করেন আর তাঁদের পরামর্শ অনুসারে দিল্লীর জন্তর মন্তরের দিকে রওনা হয়ে পড়েন!"

■■■

অন্নার সফর অত্যন্ত কঠিন

ক্রান্তির দূত এবং প্রমুখ সমাজসেবী অন্না হাজারের গলায় গলা মিলিয়ে দেশের প্রধানমন্ত্রী ডঃ মননোহন সিং দেশ থেকে ভ্রস্টাচার সমাপ্ত করার কথা বলেছেন! সংযুক্ত ড্রাফ্ট কমিটির অধ্যক্ষ কেন্দ্রীয় অর্থমন্ত্রী শ্রী প্রণব মুখার্জী এবং কমিটির সদস্য শ্রী কমিল সিব্বল ইত্যাদিরাও অন্না জী-র জয়কে দেশের গণতন্ত্রের জয় হিসেবে আখ্যা দিয়েছিলেন!

ওনাদের বলা শব্দগুলো তখনও দেশের কোটি-কোটি লোকেদের কানে গুঞ্জরিত হচ্ছিল... এমন সময় যোগগুরু বাবা রামদেব অন্না দ্বারা গঠিত কমিটির ওপরে প্রশ্নচিহ্ন লাগিয়ে সেটাকে বংশবাদে গ্রসিত আখ্যা দিলেন! প্রাক্তণ মন্ত্রী শ্রী শান্তি ভূষণ এবং ওনার পুত্র শ্রী প্রশান্ত ভূষণকে এক সাথে সংযুক্ত ড্রাফ্ট কমিটিতে শামিল করাটা ওনার ঠিক পছন্দ হল না! ব্যাপারটা যখন আরও এগোতে লাগল... তখন বাবা রামদেব তৎক্ষনাত *'ইউ টার্ন'* নিয়ে বললেন যে, সব ভুল বোঝাবুঝি দূর হয়ে পড়েছে! পিতা-পুত্রকে এক সাথে কমিটিতে নেওয়ার ব্যাপারে ওনার আর কোন আপত্তি নেই! উনি ভ্রস্টাচারের বিরুদ্ধে অভিযানে অন্না জী-র পাশে রয়েছেন এবং উনি অন্নার সফলতার কামনা করেন! ওনাকে বার-বার প্রশ্ন করা হতে থাকায় উনি আত্মরক্ষাত্মক মুদ্রায় বলেন – *"আমি নয়... লোকেরা বংশবাদের কথা বলছিলেন! বংশবাদের বিষয়টা আমি নয়... মীডিয়া উঠিয়েছিল!"*

এই প্রকার বাবা রামদেব সমালোচনার হাত থেকে রক্ষা পাওয়ার এক প্রচেস্টা অবশ্যই করেছিলেন... কিন্তু যে গাঁট পড়ে গিয়েছিল, সেটা তো আর খুলল না!

সন্তেরা অসন্তুষ্ট

অখিল ভারতীয় অখাড়া পরিষদের মুখপাত্র বাবা হঠযোগী বাবা রামদেবের তীক্ষ্ম সমালোচনা করে বলেছেন – *"বাবা রামদেবের বয়ান হতাশায় পরিপূর্ণ!"* এই সমালেচনায় বাবা হঠযোগী একা নন... আরও অন্য কিছু সন্তেরাও বাবা রামদেবের আপত্তিকে সম্পূর্ণ রূপে নিরাধার বলেছেন!

শান্তি ভূষণও ক্ষুব্ধ

যোগগুরু বাবা রামদেব দ্বারা জন লোকপাল বিলের ওপরে গঠিত ড্রাফ্ট কমিটিতে বংশবাদকে প্রশ্রয় দেওয়ার আরোপের মুখের ওপর জবাব দিয়েছেন

প্রাক্তণ কেন্দ্রীয় আইন মন্ত্রী শ্রী শান্তি ভূষণ! উনি বলেছেন – *"কমিটিতে যোগ শেখানো হবে না! কমিটিতে আইন বোঝা লোকেদের প্রয়োজন! ড্রাফট্ তৈরী করার জন্য আইন বিশেষজ্ঞদের প্রয়োজন... যোগ প্রশিক্ষকদের নয়!"*

উনি এটাও বলেন – *"আমার পুত্র প্রশান্ত ভূষণ কমিটিতে বাবা রামদেবকে শামিল করার কথা বলেছিল! কিন্তু অন্না হাজারে সেই প্রস্তাব স্বীকার করেননি এবং উনি পরে বাবা রামদেবের আপত্তিকেও খারিজ করে দিয়েছেন!"*

সিব্বল এবং সলমান খুর্শীদ

সরকারের তরফ থেকে এই কমিটির সদস্য নিযুক্ত হওয়া কেন্দ্রীয় মন্ত্রী শ্রী কপিল সিব্বল এবং শ্রী সলমান খুর্শীদও বলেছেন যে, জন লোকপাল বিল দ্বারা ভ্রষ্টাচার আটকানো সম্ভব নয়! ওনারা অবশ্য পরে ড্যামেজ কন্ট্রোল করে বলেছেন যে, ওনারা অন্না জী-র প্রচেষ্টাকে সফল করে তোলার জন্য সম্পূর্ণ রূপে সহযোগ প্রদান করবেন! কিন্তু যেসব বক্তব্য সামনে প্রকাশ পাচেছ... তার থেকে এটা পরিস্কার বুঝতে পারা যাচেছ যে, অন্না হাজারের এই সফর ততটা সহজ হবে না!

প্রকাশ সিং বাদলের বয়ান

পাঞ্জাবের মুখ্যমন্ত্রী মুখে যতই ভ্রষ্টাচারীদের বিরুদ্ধে কঠোর শাস্তির কথা বলুন না কেন... উনি এতটা বলে দিয়েছেন – *"যতই লোকপাল বানানো হোক্ না কেন... ভ্রষ্টাচার সমাপ্ত হবে না!"* অর্থাৎ উনিও লোকপাল বিল থেকে তেমন কোন লাভ হওয়ার আশা করছেন না!

ইচ্ছাশক্তির আবশ্যকতা

পাঞ্জাব বহুজন সমাজ পার্টির প্রধান এবং সাংসদ শ্রী অবতার সিং করীমপুরী বলেছেন – *"ভ্রষ্টাচারের সমাপ্তি কোন বিশেষ বিল দ্বারা নয়... ইচ্ছাশক্তির দ্বারাই হতে পারে!"* উনি আরও বলেছেন – *"রাজনৈতিক নেতাদের এবার গম্ভীরতা পূর্বক রণনীতি তৈরী করতে হবে... কারণ ভ্রষ্টাচার এখন অত্যন্ত সাধারণ হয়ে উঠেছে! দেশের পুরো সিস্টেম বিগড়ে গেছে!"*

শান্তা কুমারের মানসিক যন্ত্রণা

'*কালো টাকা*'-র বিরুদ্ধে অনেক কিছু বক্তব্য রাখা ভারতীয় জনতা পার্টির রাষ্ট্রীয় উপাধ্যক্ষ শ্রী শান্তা কুমার বলেছেন – *"আজকের যুগের রাজনীতিকে চোর-লুটেরাদের এক চক্র বলে মনে হয়! বিশ্বের মহাভ্রষ্ট দেশগুলোর সূচীতে এখন ভারতের নাম এসে পড়েছে! কিছু প্রভাবশালী আর বেইমান লোকেরা দেশের 300 লক্ষ কোটি টাকা লুট করে বিদেশী ব্যাংকগুলোয় জমা করিয়ে রেখেছে আর এর ফলে ভারত দরিদ্র হয়ে পড়েছে! সুপ্রীম কোর্ট প্রতি দিন*

ভারত সরকারকে তিরস্কার করছে সেই সব লুটেরাদের নাম জানানোর জন্য! ভারত সরকার নির্লজ্জের মত প্রতি দিন তিরস্কার শুনছে... কিন্তু কাজের কাজ কিছুই করছে না!"

এই ধরণের কঠোরতাকে ধিক্কার

অন্না হাজারের পথ যত কঠিনই হোক্ না কেন... যদি এই প্রকারের পদক্ষেপ নেওয়া যায়... তাহলে লক্ষ্য প্রাপ্তি সম্ভব! কেমন পদক্ষেপ... আসুন, জানা যাক!

প্রবর্তন নিদেশালয় *(ইডি)*, ঝারখণ্ডের প্রাক্তণ মুখ্যমন্ত্রী শ্রী মধু কোড়া আর ওনার সহযোগীদের থেকে তথাকথিত রূপে সম্বন্ধিত 130 কোটি টাকার সম্পত্তি বাজেয়াপ্ত করার প্রস্তুতি নিচ্ছে!

শ্রী কোড়া আর ওনার সহযোগীদের ব্যাপক স্তরে অবৈধ নিবেশ আর হাবালা লেনদেনের ওপরে তদন্ত করতে থাকা ইডি প্রীভেনশন অফ্ মানি লেণ্ডিং এ্যাক্ট *(পি.এম.এল.এ.)*-য়ের সম্বন্ধিত অফিসারের থেকে মঞ্জুরী প্রাপ্ত করে নিয়েছে! ইডি শ্রী কোড়া আর ওনার সহযোগীদের যতটা সম্পত্তির নির্দিষ্টকরণ করেছে, সেটার মূল্য 200 কোটি টাকার থেকেও বেশী বলে জানানো হয়েছে!

অন্না হাজারে নিজের সফল অনশন সমাপ্ত করার পরে এমনটা বলেছেন যে, বড়-বড় ভ্রষ্ট নেতাদের থেকে ক্ষতিপূরণ আদায় করে নেওয়ার পরে তাঁদেরকে ফাঁসীতে ঝুলিয়ে দেওয়া উচিত! যোগগুরু বাবা রামদেবও অনেক দিন ধরে ভ্রষ্ট লোকেদের ফাঁসীতে ঝোলানোর দাবী করে আসছেন!

প্রথম মীটিং থেকেই আলাদা-আলাদা মতামত প্রকাশ পেল

অন্না জী-র সফর মোটেই সহজ নয়! উনি নিজের জন্য আগেও কিছু চাননি... আজও কিছু চান না! উনি তো কেবল ভারতকে ভ্রষ্টাচার মুক্ত দেখতে চান! উনি তো প্রথম মীটিং-য়ের পরেই এমনটা বলে দিয়েছিলেন যে, সব কিছু ঠিক আছে! কিন্তু এখন অন্য কথা শুনতে পাওয়া যাচ্ছে!

যেসব দাবী মেনে নেওয়া হয়েছে

- কমিটির মীটিং-য়ের ভিডিয়ো রেকর্ডিং-য়ের স্থানে অডিয়োগ্রাফীর ব্যাপারটা দু পক্ষই মেনে নিয়েছে! অন্না নিজের আগের দাবী ছেড়ে দিয়েছেন!
- জন লোকপাল বিলের আওতায় প্রধানমন্ত্রীকে নিয়ে আসার ব্যাপারেও দু পক্ষের মঞ্জুরী ছিল!
- সংসদের বাদল অধিবেশনে বিল পেশ করা হবে!

যেসব দাবী মেনে নেওয়া হয়নি

- অন্নার পক্ষ কমিটির মীটিং-য়ের ভিডিয়োগ্রাফী করতে চাইছিলেন... যেটা সরকারী পক্ষ মেনে নেয়নি !
- বিলের আওতায় মন্ত্রী আর জজেরা আসবেন না !
- বিলের জন্য প্রস্তুত আধার খারিজ করে দেওয়া হয়েছে !

কপিল সিব্বলের বয়ান

প্রথম মীটিং *(16-ই এপ্রিল)*-য়ের পরে সরকারী পক্ষের তরফ থেকে কেন্দ্রীয় মন্ত্রী শ্রী কপিল সিব্বল বলেন –

"বে-সরকারী সদস্যরা কিছু পরিবর্তন করার কথা বলেছেন! মীটিং-য়ের ভিডিয়ো রেকর্ডিং করানো আর বিলের আওতায় জজ আর মন্ত্রীদের নিয়ে আসার ব্যাপারে ওনারা সম্মত হয়ে হয়ে পড়েছিলেন! তার সাথে-সাথে কমিটির বে-সরকারী সদস্যরা কিছু নরম সুপারিশও করেছেন... যেটা ভালো কথা!"

অরবিন্দ কেজরীওয়াল বয়ান দিলেন

যে বয়ান শ্রী অরবিন্দ কেজরীওয়ালের তরফ থেকে এসেছে... তার থেকে এমনটা মনে হয় যে, উনি আবার একবার *(আগের মত)* শ্রী কপিল সিব্বলের বয়ানবাজীতে অসন্তুষ্ট হয়ে উঠেছেন ! এর থেকেও এটা মনে হয় যে, লক্ষ্য প্রাপ্তি করতে ভবিষ্যতে আরও বাধার মুখোমুখি হতে হবে !

শ্রী অরবিন্দ কেজরীওয়াল বলেছেন – *"শ্রী কপিল সিব্বল দেশকে ভুল পথে চালিত করার চেষ্টা করছেন! যখন মীটিং-য়ে বিলের ওপরে কোন আলোচনাই হয়নি... তখন কোন ফয়সালা গ্রহণ করার প্রশ্নই ওঠে না! মীটিং-য়ে কেবলমাত্র এই নির্ণয় গ্রহণ করা হয়েছে যে, পরবর্তী মীটিং 02-রা মে হবে আর সেই মীটিং-য়েই বিল সম্বন্ধিত সকল ফয়সালা গ্রহণ করা হবে!"*

চালবাজী

এক এজেন্সীর বক্তব্য হচ্ছে – "লোকপাল বিলের ওপরে চালবাজী লক্ষ্য করা যাচ্ছে! বিলের ড্রাফ্‌ট তৈরী করার প্রথম মীটিং-য়েই চালবাজী শুরু হয়ে পড়েছে! সরকার পক্ষ এক কথা বলছে আর বে-সরকারী সদস্যরা অন্য কিছু!"

কংগ্রেসের মুখপাত্র বাধার সৃষ্টি করবেন না

অন্না জী-র সফর কঠিন হওয়ার বেশ কিছু কারণের মধ্যে অন্যতম হচ্ছে কংগ্রেস মহাসচিব শ্রী দিগ্বিজয় সিং-য়ের বয়ান! উনি ইন্দোরে বলেছেন – *"এই গুরুত্বপূর্ণ বিলের ড্রাফ্‌ট তৈরী করার কাজ সমাজের কিছু লোকের ভরসায় ছাড়া যেতে পারে না! লোকপাল বিল রাষ্ট্রের কল্যাণে নয়!"*

শ্রী দিগ্বিজয় সিং ইন্দোরে প্রেস ক্লাবে বলেছেন – *"আমি লোকপাল বিলের পক্ষে... কিন্তু এই বিলের ড্রাফ্‌ট তৈরী করার দায়িত্ব সমাজের কিছু নির্বাচিত লোকেদের ওপরে সঁপে দেওয়া যেতে পারে না আর এমন কোন সংস্থাও তৈরী করা যেতে পারে না... যেটা এই বিলের দুরূপযোগ করবে! রাজনৈতিক নেতারা কি অসভ্য যে, তাঁরা এই সমাজের সদস্য হতে পারবেন না?"* উনি আরও বলেন – *"এই ব্যাপারেও আলোচনা হওয়া উচিত যে, এই বিলের আওতায় কর্পোরেট ক্ষেত্র আর বে-সরকারী সংগঠনগুলোকেও শামিল করা হবে কি না?"*

আমরা মানি না

কংগ্রেস মহাসচিব শ্রী দিগ্বিজয় সিং তো এমনটা বলেছেন – *"সমাজের নামে অন্না হাজারে আর ওনার সাথীরা যদি নিজেদের বক্তব্যকেই শেষ কথা হিসেবে প্রমাণ করতে চান... তাহলে সেটা আমরা মানি না!"* উনি এমন প্রশ্ন ওঠান যে, সংবিধানের অন্তর্গত নির্বাচিত জন প্রতিনিধিদের অধিকার কি করে ছিনিয়ে নেওয়া যেতে পারে?

এমন অবস্থায় কি এটা মনে হয় না যে, ক্রান্তির দূত অন্না হাজারের পথ বেশ কিছু বাধায় পরিপূর্ণ হয়ে রয়েছে?

অন্যান্য সূত্র থেকে যেসব তথ্য পাওয়া গেছে ঃ-

- মীটিং-য়ে সরকারী পক্ষের আধিপত্য ছিল!
- হাজারের পক্ষ দ্বারা প্রস্তুত ড্রাফ্‌ট থেকে মন্ত্রী আর জজেদের সাসপেণ্ড করার প্রস্তাব সরিয়ে দেওয়া হয়েছে!
- লোকপাল চয়ন সমিতিতে প্রধানমন্ত্রীও শামিল হবেন!
- দুই পক্ষই লোকপাল বিলের ব্যাপারে নিজেদের বিচারধারা আর দৃষ্টিকোণ পেশ করেছেন!
- অন্না হাজারে এই বলে মীডিয়ার উৎসাহ বাড়িয়েছেন – *"আপনাদের সহায়তার কারণেই আমরা সফলতা অর্জন করতে পেরেছি!"*
- অন্না হাজারে এই মীটিং-য়ে নমনীয়তা বজায় রাখার আর কেন্দ্রীয় মন্ত্রী শ্রী বীরপ্পা মইলী *(সংযোজক)* পারস্পরিক মতভেদ ভুলে একরূপতা নিয়ে আসার আপীল জানান!

যাই হোক... আমাদের সুখকর সমাপ্তিরই আশা করা উচিত!

শান্তি ভূষণের সিডি

অন্না হাজারে শ্রী শান্তি ভূষণকে কমিটির সহ-অধ্যক্ষ বানানোর পরে কমিটির প্রথম মীটিং-য়েই এমন এক সিডি প্রকাশ করা হয়... যাতে শ্রী শান্তি ভূষণের ইমেজ খারাপ হয়ে পড়ে! সেই সিডিতে ওনাকে অসৎ প্রমাণ

করার চেষ্টা করা হয়েছে! সেটা ছিল শ্রী মুলায়েম সিংহ আর শ্রী অমর সিংহের সাথে যুক্ত কিছু বিষয় দেখিয়ে অন্না জী-র পক্ষের সদস্যদের বদনাম করার প্রচেষ্টা! শ্রী প্রশান্ত ভূষণ সকল আরোপকে মিথ্যা জানিয়ে মানহানির মামলা করার কথা বলেন! উনি বলেন যে, এই পরিস্থিতিতেও কাজ করা লোকেরা ঠিকই কাজ করে চলবেন!

অনুপম খেরের সমস্যা বাড়ানোর প্রচেষ্টা

প্রসিদ্ধ ফিল্ম অভিনেতা এবং পূর্বে শিমলায় অধ্যাপনা কার্যের সাথে যুক্ত থাকা শ্রী অনুপম খেরকে দিল্লীর জন্তর মন্তরের সেই মঞ্চে দেখতে পাওয়া গিয়েছিল... যে মঞ্চে ক্রান্তির দূত অন্না হাজারে আমরণ অনশনে বসেছিলেন! শ্রী অনুপম খের অন্না জী-কে নিজের যথাসম্ভব সহায়তার আশ্বাস দেন! উনি বেশ কিছুক্ষন পর্যন্ত সেখানে উপস্থিত জনতার আকর্ষণের কেন্দ্রবিন্দু হয়ে ছিলেন!

সংবিধানের বিরুদ্ধে তথাকথিত রূপে আপত্তিজনক মন্তব্য করার জন্য চিত্রতারকা শ্রী অনুপম খেরের বিরুদ্ধে মহারাষ্ট্র বিধানসভায় গত 09.04.2011 বিশেষাধিকার হননের নোটিশ নিয়ে আসা হয়!

বিধানসভা অধ্যক্ষ শ্রী দিলীপ ভাল্স পাটিল বলেন যে, উনি বিধানসভা সদস্যদের এই ব্যাপারে দাবী মঞ্জুর করে নিয়েছেন! উনি সদস্যদের বিশেষাধিকার হননের নোটিশ লিখিত রূপে দেওয়ার জন্য বলেছেন... যেটা উনি বিশেষাধিকার সমিতির কাছে পাঠিয়ে দেবেন!

শ্রী অনুপম খেরের বক্তব্য হচ্ছে এই যে, উনি সংবিধান পড়েছেন আর উনি সংবিধানের সম্পূর্ণ সম্মান করেন! ওনার মনে এমন কোন ভাবনা নেই... যাতে সংবিধানের অসম্মান হয়! একের-পর-এক সমস্যা সৃষ্টি করার ষড়যন্ত্র রচনা করা হচ্ছে!

■■■

অন্না জী-র প্রচেষ্টা যেন ব্যর্থ না হয়

সমর্থন দেওয়ার জন্য মাত্র 2 দিনে পুরো ভারত একত্রিত হয়ে পড়েছিল! বড় শহর থেকে শুরু করে ছোট-ছোট গ্রামগুলোয় আশ্চর্য করে তোলা ভীড় অন্নার পক্ষে এবং ভ্রষ্টাচারের বিরুদ্ধে যে উদ্‌ঘোষণা করেছে... অনশনে বসেছে, র‍্যালী বার করেছে – সেসবের কোন হিসেব নেই! বাধা সৃষ্টি করা লোকেরাও নিজেদের যুক্তি দেখিয়ে বিরোধিতা করে গেছেন!

মনমোহন নিজের অন্তরাত্মার আওয়াজ শুনুন

ইউ.পি.এ. সরকারের এক খোশামোদ কারীর বক্তব্য হচ্ছে এই যে, অন্না হাজারে রাষ্ট্রীয় স্বয়ংসেবক সঙ্ঘের লোক! অন্য আরও একজন ব্যক্তি অন্না জী-কে অরাজকতাবাদী আখ্যা দিয়েছেন! তৃতীয় এক ব্যক্তি অন্নাকে ব্ল্যাকমেলারও বলে দিয়েছেন! নিজেকে খুব বেশী চালাক-চতুর মনে করতে থাকা আর ছোট মুখে বড় কথা বলা ভদ্রলোক রাতে টি.ভি. চ্যানেলে শাসক কোয়ালিশন সরকারের জন্য সমর্থন জোগাড় করার প্রচেষ্টায় এই তথ্য পেশ করেন যে, হাজারে সুপ্রীম কোর্টের জজেদের ওপরেও নির্ণয় জারী করার স্বপ্ন দেখছেন!

এমনটা বলেছেন বিদ্বান লেখক শ্রী বীরেন্দ্র কাপুর! ওনার এই লেখা অন্না জী-র প্রতি আগ্রহ নেওয়া ব্যক্তিদের কিছু অতিরিক্ত তথ্য প্রদান করে! ওনার এই লেখা পাঞ্জাব কেশরী সংবাদপত্রে গত 10-ই এপ্রিল, 2011 প্রকাশিত হয়েছিল... যেটা আমরা এখানে কৃতজ্ঞতাপূর্বক পেশ করছি! আসুন... বাকী বিবরণ পড়া যাক ঃ

কিন্তু হাজারের ওপরে গালি-গালাজ বর্ষণ সত্ত্বেও *'সিস্টেম'*-য়ের নোংরা সাফ করার জন্য অন্না জী-র আমরণ অনশনের সক্ষে সাধারণ জনতার সমর্থন একটুও কমেনি! 73 বছরের এই সমাজসেবী দ্বারা গত 05-ই এপ্রিল, 2011 থেকে শুরু করা সামাজিক ন্যায়ের যুদ্ধকে জীবনের প্রতিটি ক্ষেত্রের সাথে সম্বন্ধিত যুবা-বৃদ্ধরা খোলাখুলি ভাবে সমর্থন জানিয়েছেন! নিঃসন্দেহে অন্না জী-র প্রাথমিক লক্ষ্য হচেছ প্রস্তাবিত লোকপাল বিলকে আরও শক্তিশালী করে তোলা, যাতে সেটা সর্বোচ্চ পদে আসীন লোকেদের বিরুদ্ধে ভ্রষ্টাচারের মামলায় স্বতন্ত্র রূপে তদন্ত করতে পারে!

যে ব্যাপক স্তরে জনতা হাজারের সমর্থনে উঠে দাঁড়িয়েছে... তার থেকে এটা বোঝা যায় যে, দেশের শাসক পক্ষের কাছে জনতার আর কোন আশা নেই! দৈত্যাকার কেলেংকারীর চোরাবালিতে ঢুকে যাওয়া সরকার ভ্রষ্টাচারের

সমস্যার সাথে লড়াই করার জন্য কঠোর আইন তৈরী করতে একেবারেই প্রস্তুত নয়! যদি রাজনীতির একমাত্র উদ্দেশ্য যত বেশী মাত্রায় সম্ভব দৌলত কামানো হয়ে ওঠে... তাহলে রাজনৈতিক লোকেরা নিজেদের অবৈধ উপার্জনের ওপরে অঙ্কুশ লাগানোর প্রচেস্টার বিরোধিতা তো করবেনই!

এটা অস্বীকার করে চলে না যে, ভ্রস্টাচার বিরোধী আন্দোলনের নেতৃত্ব প্রদানকারী সামাজিক কর্মীদের দ্বারা লোকপাল বিলে প্রস্তাবিত কিছু সংশোধন যুক্তিসঙ্গত নয়!

তবুও এমনটা বলা মূর্খতারই পরিচায়ক হবে যে, জন্তর মন্তরে অন্না হাজারে আর ওনার সমর্থক মুষ্টিমেয় সিভিল সোসাইটির লোকেরা নিজেদেরকে বাদ দিয়ে অন্য কারো প্রতিনিধিত্ব করেন না! শাসন ক্ষমতার গলিতে চলতে থাকা ঘৃণ্য ক্রিয়াকলাপের প্রতি ক্রমবর্দ্ধমান অসন্তুষ্টি আর আশাহীনতার কারণে হাজারের ভ্রস্টাচার বিরোধী আন্দোলন এখন অসংখ্য লোকেদের আওয়াজ হয়ে উঠেছে! এই যুক্তিও একেবারে মেনে নেওয়া যায় না যে, হাজারের আন্দোলন নির্বাচিত সরকারের শেকড় কেটে নেওয়ার জন্য শুরু করা হয়েছে! সত্যতা হচেছ এটা যে, সরকার নিজের শেকড়ে সেদিন তেল দিয়ে দিয়েছিল, যেদিন সরকার নিজের মন্ত্রীদের রাষ্ট্রীয় খাজানা লুট করার খোলাখুলি স্বাধীনতা প্রদান করেছিল!

নিজের কার্যকালের এখনও 3 বছর বাকী থাকা সত্ত্বেও দেশের ওপরে শাসন করার নৈতিক অধিকার হারিয়ে ফেলা সরকার এটা বুঝে উঠতে পারছে না যে, তারা জনতার ক্রমবর্দ্ধমান আক্রোশকে কি করে নিয়ন্ত্রণে রাখবে! লুট হতে দেখেও অজ্ঞানতার অজুহাত দেখাতে থাকা দেশের প্রধানমন্ত্রী জনতার মধ্যে একেবারেই কোন আশার আলো জাগাতে পারছেন না! তাঁর কাছে ভুল কাজ করতে থাকা লোকেদের শাস্তি প্রদান করার কোন আশাই দেশের জনতা করতে পারছে না!

আর শ্রীমতি সোনিয়া গান্ধীর প্রসঙ্গে এমনটা প্রকাশিত হয়েছে যে, সিবিআই বোফোর্স মামলা বন্ধ করার জন্য ডাহা মিথ্যা কথা বলেছে! এছাড়াও ইটালিয়ান ঠগ ক্বাত্রোচ্চির মামলাতেও শ্রীমতি গান্ধীর দুর্বল পক্ষ প্রকাশিত হয়েছে! আদালত মিথ্যা তথ্যের ভিত্তিতে বোফোর্স মামলা বন্ধ করে দিয়েছিল! যাই হোক না কেন... খরচের আকারের ভিত্তিতে বোফোর্স মামলা বন্ধ করা উচিত ছিল না!

যদি এ. রাজা আর অন্য কিছু লোক এই সময়ে জেলের ঘানি টানছেন... তো তাতে প্রধানমন্ত্রী মনমোহন সিং-য়ের কোন ভূমিকা নেই! প্রধানমন্ত্রী তো তখনও দ্রমুক মন্ত্রী এ. রাজার পক্ষেই বক্তব্য দিয়ে গেছেন... যখন এ. রাজা স্বাধীন ভারতের ইতিহাসের সব থেকে বড় দূরসঞ্চার কেলেংকারী করে বসেছেন!

শেষে যখন স্বয়ং সুপ্রীম কোর্ট 2-জি স্পেকট্রাম কেলেংকারীর ওপরে দৃষ্টি দিল... তখন সিবিআই-কে বাধ্য হয়ে এ. রাজার বিরুদ্ধে ব্যবস্থা গ্রহণ করতে হল!

এতে কোন সন্দেহ নেই যে, প্রকাশ পাওয়া কেলেংকারী ছাড়াও আরও অনেক কেলেংকারী হয়েছে... যেগুলো এখনও প্রকাশ পায়নি!

কিছুদিন আগে পর্যন্তও যে ব্যক্তি এক ছোটখাটো ব্যবসায়ী ছিলেন...

তিনিই আজ রিয়েল এস্টেটের ঘৃণ্য সৌদাবাজীর দৌলতে মহা-ধনাঢ্য ব্যক্তিদের সূচীতে এসে গেছেন!

দুনিয়ার দ্বিতীয় সব থেকে দ্রুত গতিতে বিকাশ করতে থাকা অর্থব্যবস্থা হওয়া সত্ত্বেও ভারত *'ট্রান্সপারেন্সী ইন্টারন্যাশনাল'*-য়ের ভ্রষ্টাচার মিটারে অত্যন্ত নীচের দিকের স্তরে রয়েছে! উদারীকরণের যুগ শুরু হওয়ার পরে ভ্রষ্ট আমলাতন্ত্র শাসন তন্ত্রের ওপরে কব্জা করে নিয়েছে! এই শ্রেণীর লোকেরা মোটা বেতনের উপার্জন কামাচ্ছে আর অন্য দিকে বঞ্চিত লোকেদের একেবারে পতনের গর্তে ঠেলে দেওয়া হয়েছে!

এক সিনীয়র আমলার রূপে প্রধানমন্ত্রী মনমোহন সিং যে লাইসেন্স-পারমিট ব্যবস্থা শুরু করেছেন, সেটা নিজেই অত্যন্ত ভ্রষ্ট! প্রাক্তণ প্রধানমন্ত্রী শ্রী নরসিম্হা রাও আর বিশ্ব ব্যাংকের পথ অনুসরণ করে শ্রী মনমোহন সিং উদারীকরণের পরে অর্থমন্ত্রী হিসেবে যে যুগের সূত্রপাত করেছিলেন... সেই যুগে ভ্রষ্টাচার এক লম্বা লাফ লাগিয়েছে!

এটাও মাথায় রাখা উচিত যে, উদারীকরণের যুগের আগে কোন ভারতীয় নামই হয়তো ফোর্ব্স-য়ের সূচীতে আসত! এখন তো সেই সূচীতে ভারতীয়দের নামের যেন বন্যা এসে গেছে! তাঁদের মধ্যে কয়েকজন সম্মানজনক ব্যতিক্রমকে বাদ দিলে বাকীদের ব্যক্তিগত স্বার্থে রাষ্ট্রীয় সংসাধন লুট করতে থাকা ডাকাতদের দলই বলা যেতে পারে!

আই.টি. ক্ষেত্রের কোটিপতিদের বাদ দিয়ে অন্যদের দৌলত তো সরাসরি বা পরোক্ষ রূপে শাসক শ্রেণীর রাজনীতিজ্ঞদের দীর্ঘকালীন কৃপারই পরিণাম! বাস্তবে লাইসেন্স-কোটা রাজ সমাপ্ত হয়নি... বরং সেটা অন্য অনেক রূপে আজও বজায় রয়েছে! প্রধানমন্ত্রীর মধ্যে আর্থিক ভ্রষ্টাচারের দুর্বলতা একেবারে না থাকায় উনি যদি হাজারের সুরে সুর মেলান আর সরকারের মধ্যে থেকে ভ্রষ্টাচারকে সমূলে উৎপাটিত করার প্রতিবদ্ধতা দেখান... তাহলে ওনার কোন ক্ষতি হবে না... অবশ্য কংগ্রেস নেতৃত্বে উনি কিছুটা আলাদা পড়ে যেতে পারেন!

6 বছর ধরে শাসন ক্ষমতার সুখ ভোগ করে নেওয়া শ্রী মনমোহন সিং-য়ের এবার নিজের অন্তরাত্মার আওয়াজ শোনা উচিত আর কিছু আদর্শের জন্য আওয়াজ ওঠানো উচিত... অন্যথা ইতিহাস ওনাকে এমন এক প্রধানমন্ত্রীর রূপে মনে রাখবে, যিনি নৈতিকতা আর সিদ্ধান্তের ওপরে আধারিত রাজনীতির সাথে কোন সম্পর্ক রাখেন না!

শ্রী সুনীলের বিচারধারা

- আই.এ.এস. এবং অন্যান্য কেন্দ্রীয় সেবার অফিসারদের হাতে অনেক ক্ষমতা থাকে... এজন্য তাঁরা প্রতিটি কেলেংকারী আর ভ্রষ্টাচারের জালের কেন্দ্রে থাকেন!
- তথ্যের অধিকার আইন তৈরী হওয়ায় প্রশাসনের এই অভেদ্য-অপারদর্শী প্রাচীর ভেদ করাটা কিছুটা সম্ভব হয়েছে... কিন্তু এটা

পর্যাপ্ত নয়!

- শাসন ক্ষমতার গঠন প্রণালীর বৈপ্লবিক বিকেন্দ্রীকরণ, প্রশাসনিক উন্নতি, পুলিশী ব্যবস্থার উন্নতি এবং সরকারী দফ্তর-থানা-আদালতে সাধারণ জনতার অংশীদারী আর সম্মান বাড়ানো অত্যন্ত জরুরী! বিশেষ করে নীচু স্তরে লাল ফিতাশাহী, ভ্রষ্টাচার আর সরকারী তন্ত্রের সন্ত্রাস থেকে সাধারণ জনতাকে মুক্তি প্রদান করার জন্য এটা অত্যন্ত গুরুত্বপূর্ণ!
- ভ্রষ্টাচার শেষ পর্যন্ত সাধারণ জনতার আত্মবিশ্বাস, শক্তিশালীকরণ আর হস্তক্ষেপ দ্বারাই বন্ধ হবে... কোন আইন বা সংস্থা দ্বারা নয়! আজকের যুগের সুযোগসন্ধানী, পতনশীল এবং যথার্থবাদী রাজনীতির মধ্যে সংঘর্ষ হবে! সেটার বিকল্প তৈরী করাটাও জরুরী! এটা এক অত্যন্ত কঠিন সফর... কিন্তু এই চ্যালেঞ্জকে গ্রহণ না করে ভ্রষ্টাচার মুক্ত ভারতের মিশন হাসিল করা সম্ভব নয়!

শ্রী বিজয় বিদ্রোহীর বক্তব্য

- লোকপাল বিল আর সার্বজনিক্ জীবনে শুচিতাকে কেন্দ্র করে আমরণ অশেনে বসা অন্না হাজারে দ্বারা প্রাপ্ত সমর্থন এটা স্পষ্ট করে তুলেছে যে, এবার দেশের জনতা ভ্রষ্টাচারের বিষয়ে সরাসরি জবাব চায়! অন্না হাজারে এর আগেও বেশ কয়েক বার অনশনে বসেছেন... কিন্তু এবার উনি যে সমর্থন পাচেছন, সেটার মুখ্য কারণ হচেছ ভ্রষ্টাচারের বিষয়!
- ইউ.পি.এ. সরকারের ওপরে 2-জি স্পেক্ট্রামের বিলি-ব্যবস্থা থেকে শুরু করে কমনওয়েলথ গেমস্ পর্যন্ত কোটি-কোটি টাকার কেলেংকারীর দাগ লেগে রয়েছে!
- 1968 সালে প্রথম বার লোকপাল বিল সংসদে পেশ করা হয়! সেই সময়ের লোকপাল বিলে এটা বলা হয়েছিল যে, ভ্রষ্টাচারের অভিযোগ লোকসভা অধ্যক্ষ বা রাজ্যসভার সভাপতি মারফত লোকপাল পর্যন্ত পাঠানো হবে অর্থাৎ সেই সব অভিযোগই লোকপাল পর্যন্ত পৌঁছবে... যেগুলো সরকার চাইবে! এর ফলে লোকপালের কার্যক্ষেত্র সীমিত হয়ে আসার সম্ভাবনা ছিল!
- সব থেকে বড় আশংকা এটা ছিল যে, সরকার নিজের পার্টির নেতাদের বিরুদ্ধে আসা অভিযোগগুলো রাজনীতি দ্বারা প্রেরিত বলে তদন্তের জন্য পাঠাবে না আর বিরোধী দলের নেতাদেরই মিথ্যে অভিযোগে কাঠগড়ায় দাঁড় করাবে! জন লোকপাল বিল আসায় গড়বড় হওয়ার সম্ভাবনা থাকবে না!

■■■

ভ্রষ্টাচারের অন্ত এবার অত্যন্ত জরুরী

2011 সালের মার্চ মাসে অন্না হাজারের সাথে প্রধানমন্ত্রীর সাক্ষাৎ হয়! ওনাদের বার্তালাপ থেকে এটাই মনে হচ্ছিল যে, কেন্দ্র সরকার ওনার একটা দাবীও মানতে রাজী নয়! এমনটাই আন্নাকে বোঝানো হয়েছিল!

তবুও প্রধানমন্ত্রী ডঃ মনমোহন সিং এক কমিটি তৈরী করে অন্না জী-র দাবীগুলোর ওপরে বিচার-বিবেচনা করে দেখার আশ্বাস দিয়েছিলেন! উনি তৎক্ষনাত এ্যান্টনী কমিটি গঠন করে দেন! *'ইণ্ডিয়া এগেনস্ট্ করাপশন'* নামক সংগঠনের সাথে শলা-পরামর্শ করার ছিল... শলা-পরামর্শ করা হল! এ্যান্টনী কমিটি রিপোর্ট দিল – *"আপনার দাবী মেনে নেওয়া সম্ভব নয়! নির্বাচিত সরকারের প্রতিনিধিদের আইন তৈরী করার অধিকার রয়েছে! বে-সরকারী সদস্যরা বিলের ব্যাপারে বাইরে থেকে পরামর্শ দিতে পারেন... সেগুলোর ওপরে বিচার-বিবেচনা করে দেখা যেতে পারে!"*

এক ভেতরের ব্যক্তি এমন মন্তব্য করেছেন – *"05-ই এপ্রিল, 2011 অন্না জী দিল্লীর জন্তর মন্তরে আমরণ অনশনে বসে পড়লেন! সেদিন থেকে সরকারের কানে কথা ঢুকতে শুরু হল! পরিস্থিতি পাল্টাতে লাগল! 08-ই এপ্রিল, 2011 আসতে-আসতে সরকার হার মেনে নিতে লাগল! সরকার পুরোপুরি 'ব্যাকফুট-তে চলে এল! প্রধানমন্ত্রীর রাষ্ট্রপতি মহোদয়ার সাথে দেখা করাটাও সরকারের তাড়াহুড়োর প্রদর্শন করছিল! কেন্দ্রীয় আইন মন্ত্রী শ্রী মইলীও এটা মেনে নেন যে, সরকারের ওপরে চাপ বেড়ে উঠছিল! এবার কিছু একটা পদক্ষেপ নেওয়ার আবশ্যকতা অনুভব করা হতে লাগল! আর সেজন্যই অসাধারণ পরিস্থিতিতে এই ফয়সালা (নোটিফিকেশন জারী করার) গ্রহণ করা হল! আইন মন্ত্রী এই ব্যাপারে শ্রীমতি সোনিয়া গান্ধীকে কৃতিত্ব দিলেন... যিনি এমন পদক্ষেপ নিতে চাইছিলেন!"*

পৈত্রিক গ্রামে আনন্দোৎসব

যখন অন্না জী নিজের অনশন সমাপ্ত করলেন... তখন ওনার গ্রাম রালেগন সিদ্ধি *(মহারাষ্ট্র)* আনন্দোৎসবে মেতে উঠল... ঢোল-নাগাড়া বাজানো হতে লাগল... মিষ্টি বিলি করা হতে লাগল... অভিনন্দনের আদান-প্রদান করা হতে লাগল! গ্রামের এক ব্যক্তি বলেন – *"আমাদের নেতা হাজারে সাহেব এক কঠোর ইচ্ছাশক্তির ব্যক্তি! উনি একবার যেটা করার সিদ্ধান্ত নেন... সেটা করে তবে ছাড়েন!"*

দত্তা অবারী নামক এক ব্যক্তি বলেন – *"আমি গ্রামে অন্না সাহেবের অফিস দেখাশোনা করি! উনি গ্রামে ফিরলে গ্রামের লোকেরা ওনাকে স্বাগত জানাবে... যেটার প্রস্তুতি এখন থেকেই শুরু হয়ে পড়েছে!"* অন্না জী অনশন ভঙ্গ করার সাথে-সাথে গ্রামের লোকেরাও নিজেদের অনশন ভঙ্গ করে নিতে লাগেন!

এক কোটির পুরস্কার

কেন্দ্র সরকারকে পরাজিত করে তোলা অন্না হাজারেকে ওনার এই অভূতপূর্ব সফলতার ফলস্বরূপ এক কোটি টাকা পুরস্কার দেওয়ার ঘোষণাকে ওনার পদক্ষেপের প্রশংসা করা বলা হচেছ! আই.আই.পি.এম. এই ঘোষণা গত 09-ই এপ্রিল, 2011-ই করে দিয়েছিল!

আই.আই.পি.এম. অর্থাৎ ইণ্ডিয়ান ইন্সটিটিউট অফ্ প্ল্যানিং এ্যাণ্ড ম্যানেজমেন্ট! এটা হচেছ রবীন্দ্রনাথ টেগোর আন্তর্জার্তিক শান্তি পুরস্কার! গত বছর মণিপুরের ইরোম শর্মিলা চানু এই পুরস্কার প্রাপ্ত করেছিলেন! সেই মহিলা বেশ কিছু বছর ধরে রাজ্যে সশস্ত্র বাহিনী বিশেষাধিকার সরানোর দাবীতে লড়াই করছিলেন!

অন্না হাজারেকে এই পুরস্কার 09-ই মে, 2011 আই.আই.পি.এম. দ্বারা আয়োজিত রবীন্দ্রনায় ঠাকুরের 151-তম জন্মদিনে প্রদান করা হয়!

যা হয়ে গেছে, ভুলে যান

কংগ্রেসের মুখপাত্র শ্রী অভিষেক মনু সিংভী যে মন্তব্য করেছেন, সেটা হচেছ – *"যা হয়ে গেছে, ভুলে যান! এবার আমাদের সমস্ত জোর বিলের বাস্তবিক ড্রাফ্টের ওপরে দিতে হবে! তবে, আমাদের এই বিলের ব্যাপারে রাজী হওয়াটা এই জিনিষটার স্বীকৃতি মোটেই নয় যে, আমরা এর আগে ভুল করছিলাম!"*

সমর্থন জানাবে

- ভারতীয় জনতা পার্টির সিনীয়র নেতা শ্রী লালকৃষ্ণ আদবানী বলেছেন যে, ওনার দল লোকসভায় জন লোকপাল বিলের সমর্থন করবে!
- ভারতীয় জনতা পার্টির সিনীয়র রাষ্ট্রীয় উপাধ্যক্ষ শ্রী শান্তা কুমার বলেছেন যে, জন লোকপাল বিল যত শীঘ্র সম্ভব পাশ হয়ে যাওয়া উচিত! উনি চান যে, এর জন্য লোকসভার এক বিশেষ অধিবেশন ডেকে এই কাজ শেষ করে ফেলা হোক্!
- ভারতীয় জনতা পার্টির অধ্যক্ষ শ্রী নীতিন গডকরী বলেছেন – *"ভারতীয় জনতা পার্টি সংসদের বাদল অধিবেশনে পেশ করা জন লোকপাল বিলের সমর্থন করবে!"*

সরকার ভুল করেছে

রাষ্ট্রীয় কংগ্রেস পার্টির মহাসচিব শ্রী তারিক আনওয়ার নিজের প্রতিক্রিয়ায় বলেছেন – *"অন্না হাজারের দাবী মঞ্জুর করে সরকার 'ভুল' করেছে! ভ্রষ্টাচার দেশের এক জ্বলন্ত সমস্যা ঠিকই... কিন্তু সেই সমস্যা সমাধান করার জন্য হাজারে যে রাস্তা গ্রহণ করেছেন, সেটা সঠিক নয়!"*

আমি সম্মত নই

প্রসিদ্ধ লেখিকা শ্রীমতি তবলীন সিং লিখেছেন –

- যদি দেশের ন্যায় প্রণালী আর শাসক শ্রেণীই ভ্রষ্ট হয়ে পড়ে... তাহলে লোকপাল বিল সেই দেবদূতকে কোথা থেকে খুঁজে আনবে... যাকে ভিত্তি করে এই বিল তৈরী করা হয়েছে?
- যদি অন্না হাজারে আর ওনার সাথীদের কাছে দেশের আইনকে মজবুত করার কোন পরামর্শ থাকে... তাহলে ওনারা সেই পরামর্শ আইন মন্ত্রীকে দিতে পারেন, নিজেরা দেশের আইন মন্ত্রী হতে পারেন না! অথবা তাঁদের ভোটে জিতে সংসদে পৌঁছনো উচিত!
- দেশের গণতন্ত্রে বে-সরকারী সংস্থাগুলোর গুরুত্বপূর্ণ ভূমিকা রয়েছে... কিন্তু সেই ভূমিকা বে-সরকারীই হতে পারে! সরকার যখন ভ্রষ্ট প্রমাণিত হয়... তখন নির্বাচনের সময় দেশের জনতা তাদেরকে ধাক্কা মেরে বার করে দিতে পারে!
- বে-সরকারী সংস্থাগুলো যদি নিজেদের গণ্ডীর বাইরে বেরিয়ে এসে নিয়ম আর নীতিতে হস্তক্ষেপ করা শুরু করে... তাহলে তাদেরকে কি ভাবে বার করা হবে? সংসদকে উপেক্ষা করার জেদ গণতন্ত্রের সকল নিয়ম-কানুনকে ধূলোয় মিশিয়ে দেবে!
- ভ্রষ্টাচারের শেকড় এতটাই গভীর... সেটা এতটাই ছড়িয়ে পড়েছে যে, প্রতি বছর ভারত দুনিয়ার ভ্রষ্ট দেশগুলোর সূচীতে ওপরের দিকে থাকে! তাই অন্না হাজারে যদি কেবলমাত্র ভ্রষ্টাচারের বিরুদ্ধে নিজের আন্দোলন চালাতেন... তাহলে গোটা দেশ ওনার পাশে থাকত... ওনার এই বিনম্র লেখিকাও!
- সমস্যা হচ্ছে এটা যে, উনি নিজের আমরণ অনশন জন লোকপাল বিলকে জোর করে চাপিয়ে দেওয়ার জন্যই করেছেন আর সেটা শুধু ভুলই নয়... বিপজ্জনকও বটে!

অত্যন্ত গুরুত্বপূর্ণ বিষয় উত্থাপন করা হয়েছে

- কংগ্রেস অধ্যক্ষা শ্রীমতি সোনিয়া গান্ধী বলেছেন যে, উনি অন্না হাজারের আমরণ অনশনে মানসিক রূপে অত্যন্ত আঘাত পেয়েছেন!

- অন্না হাজারে জনতার সাথে যুক্ত অত্যন্ত গুরুতর বিষয় উত্থাপন করেছেন!
- শ্রীমতি সোনিয়া গান্ধী বলেছেন – *"ভ্রষ্টাচারকে নিয়ে আমাদের বিচার অন্নার বিচারের থেকে আলাদা নয়!"*
- *"আমি এমনটা এটা মানি যে, এই মামলার মোকাবিলা করার জন্য প্রভাবশালী আর আশানুরূপ ফলাফল প্রদান করা আইন তৈরী হওয়া উচিত!"* শ্রীমতি গান্ধী বলেছেন!
- শ্রীমতে গান্ধীও অন্না হাজারের আমরণ অনশন সমাপ্ত করার আপীল জানিয়েছিলেন!

দেশব্যাপী জন-সমর্থন

ভ্রষ্টাচারের ওপরে অঙ্কুশ লাগানোর জন্য জন লোকপাল গঠন সম্বন্ধীয় আইন তৈরী করার জন্য অন্নার দাবী গোটা দেশের সমর্থন প্রাপ্ত করার পরে কেন্দ্র সরকার হার মেনে নেয়!

প্রস্তাব খারিজ করেছিলেন

অন্না সরকারের পক্ষ থেকে আন্-অফিশিয়াল কমিটি গঠনের প্রস্তাবকে খারিজ করে দেন! দাবী মেনে নেওয়া পর্যন্ত উনি বিরোধ প্রদর্শন চালিয়ে যাওয়ার ব্যাপারে জানিয়ে বলেছিলেন – *"যতক্ষন পর্যন্ত প্রাণ রয়েছে... আমি পেছনে সরে আসব না!"*

বিশ্বাসের সংকট

স্পষ্টবক্তা শ্রী সুনীল বলেছেন –

- ভ্রষ্টাচারের সমস্যা অত্যন্ত পুরোন... কিন্তু বিগত কিছু সময় ধরে একের-পর-এক যেসব কেলেংকারী সামনে প্রকাশ পেয়েছে... তার দ্বারা ভারতীয় জনমানস অত্যন্ত অস্থির হয়ে উঠেছে!
- ভারতীয় জনজীবনের কোন ক্ষেত্রই আজ চতুর্দিকের পতন থেকে রক্ষা পায়নি! তা সেটা সংসদ হোক্, ন্যায়পালিকা হোক্, আমলাতন্ত্র হোক্, মীডিয়া হোক্, সেনাবাহিনী হোক্, ইসরো-র মত বৈজ্ঞানিক সংস্থান হোক্ বা খেলাধূলো-শিক্ষা বা ধর্মই হোক্! আজ সর্বোচ্চ পদও কলংকিত হয়ে উঠেছে!
- দেশবাসীদের জন্য সত্যি বিশ্বাসের সংকট উপস্থিত হয়ে পড়েছে! তারা কার ওপরে বিশ্বাস করবেন? কোথায় যাবেন?
- এমন অবস্থায় অন্না হাজারে, বাবা রামদেব, শ্রী প্রশান্ত ভূষণ, শ্রী অরবিন্দ কেজরীওয়াল ইত্যাদিরা ভ্রষ্টাচার আর কালো টাকার বিরুদ্ধে

যে অভিযান শুরু করেছেন... সেটার ব্যাপক জন-সমর্থন প্রাপ্ত করাটা স্বাভাবিকই ছিল!

- যে জন লোকপাল বিলের দাবী নিয়ে অন্না হাজারে আন্দোলন শুরু করেছেন... যদি সেই আইন তৈরী হয়ে পড়ে, তাহলে ভ্রষ্টাচারের মামলায় তদন্ত করার আর শাস্তি প্রদান করার এক স্বতন্ত্র, নিরপেক্ষ আর শক্তিশালী সংস্থা অস্তিত্বে চলে আসতে পারবে!
- কিন্তু কেবলমাত্র এক আইন তৈরী করেই এই সমস্যার সমাধান করা সম্ভব নয়... কারণ এর শেকড় অত্যন্ত গভীর পর্যন্ত পৌঁছে গেছে এবং প্রশাসন, রাজনীতি, অর্থব্যবস্থা আর সমাজের বর্তমান সিস্টেমে ঢুকে পড়েছে!
- উদারীকরণের অন্তর্গত লুটের যে রাস্তা খুলে গেছে... সেটাকে বন্ধ না করে ভ্রষ্টাচারের ওপরে অঙ্কুশ লাগানো কখনোই সম্ভব নয়!

■■■

লোকপাল বিলের থেকে দূরে থাকতে চান অফিসারেরা

প্রধানমন্ত্রীর মুখ্য সচিব শ্রী টি. কে. এ. নায়ার, লোকপাল বিলের আওতায় প্রধানমন্ত্রী আর ন্যায়পালিকার অন্তর্ভুক্তিকে তো মেনে নেবেন... কিন্তু নিজের আমলাতন্ত্রকে এর আওতায় আসতে দেবেন না! উনি গভর্নেন্স বিগড়ে যাওয়ার যুক্তি দেবেন! এর জবাবে কেবলমাত্র এই তথ্যই সকলের চোখ খুলে দেওয়ার পক্ষে পর্যাপ্ত হতে পারে যে, দুনিয়ার সব থেকে বিকশিত, আদর্শ, সৎ এবং পারদর্শী দেশ নরওয়ে, স্যুইডেন, ডেনমার্ক, ফিনল্যাণ্ড ইত্যাদি দেশগুলোয় লোকপাল ব্যবস্থা বেশ কিছু দশক ধরে কাজ করে আসছে! সেখানে কোন গভর্নেন্স বিগড়ে যায়নি!

এমন মতামত প্রকাশ করেছেন বিদ্বান লেখক শ্রী হরি শংকর ব্যাস... যেটা উনি গত 10-ই এপ্রিল, 2011 ব্যক্ত করেছেন! ওনার পুরো বক্তব্য আমরা এখানে কৃতজ্ঞতাপূর্বক প্রকাশিত করছি! আপনারা পড়ে চলুন ঃ

অন্না হাজারেকে ব্যর্থ করার চার তরফা নীতি

অন্না হাজারের গোটা দেশের স্পন্দন হয়ে ওঠাটা অত্যন্ত চমৎকারী! অন্না হাজারেকে কখনো কোন দেশী-বিদেশী পত্রিকা *'শক্তিশালী ব্যক্তিত্ব'*-য়ের আখ্যা প্রদান করেনি! শ্রীমতি সোনিয়া গান্ধী, ডঃ মনমোহন সিং, রাহুল গান্ধী বা শ্রী লালকৃষ্ণ আদবানী-র মত 100 সর্বাধিক শক্তিশালী ব্যক্তিত্বে সূচীতে অন্না কোনদিনও ছিলেন না... কিন্তু আজ অন্নার ব্যক্তিত্ব অত্যন্ত বিরাট হয়ে উঠেছে! ওনার সামনে ভারতের তথাকথিত শক্তিশালী ব্যক্তিত্বরা এতটাই বামন প্রমাণিত হচেছন, যেন পর্বতের সামনে উট!

দিল্লীর নর্থ আর সাউথ ব্লকে বসে থাকা ভারতের ভ্রস্ট তন্ত্রের পোষক অফিসারদের অবস্থা অত্যন্ত খারাপ হয়ে উঠেছে! জনতা হতাশার মাঝে অন্নার মধ্যে আশার কিরণ দেখতে পাচেছ! সবাই আজ আন্দোলিত হয়ে উঠেছে! প্রতিটি পরিবারে টি.ভি. চ্যানেলের সামনে বসা যুবক-বৃদ্ধ-বাচচা আর মহিলারা সকলেই এমনটা চাইছেন আর এমনটা বলছেন যে, তাঁরা অন্নার আন্দোলনের অংশ হয়ে উঠতে চান! সত্যি-সত্যি গোটা দেশে উত্তেজনার পরিবেশের সৃষ্টি হয়ে পড়েছে! অন্না হাজারে লোকেদের মধ্যে এমন ভাবের সৃষ্টি করেছেন, যেন এটা হচেছ পুণ্য অর্জনের সুযোগ! যাঁরা অন্না হাজারেকে

ব্যর্থ করে তুলতে চান, তাঁরা চার তরফা রণনীতি সাজাচ্ছেন! সমাজসেবীদের মধ্যে বিভাজন করার প্রচেষ্টা চলছে! শ্রী সন্তোষ হেগড়ে, শ্রীমনি মেধা পাটেকর থেকে শুরু করে শ্রীমতি অরুণা রায় – সকলের আলাদা-আলাদা সুরে কথা বলাটা সমাজসেবীদের মধ্যে বিভাজনের প্রাথমিক ইঙ্গিত!

দ্বিতীয়তঃ, রাজনৈতিক স্তরে কংগ্রেস পার্টির নেতারা অন্য পার্টির নেতাদের এটা বোঝাতে লেগেছেন যে, রাজনৈতিক দলগুলোকে অচ্ছ্যুৎ হিসেবে মানার এ্যাপ্রোচের ব্যাপারে তাঁরা যেন সতর্ক থাকেন! ভারতীয় জনতা পার্টি আর এন.ডি.এ. সমেত তৃতীয় মোর্চার ছোট-ছোট দলগুলোকে অন্না হাজারের বিরুদ্ধে ওস্কানো হচ্ছে! অন্না হাজারের বিরুদ্ধে তেমন প্রচারও করা হতে পারে... যেমনটা বাবা রামদেবের বিরুদ্ধে করা হয়েছিল!

অন্না হাজারে আর.এস.এস.-য়ের লোক

অন্না হাজারের আর.এস.এস.-য়ের সাথে সম্পর্ক থাকার হেডিং ইতিমধ্যেই ছাপা হয়েছে! ওদিকে মনমোহন সরকারের বড়-বড় অফিসাররা মীডিয়ায় আন্দোলনের হাওয়া বার করার মত যুক্তি ছাপতে লেগেছেন! হাজারের বিরুদ্ধে সম্পাদকীয় ছাপা হচ্ছে! মীডিয়ার মাধ্যমে প্রধানমন্ত্রী দফতর আর ক্যাবিনেট সচিবালয়ের অফিসাররা লোকপাল বিলকে গভর্নেন্সের পক্ষে বিপজ্জনক আখ্যা দিচেছন! সিভিল সোসাইটিকে অরাজক ভীড় বলা হচ্ছে! ন্যায়পালিকায় এমন বার্তা যাচ্ছে যে, জন লোকপাল বিলে মুখ্য ন্যায়াধীশকে শামিল করার কথা বলা হচ্ছে!

শিল্পপতিদের প্রতি এমন মেসেজ দেওয়া হচ্ছে যে, জন লোকপাল বিল গভর্নেন্সে হস্তক্ষেপ করবে! প্রধানমন্ত্রী, মন্ত্রী আর অফিসাররা কাজ করতে পারবেন না! সরকার চালানো কঠিন হয়ে উঠবে!

অর্থাৎ বিল সংসদে পেশ হতে-হতে এতটাই গভীর সংশয়ের সৃষ্টি হয়ে পড়বে যে, জন লোকপাল বিল প্রথমে ষ্ট্যাণ্ডিং কমিটিতে যাবে! তারপর সংসদে বিল পেশ হলে সেটাকে কোন-না-কোন অজুহাতে খারিজ করে দেওয়া হবে! ততদিনে লোকেদের উৎসাহও সব ঠাণ্ডা হয়ে পড়বে! অর্থাৎ পুরো ব্যাপারটা এক ট্র্যাজিক নাটকে রূপান্তরিত হয়ে পড়বে!

অন্না হাজারের সামনে চ্যালেঞ্জ

অন্না হাজারের দুর্বলতা হচ্ছে এটা যে, উনি বাবা রামদেব নন আর বাবা রামদেবের দুর্বলতা হচ্ছে এটা যে, উনি অন্না হাজারে নন!

অন্না হাজারে কোন সংগঠন তৈরী না করে আর কোন প্রস্তুতি না নিয়ে আমরণ অনশনের ফয়সালা নিয়েছিলেন! জন লোকপাল বিলের ড্রাফ্‌ট তৈরী করতে আর অন্না হাজারেকে সেটার সাথে যুক্ত করার কাজে শ্রী অরবিন্দ কেজরীওয়াল গুরুত্বপূর্ণ ভূমিকা পালন করেছেন! কিন্তু জনতার ভীড় দেখে শ্রী কেজরীওয়াল টি.ভি. চ্যানেলকে যে বয়ান দিয়েছেন, সেটা গান্ধীবাদী অহিংসক নম্রতার সাথে মেলে না! বেশ কিছু সমাজসেবীর মনে এমন ভুল

ধারণার সৃষ্টি হয়ে পড়েছে যে, কাহিরার মত জন-বিপ্লব হতে চলেছে! স্বামী অগ্নিবেশ, শ্রীমতি কিরণ বেদী, শ্রী প্রশান্ত ভূষণ থেকে শুরু করে শ্রী গৌতমের মত যেসব ব্যক্তিত্ব অন্না হাজারের সাথে মঞ্চে ছিলেন... তাঁদের প্রত্যেকের নিজস্ব এজেণ্ডা রয়েছে! তাঁরা প্রত্যেকেই নিজের-নিজের দোকান চালাচ্ছেন!

মনে করে দেখুন! ভারতে ভ্রষ্টাচারের বিরুদ্ধে আজ পর্যন্ত যতগুলো আন্দোলন হয়েছে, সেগুলোর পরিণাম কি হয়েছে? জে.পি.-র আন্দোলনের পরিণাম কি হয়েছে? লালু যাদব আর মুলায়েম সিং যাদবের মত নেতাদের শাসন কাল এসেছে! ভ্রষ্টাচারের বিরুদ্ধে ভি. পি. সিং আন্দোলন করে জনতার মাঝে আশার সঞ্চার করেছিলেন আর তার পরিণাম স্বরূপ অরুণ নেহরু, আরিফ মোহম্মদ খান থেকে শুরু করে মণ্ডল কমিশনের রাজনীতিতে দেশের জনতা ফেঁসে গিয়েছিল!

একটা সময় হাওয়ালা কাণ্ডকে কেন্দ্র করে পুরো দেশ জুড়ে চাঞ্চল্যের সৃষ্টি হয়ে পড়েছিল! শ্রী বিনীত নারায়ণ আর শ্রী টি. এন. শেষণ খুব ছোটাছুটি করলেন! জাস্টিস জে. এস. বর্মা সুপ্রীম কোর্টে আশার আলো দেখিয়েছিলেন... কিন্তু ফলাফল সেই শূণ্য!

অন্না হাজারে নিজে মহারাষ্ট্রে ভ্রষ্টাচারের বিরুদ্ধে ভিজিল্যান্স কমিটি তৈরী করিয়েছিলেন! পরে উনি এটা জানতে পারেন যে, এই সব কমিটির বেশ কিছু লোক ব্ল্যাকমেলিং করছেন! সেজন্য বর্তমানে অন্না হাজারের সামনে সব থেকে বড় চ্যালেঞ্জ হচ্ছে এটা যে, সরকারকে নতি স্বীকার করানোর পরে উনি নিজের পরামর্শদাতাদের কি ভাবে সামলাবেন? ওনার আশপাশের লোকেরা জন লোকপাল বিলের লড়াইতে নিজেদের স্বার্থপূর্তি করে নেবেন... তাঁদেরকে সামলানো অন্না হাজারের কাছে সরকারকে নতি স্বীকার করানোর থেকেও মুশ্কিল কাজ!

আমলা তন্ত্রের চ্যালেঞ্জ

অন্না হাজারে হচ্ছেন এক সৎ গান্ধীবাদী সত্যাগ্রহী... কিন্তু জন লোকপাল বিলকে আইনের রূপ প্রদান করার জন্য রাজনৈতিক চতুরতার প্রয়োজন! এতে যদি উনি শ্রীমতি সোনিয়া গান্ধী আর ডঃ মনমোহন সিং-য়ের সাথে মিলে কাজ করেন... তাহলে ভালো ফলাফল পাওয়া যাবে! ভারতের ভ্রষ্ট আমলাতন্ত্র অত্যন্ত বিপজ্জনক... সেটার ভেতরে ভ্রষ্টাচারের আতংক সৃষ্টি করাটা জরুরী! আমলাদের যদি নিয়ন্ত্রিত করা যায়... তাহলে ভ্রষ্টাচার আপনা থেকেই অনেকটা কমে আসবে! এজন্য এই জেদ ধরে রাখা উচিত নয় যে, লোকপাল বিলের আওতায় প্রধানমন্ত্রী আর চীফ্ জাস্টিসকেও নিয়ে আসা হোক্!

ভারতে প্রধানমন্ত্রী আর চীফ্ জাস্টিসের বেইমান হওয়ার সম্ভাবনা অত্যন্ত কম! এছাড়া ডঃ মনমোহন সিং নিজে এটা চাইছেন যে, ওনার পদ লোকপাল বিলের আওতায় থাকুক!

অন্না হাজারে আর ওনার সমাজসেবী টীমের 100 শতাংশ সচিব আর

আমলাদের কড়া ভাবে লোকপাল বিলের আওতায় নিয়ে আসা উচিত! এই কাজটা এতটা সহজ নয়! অফিসারদের বিরুদ্ধে লোকপালের কাছে যদি তদন্ত, ব্যবস্থা গ্রহণ, সাসপেণ্ড আর বেআইনী সম্পত্তি বাজেয়াপ্ত করার অধিকার থাকে... তাহলে সেটা এক ঐতিহাসিক ব্যাপার হবে! এমনটা হতে না দেওয়ার জন্যই 42 বছর ধরে লোকপাল বিলকে এই অজুহাতে ঝুলিয়ে রাখা হয়েছে যে, এর ফলে সরকার চালানো কঠিন হয়ে উঠবে!

প্রধানমন্ত্রীর নামের আড়ালে সরকারী অফিসাররা নিজেদের বাঁচানোর ষড়যন্ত্র আঁটছেন! সরকারী অফিসাররা কতটা শক্তিশালী আর বদমাশ... সেটার তাজা প্রমাণ হচ্ছে মন্ত্রীমণ্ডলে সরকারী অফিসারদের বিরুদ্ধে ব্যবস্থা গ্রহণ করার ক্ষেত্রে সি.বি.আই.-য়ের পূর্ব অনুমতির প্রয়োজনকে বজায় রাখার রায়! প্রধানমন্ত্রী দফতর আর ক্যাবিনেট সচিবালয়ের অফিসারদের টপ প্রায়োরিটিই হচ্ছে আমলাতন্ত্রকে জন লোকপাল বিলের আওতার বাইরে রাখা!

পাঠকদের তথ্যের জন্য জানাই যে, লোকপাল বিল আজ থেকে 42 বছর আগে প্রথম বার লোকসভায় পেশ করা হয়েছিল... কিন্তু পাশ হয়নি! পরামর্শগুলোর কথা মাথায় রেখে ড্রাফ্‌ট বিলে পরিবর্তন করা হয়! তারপর আলোচনার জন্য সংসদে পাঠানো হয়! আর তারপর *'কিন্তু'*... *'আমরা মানি না'* ইত্যাদি বাক্যের সাথে আরও কিছু পরিবর্তন করা হয়! এই বিলের সেই সময় নাম ছিল – *'লোকপাল বিল'*! এই বিল আট বার সংসদে পেশ করা হয়েছে... কিন্তু পাশ করানো হয়নি!

এবার এই ড্রাফ্‌ট বিল *'লোকপাল'*-য়ের স্থানে *'জন লোকপাল'* হয়ে পড়েছে এবং এতে বেশ কয়েক বার পরিবর্তনও করা হয়েছে! শ্রী অরবিন্দ কেজরীওয়াল স্বয়ং এমনটা মানেন যে, বিলে এখনও পরিবর্তনের সম্ভাবনা থাকতে পারে! তাই যদি হয়... তাহলে এটা দেখতে হবে যে, দু পক্ষের সম্মতিতে প্রস্তুত ড্রাফ্‌ট বিল মন্ত্রী মণ্ডলের মঞ্জুরী পায় কি না? যদি প্রতিশ্রুতি পালন করে এটাকে মঞ্জুরী প্রদান করাও হয়... তাহলে কে বলতে পারে যে, পার্লামেন্টে বসে থাকা ছোট-বড় পার্টিগুলো নতুন করে কোন বাধার সৃষ্টি করবে না আর বিল পাশ হতে-হতে আবার একবার আটকে যাবে না? আমরা এমন কামনা করি যে, এই বিল 15-ই আগস্ট, 2011-য়ের আগে অবশ্যই পাশ হয়ে পড়বে! সেটাকেই দেশের মঙ্গল আর অন্না জী-র সংঘর্ষের সত্যিকারের সফলতা মানা হবে!

■■■

ভ্রষ্টাচার মিটলে দারিদ্রতাও মিটবে

এটা হচ্ছে ভারতবর্ষ! এই দেশ দেবভূমি! এই দেশের পুণেতে ঘোড়াদের ফার্মের মালিক হাসান আলীর একটা বাড়ী রয়েছে! হাসান আলীর ওপরে মানি লেণ্ডিং আর ট্যাক্স চুরির বেশ কিছু আরোপ রয়েছে! চার হাজার টাকার চুরি... খুব একটা বড় মাপের অর্থ তো নয়! মহারাষ্ট্র সরকারের এক সিনীয়র অফিসার – পুলিশ কমিশনার *(জি.আর.পি.)* শ্রী অশোক দেশভক্তকর তথাকথিত রূপে কালো টাকার মামলায় মুখ্য অভিযুক্ত হাসান আলীর ওপরে এক স্টিং অপারেশন চালান! পরে সেই সিডি-র সামগ্রী পরিবর্তন করার আরোপ লাগে আর সেই সিনীয়র পুলিশ অফিসারকে সাসপেণ্ড করে দেওয়া হয়! এর পরিণাম যাই হোক্ না কেন... এটা সুপ্রীম কোর্টের কৃপাদৃষ্টিরই ফল যে, হাসান আলী আর এ. রাজার মত বড়-বড় রাঘব বোয়ালেরা এখন জেলের হাওয়া খাচেছন! সুরেশ কালমাডিরও এই একই অবস্হা হতে পারে! এমন অনেক অন্য মামলা নিয়ন্ত্রণের মধ্যে চলে এলে তবেই দেশের গরীব জনতা কিছু লাভ প্রাপ্ত করতে পারবে!

ঈশ্বরের অশেষ কৃপা

শ্রী জওহর চৌধুরী কটাক্ষ করে বলেছেন যে, ভারতে বিদেশী টুরিস্টদের জন্য কেবলমাত্র দুটি জিনিষই আছে... যে দুটোর জন্য তাঁরা আকৃস্ট হন! এই দুটো জিনিষকে দেখার জন্য তাঁরা ভারতে আসেন এবং আমাদের দেশে তাঁদের ভালোমতন মনোরঞ্জনও হয়ে পড়ে! সেই দুটো জিনিষ হচ্ছে – ঐতিহাসিক ইমারত এবং এই দেশের দারিদ্রতা! উনি শীর্ষক দিয়েছেন – *'ঈশ্বরের অশেষ কৃপা!'* আগে ওনার লেখা পড়ুন... তারপর এগোন যাবে!

চীন আমাদের জমি দখল করে রেখেছে – এটার অর্থ এই নয় যে, আমরা দুর্বল আর ওরা আমাদের সকল ক্ষেত্রে দাবিয়ে রাখবে! জম হারের ব্যাপারে অলিম্পিক শুরু হলে দেখবেন, কতগুলো স্বর্ণপদক আমাদের ঝুলিতে আসে!

গত সরকার খুব ঢাক-ঢোল পিটিয়েছিল – *"ভাইয়েরা! কম সন্তানের জম দিন আর নিজেদের বর্তমানকে উন্নত করে তুলুন!"* কিন্তু দেশভক্তরা নিজেদের বর্তমানের সাথে দেশের ভবিষ্যতের সৌদা করতে রাজী ছিলেন না!

ভারতবর্ষে প্রাচীন কাল থেকেই গরীবদের সম্মান প্রদান করা হয়ে আসছে! এজন্যই গরীবদের *'দরিদ্র নারায়ণ'* পর্যন্ত বলা হয়েছে! গরীবদের জোরেই এই দেশ *'দেবভূমি'* আখ্যা পেয়েছে... কারণ এই দেশে গরীবদের

সংখ্যা বেশী!

দেবতাদের কখনো খুব বেশীর প্রয়োজন হয় না! ব্যস্... একটু নৈবেদ্য বা ভোগই তাঁদের পক্ষে পর্যাপ্ত হয়! এজন্য তাঁদের দেবত্ব বজায় রাখতে কারো কোন অসুবিধা হয় না!

পরে যখন দেশ স্বাধীন হল... দেশে গণতন্ত্র কায়েম হল... তখন গরীবদের গুরুত্ব আরও বেড়ে উঠল! শারীরিক পরিশ্রম ছাড়া তাদের থেকে ভোটও নেওয়া হতে লাগল! গণতন্ত্র হচ্ছে আমাদের আন্তজার্তিক সম্মান আর প্রতিষ্ঠার আধার... এজন্য আমরা এটা জানি যে, গরীবরা হচ্ছে আমাদের রাষ্ট্রীয় সম্পত্তি! গোটা দুনিয়ার ট্যুরিস্টরা আমাদের দেশের ঐতিহাসিক ইমারত আর দারিদ্রতা দেখার জন্যই তো এই দেশে আসেন!

গত 30 বছর ধরে দেশে টি.ভি.-র প্রচলন প্রচণ্ড বেড়ে উঠেছে! গরীবরা প্রায় সব সময়ই টি.ভি.-র সাথে চিপ্‌কে থাকে... টি.ভি.-র সাথে চিপ্‌কে থাকার কারণে তাদের মধ্যে কোন প্রকারের অসন্তুষ্টির কীটাণু সৃষ্টি হতে পারে না!

কিছুদিন আগে এক টি.ভি. চ্যানেলে এক রিয়েলিটি শো-তে এক গরীব ব্যক্তির সাথে কথোপকথন দেখানো হয়েছিল... সেটা থেকেও আমার বক্তব্যের পুষ্টি হয়!

"হ্যাঁ... সবার আগে এটা বলুন যে, আপনি ঠিক কবে থেকে গরীব?"

"আমরা তো শুরু থেকেই গরীব! বাপ-ঠাকুর্দা গরীব ছিলেন... তাঁদের বাপ-ঠাকুর্দা গরীব ছিলেন! ধরে নিতে পারেন যে, এটা আমাদের পৈত্রিক ব্যাপার!"

"গরীব হয়ে আপনার কেমন লাগে?"

"আমার আর নতুন করে কি লাগবে? যেমনটা আমার বাপ-ঠাকুর্দাদের লাগত... তেমনটাই লাগে!"

"তবুও কিছুটা তো তফাৎ নিশ্চয়ই হবে!"

"ওনাদের টাইমে টি.ভি. ছিল না... আমরা এখন টি.ভি. দেখতে পাই! ব্যস্... এছাড়া আর কোন তফাৎ নেই!"

"আপনার এমন ইচ্ছা তো নিশ্চয়ই হয় যে, আপনাদের দারিদ্রতা দূর হোক্?"

"আমাদের ইচ্ছা হলে কি হবে? হ্যাঁ... নেতারা যখন এমনটা বলেন যে, ওনারা দারিদ্রতা দূর করবেন... তখন ওনাদের কথা শুনে আমরা এটা বুঝতে পারি যে, এবার ভোট আসছে!"

"আপনার ক'টা সন্তান?"

"তা বেশ কয়েকটা! ঈশ্বরের অশেষ কৃপা! হি-হি-হি!"

আপনারা নিশ্চয়ই এটা বুঝে গেছেন যে, এই লেখার কতটা উপযোগিতা এই পুস্তকের ক্ষেত্রে রয়েছে! আমাদের দেশের দারিদ্রতা এই সব নেতাদের ভ্রষ্ট আচরণ দ্বারা, একের-পর-এক স্ক্যাম দ্বারা, 2-জি দ্বারা, কমনওয়েলথ গেমস্ দ্বারা, স্যুইস ব্যাংকে কালো টাকা জমা করানো দ্বারা, হাসান আলী দ্বারা কোটি-কোটি টাকা ট্যাক্স চুরি করা দ্বারা, রাজনৈতিক নেতা আর বড়-বড় সরকারী অফিসারদের দ্বারা রিয়েল এস্টেটে পয়সা লাগানো দ্বারা,

আদর্শ কলোনী তৈরী করা দ্বারা, কেনা-বেচার সৌদায় কমিশন দ্বারা, পেঁয়াজ-ডাল-চিনির কৃত্রিম অভাব দেখিয়ে দাম বাড়ানো দ্বারা এবং না জানি আরও কত উপায়ে দেশের অর্থ ভাণ্ডার খালি করানো দ্বারা সৃষ্টি হয়েছে! আর যতদিন পর্যন্ত এই সব কিছু হতে থাকবে... ততদিন পর্যন্ত ভারতের দারিদ্রতা তেমনটাই থাকবে... যেমনটা আজ থেকে কয়েক প্রজন্ম আগে ছিল! গরীব থাকাটা এখন এক পরম্পরা হয়ে উঠেছে! তাদের অবস্থার উন্নতি করার মত পয়সা দেশের হাতে বাঁচে না!

ভ্রষ্টাচার সমানে চলছে! নেতাদের তো কেবলমাত্র দুটোই কাজ! এক হচ্ছে লোকসভা আর বিধানসভায় চেয়ার ছোঁড়া আর দুই, প্রাণ খুলে স্ক্যাম করা! শ্রী লালকৃষ্ণ আদবানীর মতে ভ্রষ্টাচার হচ্ছে! কিন্তু সব নেতারাই এক রকমের হন না! যদি সব নেতাই ভ্রষ্ট হয়ে ওঠেন... তাহলে দেশ চলছে কি করে? গরীবরা এটা জানে যে, যখন ভোট আসে... তখন গরীবী হটানোর প্রতিশ্রুতি তাদের ঝুলিতে ফেলে দিয়ে নেতারা তাদের ভোট নিয়ে যায়! এক মামুলী ঠেকেদার নির্দল প্রার্থীর রূপে ভোটে জিতে যায়! নিজের 6 - 7 নির্দল প্রার্থীর সহায়তায় সরকার বানিয়ে নেয়... মুখ্যমন্ত্রী হয়ে পড়ে... কোটি-কোটি টাকার সম্পত্তি বানিয়ে নেয়! শ্রী মধু কোড়া বলেছেন যে, উনি যখন এক সাধারণ ব্যক্তি ছিলেন... তখনও উনি *(মধু)* কোড়া ছিলেন... আর আজ কোটি-কোটি টাকার সম্পত্তির মালিক হয়ে ওঠার পরেও উনি সেই কোড়াই আছেন! উনি না আগে মিষ্টি ছিলেন... না এখন মিষ্টি হয়েছেন! ওনার ভাষণে যদি কখনো মিষ্টত্ব এসে থাকে... তাহলে সেটা ভোট চাওয়ার সময়! গরীবরা মিষ্টি-মিষ্টি কথায় ভুলে গিয়ে তাঁকে ভোট দিয়ে দিয়েছে! উনি গরীবদের ভোটে প্রথমে এম.এল.এ. হয়েছেন... তারপর নিজের বুদ্ধিমত্তার জোরে মুখ্যমন্ত্রী হয়েছেন! এতে এই সব গরীবদের কোন ভূমিকাই নেই! এমন অবস্থায় কোটি-কোটি টাকার হেরাফেরী করতে থাকা কোড়া গরীবদের কথা মনে করতে কেন যাবেন? ভ্রষ্টাচারী সময় পেলে তবে তো সেই সব গরীবদের কথা শুনবে... যারা কোড়ার জন্য পথ তৈরী করে দিয়েছে! ওনার মধ্যে 'মধু' তো কেবল সেই সময় বিদ্যমান ছিল... যখন ওনার নির্বাচন জেতার প্রয়োজন হয়ে পড়েছিল!

এবার ক্রান্তির দূত অন্না হাজারে দেশের গরীবদের আশা হয়ে উঠেছেন! যদি অন্না হাজারের প্রতিটি পদক্ষেপ সঠিক দিকে উঠে লক্ষ্য প্রাপ্তি পর্যন্ত পৌঁছে যায়... তাহলে ভ্রষ্টাচার প্রথমে কমে আসবে – তারপর এক সময় বন্ধ হয়ে পড়বে! যে অর্থ এখন ভ্রষ্টাচারীদের সিন্দুকে ঢুকে যাচ্ছে... সেটা তখন দেশের বিকাশের কাজে খরচ হবে! গরীবদের গরীবী দূর হতে লাগবে! তখন লোকেরা অন্না জী-কে প্রাণ খুলে আশীর্বাদ করতে লাগবেন! যে কাজ মহাত্মা গান্ধী নিজের হাতে নেননি... জয়প্রকাশ নারায়ণ যে কাজটা করতে ভুলে গিয়েছিলেন... সেই কাজটা এখন অন্না হাজারে করছেন! ওনার পেছনে হাজার-হাজার নয়... লক্ষ-লক্ষ নয় – কোটি-কোটি লোক রয়েছেন! তাঁরা অন্না জী-কে সমর্থন জানাচ্ছেন আর ওনার সফলতার কামনা করছেন যে, উনি দেশের লোকসভা আর বিধানসভাগুলোকে গঙ্গাজলে ধুয়ে শুদ্ধ করে

তুলবেন! দেশে সমতা দেখতে পাওয়া যাবে... দারিদ্রতা দূর হবে... দেশে সত্যিকারের সমাজবাদ আসবে! তখন বিদেশী টুরিস্টরা এখানকার দারিদ্রতা দেখার জন্য নয়... বরং সম্পন্নতা দেখার জন্য এই দেশে আসবেন! আমাদের এমন ভারত চাই!

রামরাজ্যের স্হাপনা

গান্ধী জী-র পদাঙ্ক অনুসরণ করে অন্না জী কেবলমাত্র 5 দিনের মধ্যে নিজের দাবী সরকারকে দিয়ে পূরণ করিয়ে নিয়েছেন! এজন্যই ওনাকে *'ছোট গান্ধী'* হিসেবে ডাকা হয়ে থাকে!

15-ই জুন, 1938 মহারাষ্ট্রের আহমদনগরের ভিঙ্গর লোকালয়ে জন্ম গ্রহণ করা অন্নার শৈশব বড়ই দারিদ্রতার ভেতর দিয়ে কেটেছে! এজন্য অন্যদের জীবন যাত্রার স্তরকে উন্নত করে তোলার জন্য অন্না জী নিজের সম্পূর্ণ জীবন সমাজের প্রতি সমর্পিত করে দিয়েছেন!

উনি নিজের গ্রামে *'রামরাজ্য'* স্হাপিত করে তুলেছেন! এবার উনি নিজের দলবলের সাথে গোটা দেশে *'রামরাজ্য'* স্হাপনা করার অভিযানে বেরিয়ে পড়েছেন!

উনি এক ভ্রষ্টাচার মুক্ত সমাজের স্হাপনা করতে চান! দিব্য হিমাচল পরিবারের পক্ষ থেকে চালানো অভিযানের এক অংশ হচ্ছে ওপরে উল্লেখিত লাইনগুলো!

যে বিষয়টা সকলের পছন্দ হল

ক্রান্তির দূত অন্না হাজারে নিজের সহযোগীদের পরামর্শে মহারাষ্ট্র থেকে দিল্লীর জন্তর মন্তরে এসে নিজের ডেরা পাতেন! উনি সেখানে আমরণ অনশনে বসেন... অনশন মঞ্চ তৈরী করা হয়! ওনার মনের মধ্যে বেশ কিছু বিষয় হয়তো ছিল... কিন্তু প্রথমে একটা বিষয় নিয়েই উনি নিজের শক্তির পরিচয় করাতে চেয়েছেন!

মূল্যবৃদ্ধি আর ভ্রষ্টাচারের কারণে প্রতিটি ভারতবাসী... এমন কি পুরো ভারতই ত্রস্ত হয়ে উঠেছে! প্রত্যেকে অত্যন্ত দুঃখী হয়ে উঠেছে... সবাই ত্রাহি-ত্রাহি রব ছাড়ছে! অন্না জী ভ্রষ্টাচার উন্মূলনের যে বিষয় উত্থাপন করেছেন... তার ফলে সকলের মনে আশার সঞ্চার হয়েছে! সকলের কাছে এটা তাদের নিজস্ব বিষয় বলে মনে হয়েছে! গোটা দেশ অন্না জী-কে সমর্থন জানিয়েছে... দেশের 80 কোটি গরীব জনতাও আকৃষ্ট হয়েছে! দেশের জনতার এমনটা মনে হতে লেগেছে যে, যখন দেশ থেকে ভ্রষ্টাচার মিটে যাবে... তখন দেশ থেকে দারিদ্রতাও দূর হয়ে পড়বে!

■■■

প্রধানমন্ত্রীর সদিচ্ছা আছে তো ?

প্রধানমন্ত্রী ডঃ মনমোহন সিং ভ্রষ্টাচারকে এক অত্যন্ত খারাপ জিনিষের আখ্যা দিয়েছেন! অন্না হাজারের আন্দোলন দ্বারা দেশের জনতার মাঝে ভ্রষ্টাচারের বিরুদ্ধে তৈরী হওয়া জাগরুকতাকে উনি সেই খারাপ জিনিষকে সমূলে উৎপাটিত করার পক্ষে এক ভালো সংকেত হিসেবে জানিয়েছেন! উনি এমনটাও বলেছেন যে, সংসদের আগামী বাদল অধিবেশনে লোকপাল বিল পেশ করার ব্যাপারে ওনার সরকার প্রস্তুত!

প্রধানমন্ত্রী ডঃ মনমোহন সিং বলেছেন – *"ভ্রষ্টাচারের বিষয়ে নাগরিক সমাজ আর সরকারের চিন্তাধারা অভিন্ন!"*

অন্না হাজারে নিজের আমরণ অনশন সমাপ্ত করার পরে প্রধানমন্ত্রী এক বয়ান জারী করে এমনটাও বলেছেন – *"আমি অত্যন্ত আনন্দিত যে, সরকার আর নাগরিক সমাজের প্রতিনিধিদের মধ্যে ভ্রষ্টাচার শেষ করার ব্যাপারে যৌথ প্রচেষ্টার ওপরে সম্মতি হয়ে পড়েছে!"*

প্রধানমন্ত্রী আরও বলেছেন – *"ভ্রষ্টাচার হচ্ছে এমন এক রোগ... যেটা আমাদের প্রত্যেককে অস্থির করে মারে! এবার যখন নাগরিক সমাজ আর সরকার এক সাথে এই ঐতিহাসিক বিল তৈরী করার ফয়সালা গ্রহণ করেছে... তখন সেটা দেশের গণতন্ত্রের পক্ষে বড়ই ভালো সংকেত!"*

অনশন সমাপ্ত করে অন্না হাজারে এই সফলতার জন্য দেশের প্রতিটি নাগরিককে অভিনন্দন জানান এবং তাঁদের সমর্থনের জন্য ধন্যবাদ জানান! এর সাথে-সাথে উনি সরকারকে সতর্ক করে দিয়ে বলেন – *"15-ই আগষ্ট, 2011-য়ের আগে যদি এই বিল সংসদে পাশ করানো না হয়... তাহলে আমরা আবার একবার দেশব্যাপী আন্দোলন শুরু করতে বাধ্য হয়ে উঠব!"*

সংঘর্ষে প্রাপ্ত সফলতার আনন্দ অন্না হাজারের শান্ত মুখে স্পষ্ট দেখতে পাওয়া যাচ্ছিল! উনি বলেন – *"আজ আমার জীবনের সব থেকে বড় দিন! এই জিত আমার নয়... এই জিত দেশের জনতার! কিন্তু আসল স্বাধীনতা প্রাপ্ত করার জন্য আমাদের আরও অনেকটা পথ পাড়ি দিতে হবে!"*

অন্না জী ভ্রষ্টাচারের খারাপ পক্ষের উল্লেখ করে বলেন – *"এই খারাপ জিনিষটাকে শেষ করার জন্য পুরো দেশের লোকেরা একজোট হয়ে পড়েছেন... এটা খুবই ভালো সংকেত! আমি সর্দার ভগত সিং, রাজগুরুর ইন্‌কিলাব জিন্দাবাদ শ্লোগানের প্রভাব আবার একবার দেখতে পাচ্ছি! তফাৎ শুধু এইটুকু যে, সেই সব বীরেরা সেই সময় ইংরাজদের রাতের ঘুম কেড়ে নিয়েছিলেন আর আজ আপনারা কালো ইংরাজদের রাতের ঘুম কেড়ে নিয়েছেন!"*

প্রমুখ সমাজ সেবী অন্না হাজারে বলেছেন – *"আমাদের সামনে এখন অনেকগুলো বিষয় রয়েছে... কিন্তু সব বিষয় এক সাথে হাতে নেওয়া যেতে পারে না! আমাদের এক-এক করে বিষয়ের ওপরে কাজ করতে হবে!"*

আন্দোলনকে এগিয়ে নিয়ে যাওয়ার জন্য এক সংগঠন তৈরী করার আবশ্যকতার ওপরেও অন্না হাজারে জোর দিয়েছেন! উনি প্রসন্নতা ভরা মুখে বলেছেন – *"আমি ভ্রষ্টাচার আর দেশের অন্যান্য সমস্যাগুলো নিয়ে পুরো দেশে ঘুরে বেড়াব আর পুরো দেশের কাছে সহযোগ প্রার্থনা করব!"*

সাদা পাজামা-পাঞ্জাবী পরা আর মাথায় গান্ধী টুপী পরা এই সন্ত সরকারকে হার মানতে বাধ্য করে তুলেছেন! ওনার মুখে বড় কাঁচের চশমা বড়ই ভালো মানাচ্ছিল! 5 দিনের আমরণ অনশনের কারণে ওনার ভেতরে আসা দুর্বলতাও লজ্জা পেয়ে পালাতে লেগেছিল! ওনার প্রতিটি শব্দের ওপরে প্রত্যেকের মনোযোগ নিবদ্ধ হয়ে ছিল! উনি এমনটাও বলেছেন – *"নির্বাচিত জন প্রতিনিধিদের ফিরিয়ে নিয়ে আসার অধিকার সমেত আরও বেশ কিছু বিষয় এই মুহূর্তে আমাদের সামনে রয়েছে! দেশের নির্বাচন প্রণালীতেও ব্যাপক সংশোধন নিয়ে আসার আবশ্যকতা রয়েছে! এই সব কাজ আমাদের করতে হবে!"*

বিদ্বান শ্রী সত্যনারায়ণ সাহু মহাত্মা গান্ধীর সময়ের কথা স্মরণ করে লিখেছেন – *"মহাত্মা গান্ধীর নেতৃত্বে হওয়া স্বাধীনতা আন্দোলন দ্বারা ব্রিটিশ শাসনের হাত থেকে মুক্তি ছাড়াও সার্বজনিক জীবনে শুচিতা আর নৈতিক মূল্যের বিজয় প্রমাণিত হয়েছিল! ইতিহাসে আর কোন ক্রান্তি বা আন্দোলনে এমন দৃঢ় নৈতিক উদ্দেশ্য দেখতে পাওয়া যায় না... যেমনটা ভারতের স্বাধীনতা আন্দোলনে দেখতে পাওয়া গিয়েছিল! গান্ধী জী-র শব্দে – "আমার রাজনীতি নৈতিকতা থেকে উৎপন্ন হয়েছে! আমি নৈতিকতার শপথ নিয়েছি... এজন্যই আমি রাজনীতিতে রয়েছি!"*

"এটা অত্যন্ত স্পষ্ট যে, ভ্রষ্টাচারের বিরুদ্ধে অভিযানের সাথে মহাত্মা গান্ধীর নাম যুক্ত করার অর্থ হচ্ছে এই যে, আমরা ব্যক্তিগত আর সার্বজনিক জীবনে নৈতিক মূল্যকে শামিল করব, ভ্রষ্ট আচরণের বিরুদ্ধে সতর্কতা অবলম্বন করব, লৈঙ্গিক সমানতাকে সুনিশ্চিত করব এবং জবাবদেহীতার সিদ্ধান্তের ওপরে জোর দেব!"

আমাদের আজকের নেতা, গান্ধীবাদী বিচারধারার পোষক মহারাষ্ট্রের সুপুত্র, পুরো ভারতের প্রিয় অন্না হাজারের মধ্যে নৈতিকতা সম্পূর্ণ মাত্রায় ভরা রয়েছে এবং উনিও নিজের সার্বজনিক জীবনে নৈতিক মূল্যকে শামিল করে নেওয়ার কারণেই দিল্লীর জন্তর মন্তরে, কেবলমাত্র 97 ঘন্টার মধ্যে এক বিরাট বড় লড়াই জয় করে নিয়েছেন!

সম্মানীয় শ্রী সঞ্জীব শ্রীবাস্তবের বক্তব্য হচ্ছে – *"চিত্রটা ততটা নিরাশাজনক নয়... যতটা আগে ছিল! ক্রিকেটের মাঠে শচীন লড়ে যাচ্ছেন, তো ভ্রষ্টাচারের বিরুদ্ধে লড়াই করছেন অন্না হাজারে!"*

"অন্না হাজারের প্রতি সমুচিত সম্মানের সাথে এমনটা বলতেই হয় যে, সেই প্রখর গান্ধীবাদী এবং শ্রীমতি কিরণ বেদী আর শ্রী অরবিন্দ কেজরীওয়াল

এবং ভ্রষ্টাচার বিরোধী ওনার সহযোদ্ধাদের ওপরে লোকেদের এতটা ভরসা ছিল না যে, তাঁরা এত সহজে ধোনী, তেণ্ডুলকর আর যুবরাজের স্থান নিয়ে নেবেন! কিন্তু রাষ্ট্রীয় মীডিয়া এটা দেখিয়ে দিয়েছে যে, অন্না হাজারের অভিযান দেশের মধ্যবিত্ত বর্গের কতটা ব্যাপক সমর্থন প্রাপ্ত করেছে! হাজার-হাজার লোক ভ্রষ্টাচারের বিরুদ্ধে একজোট হয়ে জন লোকপাল বিলকে যে ভাবে সমর্থন জানিয়েছেন, তেমনটা রোজ-রোজ দেখতে পাওয়া যায় না!"

15-ই আগষ্ট, 2011 তারিখকে বিল পাশ করার অন্তিম সময় সীমা নির্দ্ধারিত করা অন্না হাজারে এটা জানেন যে, গত 42 বছরে এই বিলকে একের-পর-এক সরকার কোন-না-কোন অজুহাতে ঝুলিয়ে রেখেছে এবং বিল পাশ হতে দেয়নি!

লেখক লিখেছেন – "গত প্রায় এক দশক ধরে মধ্যবিত্ত বর্গের প্রতিনিধিত্ব করা রাজনৈতিক পণ্ডিত আর বিশ্লেষকরা এমনটা বলে এসেছেন যে, আমরা ভ্রষ্টাচারকে মেনে নিয়েছি আর ভ্রষ্টাচার এখন আর তেমন কোন বিষয় নয়, যেটা লোকেদের আন্দোলিত করে তুলবে! জাতিবাদ আর অপরাধীকরণের বিরুদ্ধে তবুও মাঝে-মাঝে আওয়াজ উঠতে থাকে! কিন্তু এমনটা মনে হয় যে, ভ্রষ্টাচারের ওপরে এক মৌন স্বীকৃতি হয়ে পড়েছে! আর সেটাকেই অন্না হাজারে মাত্র 5 দিনের মধ্যে ভুল প্রমাণিত করে কামাল করে দেখিয়েছেন!"

"জন্তর মন্তরে চলতে থাকা আমরণ অনশনে পৌঁছনো লোকেদের এমন প্রশ্ন করা হয়েছিল যে, তাঁরা এখানে কেন এসেছেন? তাঁদের উত্তর ছিল যে, গোটা দেশে ক্রমশঃ বেড়ে উঠতে থাকা ভ্রষ্টাচারের ব্যাপারে তাঁরা অত্যন্ত চিন্তিত! প্রত্যেকে এটাও বলেছেন যে, ওনারা টি.ভি. আর ইন্টারনেটে যখন অন্না হাজারের আমরণ অনশনের ব্যাপারে জানতে পারেন... তখন ওনারা দিল্লী এসে অন্না হাজারের প্রতি সমর্থন ব্যক্ত করাটাকে জরুরী বলে মনে করেন! অর্থাৎ সেই সব নবযুবকরা শিক্ষিত আর মধ্যবিত্ত বর্গের ছিলেন, গরীব নন! ভ্রষ্টাচার গরীবদের কাছে যত বড় চিন্তার বিষয়... ঠিক ততটাই চিন্তার বিষয় ধনী শিল্পপতিদের কাছেও! আমাদের দেশের সব থেকে গরীব নাগরিক যদি পুলিশকে 'হফ্‌তা' দিয়ে ফুটপাথে নিজের দোকান চালান... তো আমাদের দেশের সব থেকে ধনী শিল্পপতি প্রতিটি কন্ট্রাক্টের জন্য রাজনৈতিক নেতা আর সরকারী অফিসারদের এক মোটা অঙ্কের ঘুষ দেন! কোন বড় কন্ট্রাক্ট হাতে পাওয়ার পরেও শাসক পক্ষকে খুশী করার জন্য কিছু-না-কিছু দিতেই হয়... অন্যথা অনেক বাধার মুখোমুখি হতে হয়!"

ওপরে উল্লেখিত লাইনগুলোর লেখিকা হচেছন বিদ্বান লেখিকা শ্রীমতি তবলীন সিং! উনি আরও লিখেছেন – "সংসদীয় গণতন্ত্রের কিছু নিয়ম থাকে! যদি সেগুলোর উল্লংঘন করা হয়... তাহলে গণতন্ত্রের ইমারত দুর্বল হয়ে পড়ে! এই নিয়মগুলোর মধ্যে সব থেকে গুরুত্বপূর্ণ হচেছ এটা যে, প্রতি 5 বছর পরে-পরে নির্বাচন হয়... যাতে দেশের জনতা ভোট দিয়ে সংসদে নিজেদের প্রতিনিধি পাঠান! আইন বানানো সংসদের দায়িত্ব হয়... আর কারো নয়! যিনি আইন তৈরী করতে চাইবেন... তাঁর পক্ষে নির্বাচনে জিতে সংসদে পৌঁছনোটা অনিবার্য হয়!"

উনি আরও লিখেছেন – *"আমরণ অনশন করে আইন তৈরী করা যায় না! অবশ্য এটা নিজের-নিজের চিন্তাধারা হয়!"* অন্না জী-র সমর্থকেরা ব্যাপারটাকে শ্রীমতি তবলীন সিং-য়ের দৃষ্টিতে দেখেননি! শ্রীমতি সিং সমস্যার ওপরে আরও আলাকপাত করেছেন... যেগুলো আমরা অন্য কোথাও তুলে ধরব!

অন্না জী নিজের লাখো সমর্থকদের ব্যাপারে এতটা জানিয়ে দিয়েছেন – *"আমি এটা জানতাম না যে, এত লোক এসে উপস্থিত হবেন! এসবই ওপরওয়ালার কৃপা!"* কত সরলতা ছিল ওনার বক্তব্যে!

শ্রী যশবন্ত ব্যাস লিখেছেন – *"শ্রীমতি ইন্দিরা গান্ধীর এক বিখ্যাত বক্তব্য ছিল, যার ভাবার্থ হচ্ছে – "এটাকে শেষ করার কোন সম্ভাবনাই নেই... এটা তো গোটা দুনিয়ায় ছড়িয়ে রয়েছে!" ওনার পুত্র শ্রী রাজীব গান্ধীর বক্তব্য ছিল – "সরকারের থেকে এক টাকা চলতে শুরু করে আর দেশের অন্তিম ব্যক্তি পর্যন্ত পনেরো পয়সাই পৌঁছয়!" এখন ওনার পুত্রবধূ শ্রীমতি সোনিয়া গান্ধী বলছেন – "আমি অন্না জী-কে সমর্থন করি! সরকারের ওনার কথার ওপরে মনোযোগ দেওয়া উচিত!"*

নিজের দীর্ঘ বক্তব্যের শেষে লেখক লিখেছেন – *"এখন দেশে কোয়ালিশন ধর্মের পালন করা হচ্ছে! এখন বিশ্বাসের সৌদাবাজী চলছে! অন্না অনশন করুন... এক জ্যোতিষি মরার ভবিষ্যবাণী করুন... প্রিন্স গর্তে ফেঁসে যাক বা তাজ হোটেলে আতংকবাদীরা গুলি চালাক – এখন শুধু ক্যামেরা চালানোর ধর্ম... জ্ঞান বাড়ানোর ধর্ম... ক্রান্তিস্থলকে টুরিস্ট প্লেস বানানোর ধর্ম... প্রতিটি জিতকে নিজেদের জিত বলে ঘোষণা করার ধর্মের পালন করা হচ্ছে!"*

"কিন্তু এটা কি এখনও বুঝতে বাকী আছে যে, অন্না হচ্ছেন এক স্বপ্নের মুখ! জন্তর মন্তরের মন্তর তো সবে চলেছে... সাধারণ হিন্দুস্তানীদের কাছে এখনও এমন অনেক মন্তর বাকী আছে!"

বিশ্বস্ত সূত্র এমনটা জানাচ্ছে – *"সমাজসেবী অন্না হাজারের আন্দোলন সত্যি-সত্যি কেন্দ্রীয় সরকারকে ভয় পাইয়ে দিয়েছিল! হাজারের সমর্থনে যে ভাবে জন-সমূহ দিল্লীর জন্তর মন্তরে উপচে পড়েছিল, সেটা দেখে কেন্দ্রীয় সরকারের অবস্থা অত্যন্ত খারাপ হয়ে পড়েছিল আর সরকারকে রাতারাতি জন লোকপাল বিলের ওপরে সংযুক্ত ড্রাফ্‌ট কমিটির গঠনের ব্যাপারে নোটিফিকেশন জারী করতে হয়েছে! কেন্দ্রীয় আইন মন্ত্রী শ্রী বীরপ্পা মইলী ইঙ্গিতে হলেও, সরকারের এই ভয়কে গত 09.04.2011 স্বীকার করে নিয়েছেন! ভীত সরকার এবার জন লোকপাল বিলের ড্রাফ্‌ট তৈরী করার জন্য গঠিত সংযুক্ত কমিটির মীটিং ডাকার দেরী করবে না!"*

শেষ পর্যন্ত অন্না জী-র বিজয় রথ নিজের গন্তব্যে পৌঁছে তবে থেমেছে!

■■■

প্রশাসনিক জটিলতা সৃষ্টি করা উচিত নয়

যোগগুরু বাবা রামদেবের *'বংশবাদ'* বয়ানের ওপরে অন্না এমনটা বলেছিলেন যে, বাবা রামদেবের এমন বয়ান দেওয়া উচিত নয়! এই মামলা তো বাবা রামদেবের বুদ্ধিমত্তায় শীঘ্রই সমাধান হয়ে পড়েছিল এবং উনি টি.বি. চ্যানেলে এমনটা বলেছিলেন যে, জন লোকপাল বিলের সংযুক্ত ড্রাফ্‌ট কমিটিতে পিতা-পুত্রের শামিল হওয়ার ব্যাপারে ওনার কোন আপত্তি নেই! সব ভুল বোঝাবুঝি শেষ হয়ে পড়েছে! ঠিক সেই সময় প্রশাসনিক বিবাদও সামনে প্রকাশ পায়!

লোকপাল বিলের ওপরে কেন্দ্র সরকারকে ব্যাকফুটে ঠেলে দিতে সফল হয়ে ওঠা অন্না হাজারেকে, কেন্দ্রীয় মন্ত্রী শ্রী কপিল সিব্বলের রি-মিক্স প্রতিক্রিয়া ব্যক্ত করার জন্য বাধ্য করে তুলল! উনি বাধ্য হয়ে কেন্দ্রীয় মন্ত্রী এবং ড্রাফ্‌ট কমিটির সদস্য শ্রী কপিল সিব্বলকে নিজের নিশানা বানিয়ে তুললেন! ইলেকট্রোনিক মীডিয়ার ওপরে দৃষ্টি নিবদ্ধ করে রাখা ভারতের জাগরুক নাগরিকেরা এটা বুঝে উঠতে পারছিলেন না যে, এসব কি হচ্ছে!

শ্রী কপিল সিব্বলের ভ্রষ্টাচারকে কেন্দ্র করে দেওয়া বয়ানের ওপরে পাল্টা আঘাত করে ক্রান্তির দূত অন্না হাজারে ড্রাফ্‌ট কমিটি থেকে ওনার পদত্যাগ দাবী করে ওনাকে চমকে দেন! এতে শাসক কংগ্রেস পার্টিরও কান খাড়া হয়ে ওঠে! শ্রী কপিল সিব্বল কোন রকমে পরিস্থিতি সামাল দেন! উনি বলেন যে, উনি এমন কিছুই বলেননি... যাতে সমাজ সেবক অন্না হাজারের আপত্তি হতে পারে! ওনার বক্তব্য ছিল – *"আমি এই কথা বলিনি যে, লোকপাল বিল ভ্রষ্টাচার বন্ধ করতে পারবে না!"*

কংগ্রেস তো গোটা ব্যাপারটার ওপরে জল ঢেলে দিয়ে মামলা ঠাণ্ডা করার চেস্টা করাও শুরু করে দিল! ব্যাপারটা এজন্য আরও গম্ভীর হয়ে উঠেছিল... কারণ শ্রী সিব্বলের পরে শ্রী সলমান খুর্শীদের যে বয়ান এসেছিল... সেটাও আগুনে ঘি ঢালার মত ছিল! শ্রী খুর্শীদ কেবলমাত্র কেন্দ্রীয় মন্ত্রী হলে ব্যাপারটা অন্য রকম হত... বাস্তবে তিনিও সংযুক্ত ড্রাফ্‌ট কমিটির সদস্য দিলেন! শেষ মুহূর্তে ওনার এই বিতর্কে ঝাঁপিয়ে পড়াটা দু পক্ষের কারোরই পছন্দ হচ্চিল না! ওনারা দুজনেই কেন্দ্রীয় মন্ত্রী ছিলেন... দুজনেই সরকারের পক্ষ থেকে ড্রাফ্‌ট কমিটির সদস্য ছিলেন! ওনাদের দুজনেরই এ্যাপ্রোচ অন্না আর ওনার সাথীদের কাছে নেতিবাচক মনে হয়েছিল!

যখন শ্রী সিব্বলের এমনটা মনে হতে লাগল যে, ওনার বয়ান বিতর্কের সৃষ্টি করছে... তখন উনি তৎক্ষনাৎ সেটাকে বাধা দেওয়ার জন্য বলে দিলেন

– "আমি ভ্রষ্টাচার বন্ধ না করতে পারার কথা বলিনি! আমি এটা বলেছিলাম যে, জন লোকপাল বিল দ্বারা সাধারণ জনতার দারিদ্রতা, বিদ্যুৎ আর শিক্ষার মত প্রাথমিক সমস্যা শেষ হবে না! আমি এটা বলেছিলাম যে, এই বিলের প্রত্যক্ষ সম্পর্ক কেবলমাত্র ভ্রষ্টাচার সম্বন্ধীয় ব্যাপারগুলোর মোকাবিলা করা পর্যন্তই সীমিত থাকবে!"

শ্রী সিব্বলের এই বিশ্লেষণকেও অন্না জী অস্বীকার করেন! উনি বলেন *– "যদি ড্রাফ্‌ট কমিটির সদস্য আর কেন্দ্রীয় মন্ত্রী শ্রী কপিল সিব্বলের এমনটা মনে হয় যে, এই বিল দ্বারা কোন লাভই হবে না... তাহলে ওনার কমিটি থেকে পদত্যাগ করা উচিত! ওনার নিজের আর আমাদের – কারোরই সময় নষ্ট করা উচিত নয়! ওনার দেশের জন্য অন্য কোন কাজ করা উচিত আর ড্রাফ্‌ট কমিটিকে তার কাজ করতে দেওয়া উচিত!"*

অন্না হাজারের এই পাল্টা আঘাত প্রশাসনিক মহলে সবাইকে প্রচণ্ড চমকে দিয়েছিল! শ্রী কপিল সিব্বলই এর আগে কেন্দ্র সরকার আর বিশেষ করে প্রধানমন্ত্রীর তরফ থেকে দু পক্ষের মধ্যে মধ্যস্থতা করে আসছিলেন! মীডিয়াও ওনাকে বেশ ভালোমতন কভারেজ দিয়েছিল! উনি আরও এক প্রচেষ্টা করে বলেন – *"আমি সম্পূর্ণ রূপে অন্না জী-র সাথে রয়েছি! আমরা অন্না জী-র সাথে মিলে এমন এক আইন তৈরী করতে চাই... যেটা ভ্রষ্টাচারের বিরুদ্ধে লড়তে সক্ষম হবে!"*

সরকারের পক্ষ থেকে আরও একজন সদস্য কেন্দ্রীয় অল্প সংখ্যক মামলার মন্ত্রী শ্রী সলমান খুর্শীদ বলেন – *"ভগবান মজুদ থাকলেও সকল খারাপ জিনিষ দূর হয় না! আমাদের তখনও নিজেদের সন্তানদের ভালো জিনিষ শেখাতে হয় আর মন্দির স্থাপনা করে ভগবানের পূজা-অর্চনা ইত্যাদি করতে হয়!"*

যাক্‌গে... ব্যাপারটা তখনকার মত মিটে গেল! ড্রাফ্‌ট কমিটির পুরো কার্যকলাপের ভিডিয়োগ্রাফী করার কথা বলা হলে সেটাও কংগ্রেস সরকারের পছন্দ হল না! কংগ্রেসের পক্ষ থেকে পার্টি মুখপাত্র শ্রী অভিষেক মনু সিংভী বলেন – *"দয়া করে এমন কোন শর্ত রাখবেন না... এমন শর্ত ঠিক নয়! এটা হচ্ছে দু পক্ষের পরিপক্কতা প্রদর্শন করার সময়... একমাত্র তাহলেই আমরা কোন নিস্কর্ষে পৌঁছতে পারব! দয়া করে এমন কিছুই বলবেন না, যেটা নিরপেক্ষ বিচার-বিমর্শের পথে বাধা হয়ে ওঠে!"*

এই প্রকারের প্রশাসনিক মার-প্যাঁচ চলছিল... এমন সময় শ্রী সিংভী অন্না দ্বারা শ্রী কপিল সিব্বলের ত্যাগপত্র দেওয়ার দাবীকে একেবারে গোড়া থেকে খারিজ করে দিলেন!

কেন্দ্রীয় মন্ত্রী শ্রী সলমান খুর্শীদ তো এমনটা বলেও ব্যাপারটা মেটানোর চেষ্টা করলেন – *"লোকপাল বিল সম্বন্ধীয় সংযুক্ত কমিটির মীটিং-য়ের কার্যকলাপের ভিডিয়োগ্রাফী করানোর অন্নার দাবীর ওপরে ফয়সালা কমিটিই নেবে! আমিও এই কমিটিরই সদস্য! সময় এলে বিচার-বিবেচনা করা হবে!"*

শরদ পাওয়ারকে কমিটি ছেড়ে চলে যেতে হল

অন্না হাজারের আন্দোলন চলছিল! সরকার এক মন্ত্রী মণ্ডলীয় কমিটি বানিয়েছিল! সেই কমিটিরই অন্না জী-র সাথে কথা বলে ওনাকে আন্দোলন

না করার জন্য রাজী করানোর ছিল! উনি যদি আমরণ অনশনও করেন... তাহলে কমিটির এই মন্ত্রীদের ওপরেই ওনার সাথে আলাপ-আলোচনা করে কোন একটা রাস্তা বার করার দায়িত্ব ছিল! শ্রী শরদ পাওয়ারও কমিটির অন্যতম সদস্য ছিলেন! ওনাকেও পরিস্থিতির কারণে সরকার দ্বারা গঠিত কমিটি থেকে ত্যাগপত্র দিতে হল... কারণ যে কোন কিছু হতে পারে!

অন্না হাজারের আন্দোলন চলার সময়ই সরকার দ্বারা গঠিত কমিটি ছেড়ে চলে যাওয়া নেতা শ্রী শরদ পাওয়ারের দুজন সহযোগী – শ্রী দেবীপ্রসাদ ত্রিপাঠী এবং শ্রী তারিক আনওয়ার অন্না জী-র আন্দোলনকে কেন্দ্র করে যে মন্তব্য করেন... তাতে ওনাদের অসন্তুষ্টি আর কুণ্ঠা বেশী ছিল, যুক্তি কম! শ্রী পাওয়ারের সাথে অন্না জীর শত্রুতা *(ব্যক্তিগত নয়)* পুরোন... এজন্য ওনার লোকেরা অন্নার, ওনার আন্দোলনের, জন লোকপাল বিলের ওপরে উল্টো-পাল্টা মন্তব্য করেছেন! এটা তো তবু বুঝতে পারা যায়... কিন্তু পাঞ্জাবের মুখ্যমন্ত্রী শ্রী প্রকাশ সিং বাদল এই বিল দ্বারা ভ্রষ্টাচার দূর হওয়ার ব্যাপারে কেন বিশ্বাস করে উঠতে পারছেন না... সেটা কিছুটা অবাক করে তোলার মত ব্যাপার! উনি কোন কড়া আইন দ্বারা ভ্রষ্টাচারের ওপরে অঙ্কুশ প্রাপ্ত করার কথা বলছেন... সেটাও ওনার স্পষ্ট করে জানানো উচিত! অমর উজালা সংবাদপত্রের সম্পাদক 12.04.2011 তারিখে এমন বক্তব্য রেখেছেন!

উনি প্রশাসনিক মহলের ব্যাপারে অন্য যা কিছু লিখেছেন, সেটাও দেখুন!

এই প্রসঙ্গে সব থেকে চমকে তোলা আর নাটকীয় মন্তব্য কর্ণাটকের প্রাক্তণ মুখ্যমন্ত্রী শ্রী এইচ. ডি. কুমারস্বামী করেছেন! ওনার বক্তব্য হচ্ছে এই যে, যদি মহাত্মা গান্ধী আজ বেঁচে থাকতেন... তাহলে তিনিও ভ্রষ্টাচারের জাল থেকে বার হওয়ার রাস্তা খুঁজে পেতেন না! আর উনি ভ্রষ্টাচার করে ব্যাংকে টাকা-পয়সা জমা করতেন আর রাজনীতি থেকে বিদায় নিতেন!

এটা এক *(ওপরে উল্লেখিত)* মজাদার মন্তব্য আর এটা এমন এক খেলোয়াড়ের মন্তব্য... যিনি মুষ্টিমেয় কিছু বিধায়কদের জোরে কর্ণাটকে রাজত্ব করেছেন আর ভারতীয় জনতা পার্টি সমেত সকল রাজনৈতিক দলগুলোর অবস্থা খারাপ করে ছেড়েছিলেন! ওনার এই মন্তব্য সৎ আত্মস্বীকৃতিও হতে পারে আর গান্ধী জী-র ব্যাপারে অজ্ঞানতার প্রমাণও!

যদিও শ্রী কুমারস্বামী পরে এমনটা বলেন যে, মীডিয়া ওনার বক্তব্যকে অন্য ভাবে তুলে ধরেছে! তবুও উনি তো এমনটা বলেইছেন যে, ভ্রষ্টাচার ছাড়া রাজনীতি হতে পারে না!

গান্ধী জী-র গুরুত্ব শ্রী কুমারস্বামী বুঝতে না পারলেও গোটা দুনিয়া কিন্তু বোঝে! অন্নার অনশন বা সত্যাগ্রহ সেই রাজনীতির এক অংশকে তুলে ধরে... যাতে অন্নাকে না তো ভাড়ায় হাওয়াই জাহাজ নিতে হয়েছে, না হেলিকপ্টার নিতে হয়েছে... না মীডিয়া ম্যানেজমেন্টের প্রয়োজন পড়েছে আর না-ই লোকেদের পটাতে হয়েছে! চার দিনে উনি এমন সমর্থন প্রাপ্ত করে নেন যে, স্বয়ং অন্না অবাক আর কেন্দ্র সরকার অস্থির!

সেজন্য এটা ভালো যে, কুমারস্বামী, তারিক আনওয়ার আর ত্রিপাঠীর মত লোকেরা নিজেদের অভিজ্ঞতা পর্যন্তই সীমিত থাকুন... সূর্যের ওপরে থুথু ফেলার চেষ্টা করবেন না!

গিরিরাজ কিশোর বলেছেন

প্রস্তাবিত লোকপাল আর সেটার সদস্যদের নিযুক্তি সরকার করতে পারবে না... বরং তাঁদের নির্বাচন জজ, নাগরিক আর সংবৈধানিক পদধারকেরা করবেন!

এমনটা আশা করা হচ্ছে যে, এই দম বন্ধ করা পরিবেশে জন লোকপাল পদ্ধতি দেশের জনতার কল্যাণকারী হবে... যার ফলে হারানো বিশ্বাস আবার একবার স্হাপিত করা সম্ভব হবে!

ভারতীয় রাজনেতারা গান্ধী জী-র পুরো সংঘর্ষকে উপেক্ষা করে শাসন ক্ষমতাকে সর্বোপরি মেনে সমানতা আর সমতার মানককে আবর্জনার ঝুড়িতে ফেলার বিরাট বড় ভুল করছেন... যখন কি বিশ্বের অন্যান্য দেশগুলো এই জিনিষটার মর্ম খুব ভালো করে বুঝতে পারছে!

আমলাতন্ত্র তো নিজেদের অধিকারের দুরূপযোগ করেই... বিশেষ করে পুলিশ! কিন্তু সেটার পেছনে রাজনীতিজ্ঞ শাসক বর্গ প্রসন্ন রূপে মজুদ থাকে! আজকাল কেন্দ্রীয় মন্ত্রী থেকে শুরু করে মুখ্যমন্ত্রীরা পর্যন্ত, শাসক বর্গ আর রাজনীতির সাথে যুক্ত লোকেরা ধনলোলুপ হয়ে উঠেছে! প্রথমে ট্রান্সফার আর পোস্টিং-য়ের ক্ষেত্রে এই ব্যাপারটাকে মাথায় রাখা হত যে, কোন্ অফিসার স্হানীয় সমস্যাগুলোর সমাধান কতটা মাত্রায় করার ক্ষমতা রাখেন! আর আজ এই জিনিষটা ব্যবসার এক অংশ হয়ে উঠেছে! এটা জনতার ধনের প্রতি ক্রুরতা ছাড়া আর কিছুই নয়!

হিন্দ স্বরাজে মহাত্মা গান্ধী স্পষ্ট সংকেত দিয়েছেন যে, শাসক পার্টি দেশের জন্য কাজ করে... কিন্তু নিজের পার্টি আর শাসন ক্ষমতার জন্য তারা সব কিছু করতে পারে! রাজনৈতিক স্বার্থের সামনে উপযোগিতা আর আবশ্যকতা দ্বিতীয় নম্বরে আসে!

সেটাই হবে, যেটা অন্না চান

ভ্রষ্টাচারের বিরুদ্ধে জনতা যে ভাবে উঠে দাঁড়িয়েছে, সেটা গান্ধী যুগের কথা মনে করিয়ে দেয়! যুবারা যে ভাবে আন্দোলনের পক্ষে এসে দাঁড়িয়েছে, এমনটা লোকনায়ক জয়প্রকাশ নারায়ণের সম্পূর্ণ ক্রান্তির পরে এই প্রথম বার হল!

জনতার আক্রোশ রাজনীতিজ্ঞদের বিরুদ্ধে ফেটে পড়ছে! অন্না হাজারে বলেছেন – *"আমি এর পরে কৃষক, যুবাদের বিভিন্ন বিষয় নিয়ে সংঘর্ষ করব!"*

দারিদ্রতা, মূল্যবৃদ্ধি, ভ্রষ্টাচারের মোকাবিলা করতে থাকা জনতার মধ্যে যে আক্রোশ রয়েছে... সেটারই এক হাল্কা ঝলক এই আন্দোলনে দেখতে পাওয়া গেছে!

সোনিয়াকে পত্র

অন্না হাজারে বাধ্য হয়ে সোনিয়া গান্ধীকে পত্র লিখে সিব্বল, দিগ্বিজয় সিং, খুর্শীদ ইত্যাদিদের নামে অভিযোগ করেছেন! দেখা যাক, কি হয়?!

■■■

এমন তাৎক্ষণিক সমর্থন আগে দেখা যায়নি

অন্না হাজারে যখন নিজের লক্ষ্য প্রাপ্তির জন্য জন্তর মন্তরে পৌঁছেছিলেন... তখন ওনার সহযোগী আর উপস্থিত লোকেদের সংখ্যা আঙুলে গোনা যেতে পারত! 05-ই এপ্রিল তারিখে লোকেদের সেই সংখ্যা না জানি কি করে হাজার-হাজার হয়ে পড়ল! লোকেদের সংখ্যা এতটাই বেড়ে উঠল যে, বিশ্বাস করাই কঠিন হয়ে উঠল! যেমন-যেমন খবর ছড়িয়ে পড়তে লাগল... মীডিয়ার অসংখ্য ক্যামেরা ফ্ল্যাশ করতে লাগল!

শ্রী শম্ভুনাথ শুক্ল, যিনি সেই ভীড়ের একজন ছিলেন, বলেছেন – *"গান্ধী আর জয়প্রকাশের মত অন্না আর ওনার সাথীরা মীডিয়ার সমর্থন প্রাপ্ত করতে বিরাট বড় সফলতা অর্জন করেছেন! কেবলমাত্র কাইট আর বাইটের জন্যই নয়... জন্তর মন্তরে যে ভাবে মীডিয়ার ভীড় লক্ষ্য করা গেছে, সেটা কেবল খবর ক্যাশ করার জন্য বা চ্যানেলের টি.আর.পি. বাড়ানোর উদ্দেশ্যে ছিল না... বরং মীডিয়ার লোকেদেরও এমনটা মনে হচ্ছিল যে, অন্নার উদ্দেশ্য শুধুমাত্র হাঙ্গামা খাড়া করা নয়! অনেক দিন পরে এমন এক প্রচেস্টা সফল হয়ে উঠেছে... যেটা ভ্রস্টাচারের বিরুদ্ধে অটল পাহাড়ের মত দাঁড়িয়ে রয়েছে!"*

অন্না জী-র প্রাপ্ত সমর্থন ভারতের কোন এক নির্দিষ্ট প্রান্তের সমর্থন ছিল না আর না-ই ছিল কোন ধর্ম বিশেষের!

পুরো দেশ অন্না হাজারের পক্ষে এসে দাঁড়িয়েছিল! প্রতিটি গলি-মোহল্লা এবং শহর-লোকালয়ে লোকেরা ওনাকে সমর্থন জানানোর জন্য নিজে থেকে যুক্ত হয়ে পড়েছেন... সেটাও অত্যন্ত দ্রুত গতিতে! কাউকে ডাকার বা বোঝাবার কোন প্রয়োজন পড়েনি! যাঁরা জন্তর মন্তর পর্যন্ত এসে পৌঁছতে পারেননি... তাঁরা নিজের-নিজের ক্ষেত্রে উপবাস, র‍্যালী, অনশন, শ্লোগান দিতে থেকেছেন! অন্না জী-র জয়ধ্বনি তো দেওয়া হচ্ছিলই... দেশভক্তির গানও গাওয়া হচ্ছিল! সারা দেশের সরকারী গুপ্তচর, সরকারী এজেন্সী, পুলিশের সাথে যুক্ত সি.আই.ডি.-র লোকেরা নিজেদের অফিসে অন্নার ক্রমবর্দ্ধমান সমর্থনের তথ্য পাঠাতে লেগেছেন! এই সব তথ্য যেখানে পৌঁছনোর ছিল... অত্যন্ত দ্রুত পৌঁছে গেল আর এই সব রিপোর্ট সরকারের কান খাড়া হয়ে উঠল! না জানি কত স্বেচ্ছাসেবী সংস্থা আর দেশকে ভালবাসতে থাকা সংস্থা গতিশীল হয়ে উঠে অন্না জী-র উৎসাহ বৃদ্ধি করতে লাগল এবং সরকারকে সাবধান করে তোলার কাজ করে চলতে লাগল!

আলিগড় থেকে মুসলমানেদের এক বিরাট বড় গ্রুপ এসেছিল! ওদিকে মুরাদাবাদ থেকেও ভ্রষ্টাচার উন্মূলনের দাবী নিয়ে 200 লোক জন্তর মন্তরে এসে পৌঁছলেন! একটা বাস থেকে 50 লোক নেমে সারিবদ্ধ ভাবে শ্লোগান দিতে-দিতে এগিয়ে আসছিলেন... ওনারা কোথা থেকে এসেছেন, জানতে চাওয়া হলে ওনারা বলেন – *"অসীঁ তাঁ হোশিয়ারপুর তে আয়ে হো!"* বাক্য তখনও শেষ হয়নি... ওনারা উচ্চস্বরে শ্লোগান দিতে লাগললেন – *"অন্না হাজারে জিন্দাবাদ! ভ্রষ্টাচারী মুর্দাবাদ!"* আরও একটা শ্লোগান শুনতে পাওয়া যাচ্ছিল –

"ইমানদার রোটী খায়েঙ্গে,
বেইমান জেলোঁ কো জায়েঙ্গে!"

গুজরাট, কেরল, আসাম, তামিলনাড়ু – না জানি কোথা-কোথা থেকে বাস, ভ্যান আর ছোট-ছোট গাড়ী দিল্লীর রাস্তা দিয়ে ছুটে চলতে লেগেছিল! সেসব গাড়ীতে সেই সব দেশভক্ত লোকেরা ছিলেন... যাঁরা ক্রান্তির দূত অন্না হাজারের উদ্দেশ্যে নিজেদের সমর্থন জানাতে এসেছিলেন! তাঁদের কেউ ডেকে আনেনি, কেউ আসার জন্য চিঠি পাঠায়নি, কেউ এস.এম.এস.-ও করেনি! এটা তাঁদের অন্তরাত্মার আওয়াজ ছিল আর সেটা শুনেই এত লোক গান্ধীবাদী অন্না জী-কে নিজেদের সমর্থন জানানোর জন্য অসংখ্য মাইল পথ পাড়ি দিয়ে দিল্লীর জন্তর মন্তরের দিকে এগিয়ে চলেছিলেন! গোটা ভারতে এমন কোন রাজ্য খুঁজলে হয়তো পাওয়া যাবে না... যে রাজ্য থেকে অন্না জী সমর্থন প্রাপ্ত করেননি! মাত্র 3 দিনেই পুরো দেশ ওনার সাথে এমন ভাবে যুক্ত হয়ে পড়েছিল যে, কেন্দ্র সরকারের পায়ের তলা থেকে মাটি সরে যেতে লাগল!

প্রত্যক্ষদর্শী এক সাংবাদিকদের রিপোর্ট – *"জন্তর মন্তরে এসে পৌঁছনো ভীড়ের সততা আর নিষ্ঠার কাহিনী ভবিষ্যতে লোক কাহিনীর মত শোনানো হবে! উত্তর প্রদেশের প্রাক্তণ পুলিশ কমিশনার শ্রী প্রকাশ সিং সেখানে এক অত্যন্ত সাধারণ দর্শকের মত এসেছিলেন! উনি তাৎক্ষণিক কোন মন্তব্য করতে রাজী হননি ঠিকই... কিন্তু ওনাকে অন্না জী দ্বারা অত্যন্ত প্রভাবিত মনে হচ্ছিল আর উনি শুধু এইটুকু বলেছেন যে, অন্না জী দেশের জনতার মধ্যে আশার সৃষ্টি করেছেন! এটা পরিস্কার বুঝতে পারা যাচ্ছিল যে, হাজারের সংখ্যায় এই ভীড় অন্না জী-র অনশনে শরিক হওয়ার জন্য দূর-দূরান্ত থেকে এখানে এসে পৌঁছেছে!"*

ঘটনাস্থল থেকে এমন রিপোর্ট এসেছে – *"দেশের বিভিন্ন রাজ্য থেকে বিভিন্ন বেশভূষার পুরুষ-মহিলারা ভ্রষ্টাচারের বিরুদ্ধে এখানে এসে পৌঁছেছেন! এখানে কেবল এন.জি.ও.-র সাথে যুক্ত স্বেচ্ছাসেবীরাই আসেননি:.. সেই সব লোকেরাও এসেছেন, যাঁরা সুদূর গ্রাম থেকে এখানে কেবলমাত্র এজন্য এসেছেন... কারণ তাঁদের এমনটা মনে হয়েছে যে, অন্না হচেছন আজকের যুগের গান্ধী-জয়প্রকাশ! গান্ধীর অনশনের ঝলক তো আমরা রিচার্ড এ্যাটেনবরোর 'গান্ধী' ফিল্মে দেখতে পাই... কিন্তু আমার বয়সী লোকেরা জয়প্রকাশের আন্দোলন আর ওনার অনশনকে খুব কাছ থেকে দেখেছেন! তাঁরা এটা জানেন যে, কি ভাবে হাজার-হাজার ছাত্র-কৃষক-মজদুর আর মধ্যবিত্ত লোকেরা বিরাট সংখ্যায় জয়প্রকাশের এক আহ্বানে ওনার পাশে এসে দাঁড়িয়েছিলেন!"*

শ্রী শম্ভুনাথ শুক্ল এক পুরোন ঘটনার কথা মনে করে লিখেছেন – *“1974 সালে ছাত্ররা ভ্রষ্টাচারের বিরুদ্ধে আন্দোলন শুরু করেছিল! তারপর বিহারে জয়প্রকাশ নারায়ণ সরকারের ভ্রষ্টাচারের বিরুদ্ধে আন্দোলন শুরু করে দেন! বিহার পুলিশের লাঠি চার্জে জয়প্রকাশ নারায়ণ আহত হয়ে পড়লে পুরো দেশ ওনার পাশে এসে দাঁড়িয়েছিল আর দেখতে-দেখতে ভ্রষ্টাচার বিরোধী আন্দোলন দেশব্যাপী রূপ ধারণ করে নিয়েছিল!”*

07-ই এপ্রিল, 2011 দিল্লীর জন্তর মন্তরের পরিবেশ অনেকটা সেই রকমেরই ছিল! 04-ঠা এপ্রিল, যখন অন্না হাজারে অনশন করার সংকল্প নিয়ে এখানে এসে বসেছিলেন... সেই সময় মুষ্টিমেয় কিছু এন.জি.ও. স্বেচ্ছাসেবীকে বাদ দিয়ে সাধারণ জনতার অংশীদারী ছিল না বললেই চলে! কিন্তু মাত্র 3 দিনের মধ্যে পাশা পাল্টে গেল! দেখতে-দেখতে হাজার-হাজার সংখ্যায় সাধারণ জনতা অন্না জী-র সাথে যুক্ত হয়ে পড়লেন!

কেবল অন্না জী-ই অনশন করেননি... দেখতে-দেখতে অসংখ্য লোক আমরণ অনশন বা কেবলমাত্র অনশনে বসে পড়েছিলেন!

দৃষ্টি দেওয়ার যোগ্য টিপ্পণী – *“এটা হচ্ছে অন্না জী-র অনশনের ঝড়... এই ঝড় মনে হচ্ছে লক্ষ্য প্রাপ্তির আগে থামবে না! ভ্রষ্ট তন্ত্রের বিরুদ্ধে এবার গোটা দেশ রুখে দাঁড়িয়েছে! কাশ্মীর থেকে কন্যাকুমারী আর মুম্বাই থেকে পশ্চিম বাংলা হয়ে আসাম পর্যন্ত আন্দোলনের শিখা ছড়িয়ে পড়েছে! দেশের প্রতিটি ছোট-বড় শহর আর গ্রামগুলো থেকে অন্নার সমর্থকেরা দিল্লীর জন্তর মন্তরের দিকে এগিয়ে আসছেন! স্বাধীনতার পরে ভ্রষ্টাচার যে ভাবে দেশকে উঁই পোকার মত কুরে-কুরে খেয়ে চলেছে, এই আন্দোলন হচ্ছে সেটার মুখের মত জবাব!”*

গোটা দুনিয়া জুড়ে দেখতে থাকা সকল টি.ভি. চ্যানেলগুলো ঘন্টার-পর-ঘন্টা অন্না জী-র অনশনকেই সমর্পিত করে দিয়েছিল এবং প্রতিটি মুহূর্তের খবর গোটা দুনিয়ায় পৌঁছে দিতে লেগেছিল... যার ফলে প্রতিটি ব্যক্তির মধ্যেই জাগৃতি এসে পড়েছিল! অত্যন্ত কম সময়ে ভারতের প্রতিটি অংশে ভ্রষ্টাচার বিরোধী স্ফূলিঙ্গ ছড়িয়ে পড়েছিল! বিবিসি-র মত চ্যানেল এমনটা বলে দিয়েছিল যে, ভারতে এমন কোন গলি-মোহল্লা ছিল না... যেখানে অন্না হাজারের সমর্থনে লোকেরা একত্রিত হননি! এত বড় আর এত দ্রুত প্রাপ্ত সমর্থনই সরকারের অবস্থা খারাপ করে তুলেছিল... অন্যথা মাত্র 5 দিনে এত বড় ফয়সালা কখনো সামনে আসতে পারে না! কেউ-কেউ এমনটাও বলেন যে, কেন্দ্র সরকার বিনা মেরুদণ্ডের স্বরূপ দেখিয়ে নিজের পায়ে নিজেই কুড়ুল মেরেছিল এবং এমন সরকারের পক্ষে অন্না ভস্মাসুরের রূপে সামনে আসতে পারেন!

আর দেখুন! সরকারী নোটিফিকেশন জারী করার জন্য শুরু থেকে শেষ পর্যন্ত গুরুত্বপূর্ণ ভূমিকা পালন করতে থাকা কেন্দ্রীয় মন্ত্রী বলেছিলেন – *“এটা হচ্ছে গণতন্ত্রের জিত!”* কিন্তু দেখতে-দেখতে কালো বেড়াল ওনার রাস্তা কেটে চলে গেল! পরের দিন এক জনসভায় উনি বললেন – *“জন লোকপাল ভ্রষ্টাচার কি করে বন্ধ করবে? এই বিল ভ্রষ্টাচার আটকাতে পারবে না!”*

এর ওপরে অন্না জী মন্তব্য করেন – *"শ্রী কপিল সিব্বলের কমিটি থেকে পদত্যাগ করা উচিত! যদি বিল নিয়ে আসার কোন লাভ উনি না দেখতে পান... তাহলে এমন মন্ত্রীর নিজে থেকেই কমিটি থেকে সরে যাওয়া উচিত!"*

ভারতীয় জনতা পার্টির অধ্যক্ষ শ্রী নীতিন গডকরী বলেছেন – *"অন্না হাজারের প্রতি ভারতীয় জনতা পার্টির সহানুভূতি রয়েছে! কেন্দ্রের ইউ.পি.এ. সরকারের এটা বোঝা উচিত যে, ভ্রষ্টাচারকে কেন্দ্র করে দেশের জনতার মধ্যে কতটা অসন্তুষ্টি রয়েছে! এটাই হচেছ আমাদের জন লোকপাল আর লোকায়ুক্ত দাবী করার সঠিক সময়!"*

লখনউ থেকে আসা সংবাদে এমনটা বলা হয়েছে যে, ভ্রষ্টাচারের বিরুদ্ধে লড়াই শুরু করা অন্না হাজারে একা নন! এই বিষয়টা সবাইকে ঠিক কতটা অস্হির করে মারছে... সেটা এই জিনিষটা থেকে বুঝতে পারা যায় যে, জায়গায়-জায়গায় ধর্না আর উপবাস করা হচেছ! ম্যাগ্সেসে পুরস্কার বিজেতা শ্রী সন্দীপ পাণ্ডে, সমাজ সেবিকা শ্রীমতি প্রভা চতুর্বেদী এবং সমাজসেবী আর চিত্রশিল্পী শ্রী মনমোহন শর্মা লোকেদের 10 মিনিট বাড়ীর সব বৈদ্যুতিক উপকরণ বন্ধ রাখার আপীল জানিয়েছেন! ভ্রষ্টাচারের বিরুদ্ধে ব্ল্যাক আউট করাই ওনাদের অভিপ্রায় ছিল!

ভ্রষ্টাচারের মত রাক্ষসকে মারার জন্য আমাদের সকলকে এক জোট হয়ে রুখে দাঁড়াতে হবে! এমন আওয়াজ দেশের প্রতিটি কোনায় শুনতে পাওয়া যাচেছ! আমাদেরও এতে যোগদান করা উচিত!

■■■

শিবাজী-র পথও গ্রহণ করতে পারেন অন্না

গান্ধীবাদী হিসেবে পরিচিত অন্না হাজারেকে যদি গান্ধী জী-র মূর্তি পথ প্রদর্শন করে... তাহলে শহীদে আজম ভগত সিং-ও ওনার পক্ষে আদর্শ! ওনার চিত্রও অন্নাকে নতুন আলো দেখায়! মহারাষ্ট্রে ছত্রপতি শিবাজী প্রতিটি ঘরে এতটাই সম্মানিত যে, ওনাকে কোন দেবতার থেকে কোন অংশে কম সম্মান করা হয় না! অন্না জী যদি গান্ধী জী-র পথে চলে, লক্ষ্য প্রাপ্তিতে বাধার অনুভব করেন... তাহলে উনি ছত্রপতি শিবাজী দ্বারা দেখানো পথ গ্রহণ করতে এতটুকু দেরী করবেন না! উনি দিল্লীর জন্তর মন্তরে এমনটাই বলেছেন!

"অন্না দাবার বোড়ে না হয়ে ওঠেন" শীর্ষকে যে কাহিনী গত 17-ই এপ্রিল, 2011 পাঞ্জাব কেশরী সংবাদপত্রে ছাপা হয়েছিল, সেটা আপনারাও পড়ুন আর এটা বিচার করে দেখুন যে, অন্না জী বাস্তবে দাবার বোড়ে হয়ে উঠতে পারেন কি না?

শ্রীমতি অরুণা রায়, শ্রী হর্ষ মণ্ডের, স্বামী অগ্নিবেশ, শ্রীমতি কিরণ বেদী, শ্রী অরবিন্দ কেজরীওয়াল-য়ের টেক ওভারে অন্না হাজারে কি নিজের বিলকে সরকারী স্বরূপ গ্রহণ করতে দেবেন?... বোধহয় না!

এখানে এটা জানিয়ে রাখি যে, বিভিন্ন এন.জি.ও.-গুলোও কড়া লোকপাল বিল চায়! এই সব এন.জি.ও.-গুলো পার্টি আর সরকারকে আলাদা-আলাদা করে আর সরকারের ওপরে চাপের সৃষ্টি করে ঠিক সেই ভাবে কাজ করে চলেছে... যেমনটা আর.টি.আই.-য়ের জন্য করা হয়েছিল! অন্না হাজারে স্বয়ং মহারাষ্ট্রের ধূর্ত, করাপ্ট আর দাদা স্থানীয় নেতাদের সামলেছেন! উনি নিজের কাজ আদায় করতে জানেন! উনি বাবা রামদেবের থেকেও যে ভাবে কাজ আদায় করে নিয়েছেন.... সেটা এই জিনিষটার প্রমাণ যে, উনি মনমোহন সরকারকে দিয়ে বিল পাশ করিয়ে নিজের লড়াই ঠিকই এগিয়ে নিয়ে চলবেন! অন্না হাজারে হচ্ছেন একলা চলা সমাজসেবী... এটাই হচ্ছে ওনার শক্তি! উনি নিজের লড়াইয়ের সব কৃতিত্ব কংগ্রেসকে নিতে দেবেন... তেমনটা হওয়া অত্যন্ত মুশ্কিল! এই জিনিষটার তাজা প্রমাণ হচ্ছে মীটিং-কে ভিডিয়ো কন্‌ফারেন্সিং-য়ের মাধ্যমে জনতার সামনে প্রকাশ করার পরামর্শ! সেই পরামর্শ শেষ পর্যন্ত মানা হয়েছিল কি না... সেটা আলাদা ব্যাপার! এমন পরামর্শ দ্বারা অন্না সরকারকে মুশ্কিলে *(অবশ্যই)* ফেলে দিয়েছেন!

অন্না হাজারে বলেছেন যে, গান্ধী জী-র পদ্ধতি সঠিক হতে পারে... তবে

প্রয়োজন পড়লে উনি শিবাজীর পদ্ধতিও গ্রহণ করতে পারেন! এই কথাটাই আমরা অধ্যায়ের প্রথমে উল্লেখ করেছি!

আজ পুরো দেশ অন্না হাজারের পাশে রয়েছে! গোটা দেশ জুড়ে প্রাপ্ত সমর্থন ওনাকে এতটা লৌহ পুরুষ বানিয়ে তুলেছে যে, এবার আর উনি পেছিয়ে আসবেন না! যদি গান্ধী জী-র দ্বারা দেখানো পথে উনি সফলতা না পান... তাহলে উনি ছত্রপতি শিবাজীর পথ গ্রহণ করে দেশ থেকে ভ্রষ্টাচারের রাক্ষস দূর করবেন!

কালো পোশাকে পরিস্কার লোকেদের আবশ্যকতা রয়েছে

এখানে আমরা সকল দেশবাসীদের এক সূত্রে বাঁধার কথা বলছিলাম... অন্না জী-র প্রচেস্টাকে সমর্থন জানানোর কথা বলছিলাম... দেশকে ভ্রষ্টাচার মুক্ত করার কথা বলছিলাম... দেশের ইমেজ স্বচ্ছ করে তোলার কথা বলছিলাম! এটাকে আপনারা এক সুযোগ বা সংযোগ বলতে পারেন যে, দেশের সর্বোচ্চ আদালতের মুখ্য ন্যায়াধীশ শ্রী এস. এইচ. কাপাডিয়ার বয়ানও ঠিক এই সময় এসে পড়েছিল... যেটা সম্পূর্ণ রূপে ভ্রষ্টাচারের বিরুদ্ধে ছিল! পুরো দেশে এই সময় এমন এক পরিবেশের সৃষ্টি হয়ে পড়েছে যে, আমাদের ভ্রষ্টাচারকে সমূলে উৎপাটিত করতেই হবে... তার জন্য আমাদের যা কিছুই করতে হোক্ না কেন! এমন পরিস্হিতিতে দেশের সর্বোচ্চ ন্যায়াধীশ দ্বারা এমনটা বলা – *"ভ্রষ্ট ন্যায়াধীশদের রাজনৈতিক সংরক্ষণ প্রাপ্ত করা উচিত নয়!"* অন্না জী-র সংঘর্ষকেই শক্তি প্রদান করে!

নূতন দিল্লী থেকে আসা এজেন্সী রিপোর্ট অনুসারে – *"ভ্রষ্টাচারের আরোপের পরিবেশে ন্যায়পালিকার ইমেজে চিন্তিত হয়ে ওঠা প্রধান ন্যায়াধীশ শ্রী এস. এইচ. কাপাডিয়া বলেছেন – "এখন কালো পোশাকে পরিস্কার লোকেদের আবশ্যকতা হয়ে পড়েছে!" উনি ভ্রষ্ট ন্যায়াধীশদের রাজনৈতিক সংরক্ষণ প্রদান না করার কথাও বলেছেন!"*

প্রধান ন্যায়াধীশ বলেছেন – *"আমাদের এমন উদাহরণ পেশ করতে হবে, যাতে ন্যায়পালিকার স্বতন্ত্রতা আর সত্যনিষ্ঠা বজায় থাকে!"*

উনি আরও বলেছেন – *"ন্যায়াধীশদের আত্ম-সংযম বজায় রাখা উচিত আর উকিল, রাজনৈতিক দল, তাদের নেতা বা মন্ত্রীদের সাথে যোগাযোগ না রাখাই উচিত এবং উচ্চস্তরীয় ন্যায়াধীশদের নিজের থেকে নীচের আদালতের প্রশাসনিক কাজকর্মে হস্তক্ষেপ করা উচিত নয়!"*

শ্রী কাপাডিয়া পঞ্চম এম. সি. সীতলবাড় স্মারক ব্যাখ্যানে বলেন – *"যে কোন ন্যায়াধীশের অনিবার্য রূপে ব্যাপক সমুদায়ের থেকে কিছুটা আলাদা আর দূরে থাকা উচিত! তাঁদের উকিল, রাজনৈতিক দল, তাদের নেতা বা মন্ত্রীদের সাথে ততক্ষন পর্যন্ত যোগাযোগে থাকা উচিত নয়... যতক্ষন বিশুদ্ধ রূপে কোন সামাজিক উপলক্ষ না আসছে!"*

সংসদে মহা অভিযোগ ব্যবস্হার মুখোমুখি হতে থাকা বর্তমান ন্যায়াধীশ শ্রী পি. ডি. দীনকরণ এবং শ্রী সৌমিত্র সেনের সাথে যুক্ত তথাকথিত

ভ্রষ্টাচারের বিষয়ের পৃষ্ঠভূমিতে প্রধান ন্যায়াধীশের এমন মন্তব্যকে যথেষ্ট গুরুত্বপূর্ণ বলে মনে করা হচ্ছে!

সিনীয়র উকিল শ্রী অনিল দীবান এবং শ্রী পি. জি. রাও ভ্রষ্টাচারের মামলায় ন্যায়াধীশদের শামিল হয়ে পড়ায় গভীর চিন্তা ব্যক্ত করেছিলেন!

প্রধান ন্যায়াধীশ নিজের সম্বোধনের সূত্রপাত করতে গিয়ে বলেন – *"আমি সর্বদাই আশাবাদী হয়ে থেকেছি আর আমি এটা দেখতে পাচ্ছি যে, সুপ্রীম কোর্টের সত্যনিষ্ঠা আর বিশ্বসনীয়তার ব্যাপারে ভবিষ্যতে উন্নতি হবে!"*

শ্রী কাপাডিয়া ন্যায়পালিকার সত্যনিষ্ঠার সংরক্ষণের আবশ্যকতার ব্যাপারে বলেন – *"ন্যায়াধীশদের কোন প্রকারের সহায়তা গ্রহণ করা উচিত নয় আর ন্যায়িক নিয়মগুলোর সর্বদা পালন করে চলা উচিত!"* প্রধান ন্যায়াধীশ আরও বলেন – *"আমি সর্বদা সমাজীকরণের থেকে দূরত্ব বজায় রেখে চলেছি আর এমন কি আমি কোন গোলফ্ ক্লাবের সদস্যতাও নিইনি... কারণ এর ফলে আমাকে উকিল, রাজনৈতিক নেতা ইত্যাদিদের সাথে মেলামেশা করতে হত... যেটার নেতিবাচক প্রভাব লোকেদের ওপরে পড়ার সম্ভাবনা ছিল!"*

শ্রী কাপাডিয়া এটাও বলেছেন – *"ন্যায়াধীশদের স্বচ্ছ সমালোচনা হওয়া উচিত এবং দায়িত্বজ্ঞানহীন আর অনুচিত সমালোচনার থেকে তাঁদের দূরেই থাকা উচিত!"* প্রধান ন্যায়াধীশ দায়িত্বজ্ঞানহীন আর অনুচিত সমালোচনার ওপরে গভীর চিন্তা ব্যক্ত করেছেন!

প্রতিটি ঘর থেকে ভ্রষ্টাচার মিটে যাক

ভ্রষ্টাচার প্রতিটি ব্যক্তির মধ্যে, প্রতিটি পরিবারে ব্যাপ্ত হয়ে রয়েছে... এর থেকে আমাদের নিজেদের বাঁচতে হবে... নিজেদের পরিবারকে বাঁচাতে হবে! ডাঃ সর্দার অঞ্জুমের লেখা কয়েকটি লাইন পড়ুন ঃ-

শোর মচা হ্যায় দুনিয়া ভর মেঁ
ভ্রষ্টাচার হ্যায় মেরে ঘর মেঁ
আম আদমী ফঁসা হুয়া হ্যায়
রিশ্বত কে বেখৌফ ভঁবর মেঁ!

যখন ভ্রষ্টাচারের ওপরে অঙ্কুশ লাগানোর জন্য জন লোকপাল বিল এসে পড়বে... তখন সবার আগে ওপর তলার লোকেরা ভ্রষ্টাচারের থেকে দূরে পালাতে লাগবে! তারপর ওপর থেকে নীচের দিকেও ভ্রষ্টাচার উন্মূলনের অভিযান আপনা থেকেই দ্রুত চলতে শুরু করে দেবে!

আপনারা ওপরে পড়েছেন যে, কি ভাবে প্রধান ন্যায়াধীশ নিজের অধীনের জজেদের শুদ্ধ জীবন পদ্ধতি গ্রহণ করার বার্তা দিচেছন! এটা আমাদের পক্ষে এক শিক্ষার সমান!

সময়ের ডাক বোঝেন অন্না জী

প্রচণ্ড জন সমর্থন তো প্রাপ্ত হয়েছেই... দেশের উচ্চতম আদালতের প্রধান ন্যায়াধীশও নিজের তরফ থেকে সৎ লোকেদের প্রশংসা করেছেন এবং

ভ্রষ্ট লোকেদের ভৎর্সনা করেছেন! উনি কোন রাজনৈতিক নেতার কোন ভ্রষ্ট জজকে সহায়তা প্রদান না করার কথা বলে পুরো দেশকে এটা জানিয়ে দিয়েছেন যে, সেই সময় এখন চলে গেছে... যখন ভ্রষ্টাচারের বিষয়ে লোকেরা মুখে তালা এঁটে নিতেন! এখন তো ভ্রষ্টাচারকে সমূলে উপড়ে ফেলতেই হবে!

অন্না হাজারে যত শক্তিশালীই হয়ে উঠুন না কেন... উনি সময়ের ডাক ঠিকই বুঝতে পারেন! প্রয়োজন পড়লে উনি নমনীয়তা গ্রহণ করার চেষ্টাও করে থাকেন! উনি নিজেকে কখনোই জেদী প্রমাণিত করতে চান না! উনি তো লক্ষ্য প্রাপ্ত করার ক্ষেত্রে কিছুটা স্বাধীনতা প্রদান করতেও রাজী আছেন! গান্ধী জী-র পথ যদি ওনাকে সফলতা প্রদান না করতে পারে... তাহলে উনি ছত্রপতি শিবাজী দ্বারা দেখানো পথ গ্রহণ করতেও প্রস্তুত! কিন্তু সেটার জন্য উনি জেদ ধরতে চান না! উনি তো এমনটাও বলে দিয়েছেন যে, লোকপাল বিলের ওপরে সংসদ যে ফয়সালা নেবে, সেটা উনি মেনে নেবেন! কোন নিষ্কর্ষে পৌঁছনোর জন্য যদি সরকার বা সংসদ কিছুটা বেশী সময় নিতে চায়... উনি তাতেও রাজী আছেন... ওনার তাতে কোন আপত্তি নেই!

অন্না হাজারে তথ্যের অধিকার *(আর.টি.আই.)* নিয়ে আসতে পেরেছেন... এজন্য উনি এটা জানেন যে, উনি জন লোকপাল বিল নিয়ে আসতেও ঠিকই সফল হবেন! উনি ছত্রপতি শিবাজীর পথ গ্রহণ করার কথা বলেছেন... উনি নিজের লক্ষ্য পর্যন্ত ঠিকই পৌঁছে যাবেন! উনি কঠোর বয়ানবাজী করতে চান না এবং উনি সংসদের নিজস্ব পদ্ধতিতে কাজ করার কথাও বলেছেন! উনি তো এমনটা বলেছেন যে, উনি সংসদের যে কোন নির্ণয়কে স্বাগত জানাবেন! কিন্তু যদি জন লোকপাল বিল পাশ না হয়... তাহলে না ওনার সহযোগীরা হাতে হাত রেখে চুপচাপ বসে থাকবেন... না-ই ওনাকে সমর্থন জানাতে থাকা পুরো দেশ!

■■■